Zamyat M. Klein

Das tanzende Kamel

Kreative und bewegte Spiele
für Trainings und Seminare

managerSeminare Verlags GmbH

Zamyat M. Klein
Das tanzende Kamel
Kreative und bewegte Spiele für Trainings und Seminare

© 2008 managerSeminare Verlags GmbH
Endenicher Str. 282, D-53121 Bonn
Tel: 0228 – 977 91-0, Fax: 0228 – 977 91-99
info@managerseminare.de
www.managerseminare.de

Alle Rechte, insbesondere das Recht der Vervielfältigung und der Verbreitung sowie der Übersetzung vorbehalten.

ISBN: 978-3-936075-71-7

Lektorat: Ralf Muskatewitz
Cover: Istockphoto
Druck: Kösel GmbH und Co. KG, Krugzell

Inhalt

Vorwort 5
Warum Spiele in Trainings und Seminaren 13

Der Spiele-Bazar

I Hallo wach
Aktivierung und Konzentration 21

II Im Takt
Rhythmus und Bewegung 105

III Volle Power
Austoben und Dampf ablassen.. 139

IV In Reih und Glied
Reihenspiele bei Kinobestuhlung 175

V Ohne Sinn und Verstand
Alberne Gute-Laune-Spiele 191

VI Spielend lernen
Lernspiele.. 219
▶ Erste Aktivierung 221
▶ Zweite Aktivierung... 253
▶ Brettspiele 299

VII Exotischer Zauber
Interkulturelle Begegnungen 315

Der Stabil-Baukasten

- ▶ Basteln Sie Ihre eigenen Spiele 348
- ▶ Die Bastelanleitung 354
- ▶ Erste Ergebnisse 360

Literaturverzeichnis 366
Spieleverzeichnis 367

Liebe Leserin, lieber Leser,

herzlich Willkommen zu meiner neuen Spiele-Sammlung. Freuen Sie sich auf etwa 150 universell einsetzbare Spiele und Übungen zu den drei großen Bereichen der Energieaufbauspiele, der konzentrationsfördernden Spiele und der Lernspiele.

Warum noch eine Spielesammlung?

Auf dem Markt gibt es ja in der Tat schon viele Spielebücher. Warum schreibe ich also noch ein Weiteres? Und was haben Sie davon?

Die erste Idee dazu entstand über die Nachfragen meiner Seminarteilnehmer. Der Einsatz von Aktivierungen und Spielen ist für mich selbstverständlicher Bestandteil meiner Seminare. Bei Trainer-Seminaren werde ich daher häufig gefragt: *„Sind diese Spiele in den Seminarunterlagen? In welchem Buch kann ich sie nachschlagen?"*

Bisher konnte ich diesen Fragen und Wünschen nicht nachkommen, da ich Aktivierungen gerne spontan und situationsabhänig im Seminar auswähle. Einige der eingesetzten Spiele finden sich durchaus vertreut in verschiedensten Büchern, andere, selbst entwickelte Spiele existieren nur in meinem Kopf oder sind in meinen persönlichen Unterlagen niedergeschrieben. So entstand die Idee, alle meine Lieblingsspiele und Aktivierungen zusammenzufassen.

Es blieb die Frage: Macht es denn Sinn, noch ein weiteres Buch auf dem Markt zu werfen? Wie unterscheidet es sich denn von schon veröffentlichten Spielesammlungen? Dazu Folgendes:

Das Besondere an dieser Sammlung

▶ Eine Sammlung in diesem Umfang wird Ihnen selten begegnen. Sie finden in diesem Buch **viele neue Spiele**, die bislang noch nirgendwo veröffentlicht wurden, da ich sie erst in letzter Zeit entwickelt habe.

▶ Bekanntere Spiele finden Sie hier in anderer Form dargestellt: Viele Spielebücher haben ein festes Schema (beispielsweise pro Spiel eine Seite oder eine Karte) und sind daher häufig recht knapp formuliert. Da, wo es notwendig ist, sind die **Spiele ausführlich beschrieben**, diesen Luxus habe ich mir erlaubt. Ich selbst brauche oft konkretere Anweisungen, um Spiele zu verstehen, vor allem, wenn es um Bewegungsabläufe geht. Als Erinnerung an erlebte Spiele reichen kurze Beschreibungen vielleicht aus, aber nicht immer zum Ersteinsatz.

▶ Neben den reinen Spielbeschreibungen finden Sie **weiterführende Ergänzungen**, Erläuterungen oder Erfahrungen aus meiner täglichen Trainerpraxis. Gerade für Trainer, die vielleicht noch nicht so erfahren sind und sich bei der Umsetzung noch etwas schwertun, kann dies hilfreich sein.

▶ Ein ganz neuer Aspekt ist der „**Brückenschlag**". Bei vielen Spielen (auch bei scheinbar *sinn*losen albernen Spielen, die man nur zur Auflockerung einsetzt) habe ich eine Verbindung zu einem Fachthema hergestellt. Die Wirkung solcher Spiele kann noch sehr viel weiter gehen als eine bloße Steigerung der Konzentration (die an sich ja schon wertvoll ist). Durch den Bezug zu einem Seminarthema können Teilnehmer Inhalte auf einer ganz anderen Ebene durchdringen und oft noch neue Erkenntnisse gewinnen. Das ist mir selbst erst im Laufe der Jahre deutlich geworden. Trotz meiner Spielleidenschaft habe ich diesen Lerneffekt lange Zeit unterschätzt, bis er mir von Teilnehmern deutlich rückgemeldet wurde.

Ein weiterer Effekt: Wenn Sie einen konkreten Bezug zum Thema herstellen, können Sie gewöhnlich auch diejenigen Teilnehmer leichter gewinnen, die zunächst skeptisch gegenüber Spielen eingestellt sind. Natürlich müssen Sie nicht für jedes Spiel in Ihrem Seminar einen solchen Brückenschlag herstellen. Auch ist der Bezug zum Thema nicht als „Manipulations-Trick" zu verstehen, um spielunwillige Teilnehmer zu überreden. Der Spaß an der Sache sollte stets im Vordergrund stehen – und wenn jemand partout nicht spielen mag, muss er auch nicht.

Vorwort

▶ **Der Clou** dieses Buchs: Eine ganze Reihe an Bewegungsspielen, die durch reine Textbeschreibung vielleicht schwer verständlich sind, wurden **zusätzlich auf Film** gebracht. Diese Ausschnitte können Sie sich über das Internet ansehen. Als Leser dieses Buchs haben Sie exklusiven Zugang. Ein Bild sagt mehr als tausend Worte. Lassen Sie sich die Spiele auf anschauliche Weise vorführen, vielleicht springt dann sofort der Funke der Begeisterung und Freude über, wenn Sie die Übung beinahe „live" miterleben. **Die Spiele mit Filmausschnitten sind entsprechend gekennzeichnet.**

Der Clou: Filmausschnitte zeigen Ihnen, wie es gemacht wird

▶ Das „Sahnehäubchen" bildet das abschließende Kapitel, das Ihnen Anregungen gibt, wie Sie Ihre eigenen **Spiele entwickeln** können. Werden Sie Ihr eigener Spiele-Produzent, zugeschnitten auf Ihre Zielgruppe und Ihr Thema. Ich stelle Ihnen dort eine Art Raster vor mit Fragen, die Sie schrittweise zur Entwicklung eines Spiels führen. Die Arbeit mit dem Frage-Raster habe ich bereits in einigen Trainer-Seminaren erprobt – mit verblüffendem Ergebnis.

Welche Spiele Sie hier nicht finden

▶ Sie finden hier keine reinen „Kennenlern-Spiele" (davon habe ich bereits zahlreiche in den Büchern „Kreative Seminarmethoden" und „Kreative Geister wecken" beschrieben).

▶ Ebensowenig finden Sie klassische Rollen- und Planspiele (auch hierzu gibt es spezielle Bücher). Diese haben meist einen ganz konkreten thematischen Bezug, beispielsweise zu „Kommunikation", „Konfliktbehandlung" oder „Teamentwicklung". Dagegen sind die Spiele dieses Buchs für ganz unterschiedliche Themen universell einsetzbar.

Zum Sprachgebrauch

Folgende Begriffe verwende ich in diesem Buch fast synonym, weil sie alle das gleiche Ziel haben (nämlich die Teilnehmer wach und aufnahmefähig zu machen):
▶ Spiele
▶ Energieaufbauübungen
▶ Aktivierungen
▶ Energizer

Vorwort

Warum „Das tanzende Kamel"?

Haben Sie schon mal ein Kamel tanzen sehen?

Die wenigsten von Ihnen werden wahrscheinlich überhaupt einmal ein Kamel außerhalb eines Zoos gesehen haben – und ganz sicher nicht tanzen. Es scheint ein Widerspruch in sich: In unserem Sprachgebrauch wird das Wort „Kamel" ja oft abfällig verwendet, ebenso wie „Trampeltier". Beides im Sinne von „dumm". Und das dann auch noch tanzend?

Immer wenn ich anfange, etwas über Kamele zu erzählen, meldet sich mindestens ein wohlmeinender Mensch zu Wort und meint, mich korrigieren zu müssen: *„Sie meinen sicher ein Dromedar!"*

Hier ist Aufklärung nötig, daher: „Kamel" ist der Oberbegriff, die Tiergattung, so wie Hund oder Pferd. Dromedare sind Kamele mit *einem* Höcker und Trampeltiere mit *zwei* Höckern. Auch das spuckende Lama und das Alpaka gehören in die gleiche Gattung. Wer das immer noch nicht glauben will, der möge es nachlesen unter *www.camelidae.de/frame.htm*, wo sich eine einfache Übersicht mit Erläuterungen findet.

Und was hat das mit Spielen in Seminaren zu tun?

Keine Angst vor Spielen

Viele Trainer und auch Teilnehmer denken, dass Spiele nicht in Trainings mit Führungskräften oder anderen (beliebigen) Zielgruppen passen. Und schon gar nicht Tänze! Diese sind auf der Skala des Schreckens am weitesten oben angesiedelt.

Denksportaufgaben gehen am ehesten, da ist noch Akzeptanz. Eine nette Methode zum Kennenlernen, bei der die Teilnehmer sich von den Stühlen erheben, ist vielleicht auch noch ok (wobei diese nach meiner Definition noch nicht so viel mit „Spiel" zu tun hat).

Die meisten befürchten, dass sie sich „blöd" vorkommen, sie stellen sich „trampelig" an, es ist peinlich, sie blamieren sich.

In diesem Buch geht es daher auch darum:
▶ **Was** können Sie als Trainer tun, um Ihre eigenen Hemmungen zu überwinden und mit Mut und Spaß Spiele einzusetzen?
▶ **Warum** sollten Sie überhaupt Spiele einsetzen?

Vorwort

- **Welchen Mehrwert** haben Sie und Ihre Teilnehmer davon?
- **Wie** setzen Sie es um?

Und warum sollte ein Kamel überhaupt tanzen?

Das gehört sicher nicht zum normalen Job eines Kamels. Es fällt aus dem Rahmen – es erzeugt aber auch Aufmerksamkeit.

Ein tanzendes Kamel schafft Aufmerksamkeit

Was war Ihr erster Impuls, Gedanke, Gefühl, als Sie den Buchtitel zum ersten Mal lasen? Neugier? Lachen? Verwirrung? Zumindest Aufmerksamkeit – oder? Schließlich haben Sie das Buch ja gekauft.

Kamele und ich

Im Arabischen heißt Kamel „cemel" (Aussprache: dschemel), ist also dem Klang nach unserem „Kamel" sehr ähnlich. Da ich bislang zehnmal auf Reisen mit Beduinen und Kamelen in der Sahara war, habe ich natürlich deren Sprachgebrauch übernommen. Kein Mensch sagt dort: *„Ich hole mal eben mein Dromedar."*

Wie viele andere Mädchen habe auch ich als Kind für Pferde geschwärmt und meterweise entsprechende Bücher verschlungen. Manche davon spielten in der Wüste (beispielsweise „Der weiße Scheich" von Elsa Sophia von Kamphoevener), und so keimte das Interesse an der Wüste auf. Die Pferdeliebe verlagerte sich zu einem Interesse für Kamele. Und durch den realen Kontakt dann zu einer Leidenschaft.

Vorwort

Durch die Wüste

Ich finde Kamele wunderschön, ihre Augen, die langen Wimpern. Sie haben etwas sehr majestätisches. Ihr wiegender Gang ist sehr souverän, ruhig, stetig. Sie vermitteln den Eindruck, als ob man sie durch nichts aus der Ruhe bringen könnte (was nicht stimmt).
Es ist ein kaum zu beschreibendes Gefühl, wenn nach stundenlanger Arbeit die Kamele bepackt sind mit dem schweren Zelt, den Körben mit Essen, den Wasserschläuchen, dem Gepäck und die Karawane aufbricht. Das leise Schnauben, die großen weichen Füße, die langsam aufgesetzt werden, der schaukelnde Gang ... Hier und da muss noch mal ein Gepäckstück verschoben werden, damit die Gewichte gleichmäßig verteilt sind.

Vorher allerdings erst einmal ein unglaubliches Gebrüll, wenn sie mit den ganzen Lasten aufstehen sollen. Das geht nur unter lautstarkem, von leichten Schlägen und Schubsern beigleiteten Protest. Mühselig stemmen sie sich erst auf die Vorderbeine, dann auf die Hinterbeine und falten schließlich die Vorderbeine endgültig auf. Wenn man bei dieser Prozedur auf einem Kamel sitzt, wird man entsprechend erst nach vorne, dann nach hinten und noch einmal nach vorne geworfen und kann sich nur an allem festhalten, was sich dazu anbietet. Wie die Beduinen es schaffen, dabei gerade, freihändig und höchst elegant sitzen zu bleiben, ist mir ein Rätsel.

Ja – und dann geht es los – von dort oben mit weitem Blick über die Sanddünen oder die Steppe, sanft wiegend. Auf gerader Ebene macht das Reiten wirklich Spaß, man wird geschaukelt und muss aufpassen, nicht einzuschlafen. Doch ist die Überquerung der Dünen dann wieder äußerst anstrengend. Denn die Kamele kämpfen sich durch den hohen Sand, sinken bis zu den Knöcheln ein – man hängt mal nach vorne, mal nach hinten und krallt sich fest. Da fühle ich mich dann weniger wie Lawrence von Arabien, sondern mehr wie ein ängstlicher Kartoffelsack ...

Kurz und gut: ich liebe Kamele außerordentlich, sammle sie in allen Varianten (selbst als Spülbürste mit Kamel-Kopf), habe Bilder an den Wänden und freue mich immer wieder, wenn ich einem lebenden begegne.

Ich hoffe, dass die Vorstellung von einem tanzenden Kamel auch in Ihnen etwas Positives hervorruft – oder doch zumindest Ihre Aufmerksamkeit weckt.

Vorwort

Ein herzliches Dankeschön

Spiele und Seminarmethoden sind lebende organische Formen, die sich ständig verändern und angepasst werden. Nicht immer ist feststellbar, wer die erste Idee zu einem Spiel hatte. Manche Spiele sind inzwischen „Allgemeingut" geworden.

Wo es mir bekannt und möglich war, habe ich die Autoren angegeben und entsprechende Literatur, wenn ich das Spiel einem Buch entnommen habe. Bei manchen Spielen habe ich vermerkt, durch welche Kollegen ich es in einem Seminar kennengelernt habe – ohne zu wissen, ob es nun von dieser Person ursprünglich stammt oder sie es wiederum bei anderen Kollegen übernommen hat.

Speziell danken möchte ich Christian Bollmann, der mir erlaubte, sein „Brieke Bum" aufzunehmen, obwohl ich es hier sehr verkürzt darstelle, was der eigentlichen Intention, die er als Musiker damit hatte, nicht gerecht wird. Ich verstehe seine Bauchschmerzen, sein „Kind" so verkümmert zu sehen und danke ihm, dass er dennoch über seinen Schatten gesprungen ist.

Ebenso danke ich meinen Kolleginnen Kathleen Brandhofer-Bryan und Helga Pfetsch, die mir großzügig gestattet haben, aus ihrem neuen Buch einige Spiele zu zitieren.

Vor allem möchte ich mich auch bei der Gruppe der ABB-Trainer-Ausbildung im Juli 2007 bedanken, die sich bereit fanden, alle möglichen und unmöglichen Spiele auszuprobieren, sich hemmungslos abfotografieren zu lassen und schließlich mithilfe des hier vorgestellten Rasters eigene Spiele entwickelt hat, die Sie auch in diesem Buch finden.

Ganz offiziell möchte ich auch einmal Ulrich Baer danken, der mich vom ersten Spielversuch an „begleitete". Er war damals (in den 1980er Jahren) wohl einer der ersten, der Bücher und Zeitschriften zu Spielen herausbrachte. In seinen Workshops in der Akademie Remscheid habe ich erleben können, wie man mit Gruppen spielt, wie man Spiele anleitet und welchen Spaß das macht. Er ist für mich das „Urgestein" der Spiele-Landschaft und ich freue mich, dass ich ihn jährlich auf der Didacta wiedersehe.

Insgesamt danke ich allen Spiele-Erfindern und Autoren, auch wenn Sie vielleicht nicht namentlich genannt sind, die mich inspiriert und ermutigt haben, im Laufe meines langen Trainerlebens zu entdecken, was Spiele in Seminaren bewirken können und wie gerne ich selber spiele. Die ersten Ansätze zur Spielfreude dazu habe ich nämlich erst nach meinem 30. Lebensjahr auf einer Fortbildung entdeckt und es durch meinen Kontakt mit der Suggestopädie allmählich zu einer Leidenschaft entwickelt.

Zuletzt noch ein herzliches Dankeschön an meinen Lektor Ralf Muskatewitz, der nicht nur aufgeschlossen für meine Ideen und Vorschläge ist und meine Arbeiten geduldig, freundlich und professionell begleitet, sondern mit dem das Zusammenarbeiten auch einfach großen Spaß macht.

Ihre Zamyat M. Klein

Warum Spiele in Trainings und Seminaren?

Warum „Spiele" im Seminar und was verstehe ich unter „Spiele"?

Es geht schon damit los, dass ich immer wieder auf Trainerkollegen treffe, die – wenn sie wohlwollend gestimmt sind – sagen: *„Ja, solche Spielchen sind ja ganz gut, aber bei der und der Zielgruppe geht das nicht."*

Da steckt eigentlich schon alles drin, was ich hier bearbeiten möchte. In der Formulierung „Spielchen" steckt für mich eine deutliche Abwertung: Etwas, das man nicht ernst nimmt. So ein „Bonbönchen" für zwischendurch. *„Das kann ganz nett sein, muss aber nicht. Und überhaupt: bei ernsthaften Trainings mit Führungskräften, mit Betriebswirtschaftlern, mit Ingenieuren etc. geht das sowieso nicht!"* Hinter dieser Einstellung stecken Vorannahmen und Glaubenssätze.

Mehr als ein „Bonbönchen"

Für mich sind Spiele unverzichtbarer Bestandteil eines jeden Trainings und Seminars, ganz gleich, zu welchem Thema und mit welcher Zielgruppe. Sie stehen für mich in keinerlei Widerspruch zu ernsthaftem Arbeiten und Lernen, sondern ganz im Gegenteil. Sie optimieren den Lernprozess und machen die Arbeit effektiver und gleichzeitig (ist ja nicht verboten) freudvoller.

Schauen wir uns an, wie und warum Kinder spielen. Sie lassen im Spiel Dampf ab, toben sich aus, geben ihrem Bewegungsdrang nach, lernen Geschicklichkeit, Fingerspitzengefühl, trainieren ihre Motorik. Dabei lernen sie ungeheuer viel beim Spielen. Es ist ihre Art, sich die Umwelt zu erschließen. Sie erhalten darüber eine Menge Informationen, im Spiel mit anderen lernen sie soziale Kompetenz, den Umgang mit Regeln, mit Erfolg und Misserfolg.

Warum Kinder spielen

All diese Effekte sind von den Kindern überhaupt nicht beabsichtigt, sie wollen einfach nur spielen. Es ist ihr natürlicher Drang, etwas zu erkunden, auszuprobieren, zu schaffen, sich zu messen und sich zu bewegen. Die Lust am Spiel steht im Vordergrund, das Lernen geschieht nebenbei. Dies ist eine der Grundlagen der Suggestopädie, die diesen Effekt für das Lernen im Erwachsenenalter nutzt.

Das Lernen unterstützen und fördern

Das Spiel können wir auf Erwachsene übertragen. Auch sie haben das Bedürfnis, Dinge auszuprobieren und zu erkunden, etwas zu kreieren, mit anderen etwas gemeinsam zu gestalten und in Kontakt zu treten. Dies sind Fähigkeiten, die ebenso im Berufsleben und bei Teamarbeit gefordert sind.

Es darf gelacht werden

Dass Spiele außerdem Spaß machen können, dass dabei gelacht und die Stimmung insgesamt aufgelockert wird, ist nicht verwerflich, im Gegenteil. Es ist keine neue Erkenntnis, dass in entspanntem Zustand leichter und besser gelernt wird. Nicht nur, weil man in Entspannung offener, neugieriger und mutiger ist, während Angst Enge erzeugt und Abgrenzungsmechanismen in Gang setzt. Auch neurobiologisch ist es inzwischen nachgewiesen, dass Stress den Lernprozess blockiert und die Aufnahme neuen Lernstoffs behindert, ebenso wie das Abrufen von gelernten Informationen.

Energieaufbau

Aktivierungen

Spiele dienen gleichzeitig als so genannte „Energieaufbauübungen" – ein etwas sperriger und langer Begriff aus der Suggestopädie, der später neudeutsch in „Energizer" umgetauft wurde. Ich verwende lieber den Begriff *„Aktivierung"*. Gemeint ist, dass durch den bewussten Einsatz solcher Übungen die Teilnehmer (wieder) wach und konzentriert werden und somit aufnahmefähiger sind. Was dem Lernen zugute kommt.

Seminarphasen

Es gibt Phasen im Seminar, wo ich Aktivierungen auf jeden Fall einsetze, beispielsweise nach jeder Pause, vor allem nach der Mittagspause. Da ist die Energiekurve deutlich unten, vor allem nach einem Mittagessen.

Warum Spiele in Seminaren und Trainings?

Es gibt auch sonst Situationen, bei denen es sinnvoll ist, Spiele einzusetzen: etwa um eine deutliche Zäsur zwischen zwei Seminar-Sequenzen zu setzen, wenn die Teilnehmer länger passiv waren, weil sie beispielsweise einem Vortrag lauschen mussten oder wenn ich als Trainerin wahrnehme, dass die Konzentration merklich sinkt, die Augen glasig werden, die Augenlider sinken oder verstohlenes Gähnen auftritt. Das geschieht öfter nachmittags, wenn ein toter Punkt erreicht ist.

Spiele alleine helfen da natürlich auch nicht. Wichtiger ist es, die gesamte Seminar-Choreographie solchen Gegebenheiten anzupassen. So lege ich theoretische Teile, die eine größere Konzentration erfordern, möglichst in den Vormittag, weil die Teilnehmer dann meist aufnahmefähiger sind (selbst wenn sie keine Morgenmenschen sind). Nachmittags baue ich verstärkt Phasen ein, in denen die Teilnehmer selbst aktiv sind – die beste Vorsorge gegen Müdigkeit. Wenn sie sich in Arbeitsgruppen oder Paaren austauschen und gemeinsam etwas entwickeln, fällt die Konzentration leichter als in der Gesamtgruppe.

Betten Sie Spiele in Ihre Seminar-Choreographie ein ...

Spiele oder Übungen setze ich auch immer ein, wenn Arbeitsgruppen wieder im Plenum zusammenkommen. Bevor sie im Plenum ihre Ergebnisse präsentieren, führen wir eine gemeinsame Aktivität durch. Dies kann auch ein Tanz oder eine Bewegungsübung sein. Das bündelt die Energie, die durch die verschiedenen Gruppen auseinandergedriftet ist. Man kann das vielleicht für Blödsinn halten, aber ich habe diese Erfahrung sehr oft gemacht und irgendwann die entsprechenden Konsequenzen gezogen. Die Aufmerksamkeit der Gruppe ist häufig nicht sofort bei den Präsentationen, vielmehr wird hier noch in einer Gruppe getuschelt und nachgebessert, da kramt noch jemand herum. In diesen Fällen hilft es deutlich, einen gemeinsamen Anfang zu setzen.

... im Plenum ...

Ich plane die Aktivierungen nach jeder Pause ein, das ist eine feste Gewohnheit, die ich den Teilnehmern auch gleich bei der Vorstellung des Seminarplans mitteile. Ansonsten setze ich sie intuitiv und aus dem Augenblick heraus ein, etwa:
▶ wenn ein längerer Theorieteil stattfand
▶ wenn die Teilnehmer länger passiv waren
▶ wenn die Teilnehmer in verschiedenen Gruppen gearbeitet haben und nun im Plenum wieder zusammenkommen

... nach Pausen ...

... oder sonstigen Anlässen

- wenn ich merke, dass einige müde und unkonzentriert sind
- wenn eine merkwürdige unterschwellig gereizte Stimmung herrscht
- zwischen zwei unterschiedlichen Themenblöcken, um eine klare Zäsur zu setzen
- usw.

Typische Einwände von Trainer-Kollegen

„Ich habe keine Zeit für Spielchen!"

Ein häufig zitierter Satz von Kollegen. Sie müssen in wenige Seminartage viel Stoff hineinpacken – und da greifen viele doch wieder aus Not zum Overhead-Projektor oder zur PowerPoint-Präsentation. Natürlich bekomme ich auf die Art viel Information auf die Leinwand! Mehr erst einmal nicht. Denn dieser Vorgang bedeutet in keiner Weise, dass die gleiche Menge Stoff auch in den Köpfen der Teilnehmer landet.

Spiele fördern das Erlernen von Fachwissen

Damit Fachwissen und Informationen wirklich „gelernt", also aufgenommen, verstanden, verarbeitet und später wieder bei Bedarf abgerufen werden können, braucht es etwas mehr als einen bloßen Vortrag. Insofern ist das Argument mit der Zeit falsch! Denn wenn ich möchte, dass meine Teilnehmer bestimmte Inhalte wirklich lernen, muss ich sie nach einem reinen Input-Vortrag am Besten auf unterschiedliche Art wiederholen – ansonsten bleibt nicht viel hängen. Wenn ich hingegen die Information spielerisch und für alle Sinne gerecht aufbereite und den Teilnehmern darbiete, werden Informationen schneller, leichter und dauerhafter aufgenommen. Und es macht den meisten Teilnehmern sicher mehr Spaß, als reiner Frontalunterricht!

„Mit meinen Teilnehmern kann ich so etwas nicht machen. Das finden die albern. Die halten mich für verrückt."

Häufig ist es eine reine, auf Glaubenssätzen beruhende Annahme, dass „meine Teilnehmer" so etwas nicht mögen. Weiß ich denn, ob sie Vorträge lieben? Sicher, viele Teilnehmer sind es (leider) gewohnt, auf traditionelle Art geschult zu werden. Und wir Menschen reagieren immer erst einmal zurückhaltend bis zurückweisend,

Warum Spiele in Seminaren und Trainings?

wenn Gewohnheiten durchbrochen werden. Das widerstrebt unserem Sicherheitsbedürfnis.

Für manche Teilnehmer ist eine Fortbildung per se erst einmal bedrohlich oder lästig. Sie finden eine neue Gruppe vor, wissen manchmal nicht, ob es wohl eine Auszeichnung ist, dass sie zur Fortbildung geschickt wurden oder eher ein Hinweis auf bestehenden Verbesserungsbedarf. Sie brauchen erst einmal Zeit, sich zu orientieren und zu sondieren, wer die anderen Teilnehmer sind und welche Regeln im Seminar herrschen.

Spiele schaffen ein gutes Gruppenklima und unterstützen die Orientierung der Teilnehmer

Hierbei helfen Spiele ungemein. Ich beginne Seminare immer mit „Kennenlern-Spielen", die oft auch schon mit dem Seminarthema zu tun haben. Nach dieser ersten Runde ist die Spannung einzelner Teilnehmer erfahrungsgemäß abgebaut, die Gruppe ist locker und wir können gut miteinander arbeiten. (Ausführliche Beschreibungen und Methoden habe ich in meinen Büchern „Kreative Seminarmethoden" und „Kreative Geister wecken" beschrieben.)

Stellen wir uns die Frage nach der Akzeptanz. Welche Spiele akzeptieren Erwachsene/Berufstätige denn im Alltag? Es gibt sehr viele Menschen, die regelmäßig Karten spielen oder würfeln, die Fußball spielen oder Flipper. Also gibt es bestimmte Spielformen, die gesellschaftlich anerkannt sind und anders bewertet werden als Spiele in Seminaren. Dies zeigt auch, dass Spielen als solches nicht grundsätzlich negativ betrachtet wird. Also kann ein „Trick" für den Seminarbetrieb sein, zunächst an vertraute Gesellschaftsspiele anzuknüpfen und einen Übergang zu „etwas anderen" Spielen zu schaffen. Gerade bei Lernspielen finden wir hier zahlreiche Varianten (z.B. Tabu, Activity, Quizformen).

Tipp: vertraute Gesellschaftsspiele werden leichter von den Teilnehmern akzeptiert

Erfahrungen mit Teilnehmern und Trainer-Kollegen

Aktivierungen und Spiele sind für mich selbstverständlicher Bestandteil von ganzheitlichen Trainings und Seminaren. Viele Trainer, die meine Seminare besuchen, sind ebenfalls davon überzeugt, dass es ihren Teilnehmern hilft, leichter und konzentrierter zu lernen. Ihnen selber hat es großen Spaß gemacht – sie haben am eigenen Leibe erlebt, wie sie dadurch fit blieben. Eine Resonanz in meinen Seminaren ist immer: *„Es war nie langweilig. Wir haben* *unheimlich viel gemacht, aber ich war immer wach und konzentriert. Und gar nicht kaputt am Abend."* Interessanterweise wird fast immer am Ende des Seminars betont, dass dies aber auch eine besonders nette Gruppe gewesen sei.

Für mich hängen solche Rückmeldungen eindeutig mit dem Einsatz von Aktivierungen zwischendurch zusammen. Die ersten Spiele zum Kennenlernen erzeugen von Anfang an ein offenes und lockeres Gruppenklima. Die Teilnehmer lernen sich persönlich ein wenig kennen, jeder kommt mal zum Zuge und äußert sich. Kollegen lernen sich vielleicht einmal auf eine ganz andere Art kennen – und oft schätzen!

Hemmungen überwinden

Obwohl sie selbst gute Erfahrungen damit gemacht haben, haben viele Trainer dennoch Hemmungen, solche Übungen einzusetzen. *„Mit meiner Zielgruppe geht das nicht." – „Zu diesem Thema passt das nicht." – „Mein Auftraggeber hält mich für verrückt." – „Die Teilnehmer finden das sicher albern."*

Wandeln Sie Stolpersteine zu Steigbügeln um

Diese Hindernisse bearbeite ich am Ende eines Seminars mit der Übung: „Stolpersteine zu Steigbügeln umwandeln". Hierbei werden in einem Brainstorming Ideen und Tipps gesammelt, wie man das, was man selber gut findet (das ist natürlich die Haupt-Voraussetzung) später auch umsetzen kann. In Arbeitsgruppen werden Hindernisse und Schwierigkeiten gesammelt, die die die Teilnehmer bei der Umsetzung befürchten. Die Stolpersteine werden auf Karten geschrieben (pro Stolperstein eine Karte). Nun beginnt ein kreatives Brainstorming im Plenum – unter Einhaltung der Brainstorming-Regeln. Jeder, der eine Idee hat, setzt sich auf den leeren Stuhl und äußert diese. Dann kehrt er an seinen Platz zurück. Die Teilnehmer, die ihre Bedenken geäußert hatten, notieren sich alle Ideen und Vorschläge. Erst anschließend, wenn die ganze Übung abgeschlossen ist, können sie auswählen, was sie aus dem entstandenen Angebot brauchen und nutzen können.

Notieren statt vergessen

Notieren Sie sich Übungen, die Ihnen zusagen

Der andere Punkt ist, dass sich nach meiner Erfahrung die meisten Trainerkollegen die Übungen nicht sofort während des Seminars notieren (wie ich es immer mache und daher inzwischen einen reichen Schatz an Übungen habe) und nachher sagen: *„Das habe ich bis zum nächsten Seminar bestimmt vergessen."*

Dies war ein wichtiger Grund für mich, die vorliegende Sammlung zusammenzustellen. Hier habe ich nur Übungen notiert, die ich schon in Seminaren eingesetzt habe, viele über Jahre hinweg. Ich habe immer einige aktuelle Lieblingsübungen, die mir selber großen Spaß machen und die ich daher mit der nötigen Begeisterung herüber bringen kann. Irgendwann werden sie mir langweilig und dann bin ich immer froh, wenn ich auf einer meiner zahlreichen eigenen Fortbildungen wieder etwas Neues kennenlerne.

Über den Umgang mit Musik

Einige Übungen kommen in der Seminarsituation einfach besser an, wenn sie mit Musik begleitet werden. Bei manchen Übungen – insbesondere bei rhythmischen – ist der Einsatz von Musik sogar fast unvermeidbar. In den Übungsbeschreibungen gebe ich Empfehlungen ab, wann Musikstücke eingesetzt werden und nenne zum besseren Verständnis Beispiele bekannter Stücke.

Urheberrecht

Für die öffentliche Nutzung von Musik sollten Sie besser sicherstellen, dass Sie kein Copyright verletzen. Holen Sie sich einfach eine Genehmigung von dem betreffenden Verlag oder Musikmanagement ein, wenn Sie vorhaben, ein bestimtes Stück im Training zu verwenden. Details dazu erläutert Ihnen die Gesellschaft für musikalische Aufführungs- und mechanische Vervielfältigungsrechte (GEMA): *www.gema.de*. Lassen Sie dort prüfen, ob der von Ihnen geplante Musikeinsatz als öffentliche Nutzung gilt.

Für das Training bieten sich auch lizenzfreie Musikstücke an. Es gibt zahlreiche Organisationen, die GEMA-freie Musik vertreiben. Die Empfehlung einer amerikanischen Quelle mit Musik auf hohem Niveau erhielt ich von einer Kollegin der „Accelerated Learning"-Bewegung: LifeSounds (*www.musicandlearning.com*). Es lohnt sich auch, einfach nach dem Stichwort „Lizenzfreie Musik" zu googeln. Ich bin mir sicher, dass Sie passende Stücke finden werden.

Ein letzter Tipp

Fangen Sie am ersten Seminartag mit „harmloseren" Spielen an und steigern Sie es langsam. Beobachten Sie, wie spielfreudig Ihre

Tipp: Steigen Sie harmlos ein

Warum Spiele in Seminaren und Trainings?

Gruppe ist. Wenn Sie unsicher sind, weil ein Spiel besonders albern scheint, fragen Sie die Gruppe und holen Sie sich deren Erlaubnis ein. Machen Sie ihnen dafür den Mund wässrig.

Und machen Sie nur Übungen, die Ihnen selbst Spaß bereiten und bei denen Sie sich sicher fühlen. Es soll Ihnen genauso viel Freude bereiten wie Ihren Teilnehmern. Spielen aus Pflichtbewusstsein funktioniert nicht.

Gefilmte Übungen: Ein Bild sagt mehr als tausend Worte

Einige der hier vorgestellten Übungen beruhen auf einer bestimmten Rhytmik oder einer Melodie, die sich über das geschriebene Wort nur schwer beschreiben lassen – obwohl die Spiele an sich einfach durchzuführen sind.

Daher haben Sie als besonderen Leserservice im Internet kostenfreien Zugang zu 15 Filmausschnitten mit besonders erklärungsbedürftigen Übungen. Diese Übungen sind im Text besonders gekennzeichnet.

So gelangen Sie zu den Filmausschnitten
www.managerseminare.de/kamelfilm

Login
Benutzername: kamelspiele
Login: zamyat

Parallel zum Buch ist eine DVD mit insgesamt 33 Übungen plus Traineranleitung veröffentlicht. Darunter befinden sich auch die 15 Übungen, auf die Sie hier zugreifen können – nur ausführlicher dargestellt. Wer weiß, vielleicht kommen Sie ja noch auf den Geschmack ...

Doch nun viel Spaß mit den Übungen!

Teil I

Hallo wach –
Aktivierung und Konzentration

Spiele und Energieaufbauübungen in Seminaren haben für mich immer das Ziel, die Teilnehmer (und Trainer) in einen wachen und konzentrierten Zustand zu versetzen, damit sie aufnahme- und lernfähig sind. Sie dienen somit dem Seminarerfolg. Spiele haben darüber hinaus noch zahlreiche andere positive Nebenwirkungen (Aggressionsabbau, Förderung der Geschicklichkeit, Umgang mit Regeln etc.), die man bewusst fördern oder einfach so mitnehmen kann.

In diesem Kapitel geht es um Spiele und Methoden, die die Konzentration an einem sechs- bis achtstündigen Seminartag aufrecht erhalten oder wiederherstellen sollen.

Es gibt hierbei spezielle Zeiten, in denen man solche Spiele am günstigsten einsetzt, damit sie die gewünschte Wirkung erzielen. Auch wenn die Teilnehmer gerade nicht besonders müde sind, kann es sinnvoll sein, die Konzentration bewusst zu bündeln, beispielsweise um nach der Aufteilung in Kleingruppen die Gruppe als solche wieder zusammenzubringen. Ich persönlich mache nach jeder Pause ein solches Spiel. Es bringt die Teilnehmer energetisch wieder zusammen und man startet gemeinsam mit dem weiteren Seminargeschehen.

Auf einen Blick

ABC-Hampelmann 23	Schultern hoch 89
Ali Baba und die vierzig Räuber	Stromschlag 92
(+Filmausschnitt) 29	Stühle rutschen 93
An der Nase herumführen 32	Stuhlkippen 94
Arche Noah 34	Tierpfleger Hugo 96
Bälle hin und her 36	Ungeheuer-Laufen............................ 98
Blinzeln.. 38	Verfolgen 99
Chef-Vize-Stress-Spiel *(+Filmausschnitt)* 40	Verzögerte Antwort 100
Das Klemmbrett 42	Wach gähnen 101
Das kotzende Känguru	Walnuss-Wandern *(+Filmausschnitt)* 103
(+Filmausschnitt) 45	
Die drei Gebärden des Zen 50	
Ebbe und Flut 52	
Farkel-Barkel 54	**Weitere Konzentration fördernde Spiele**
Finger fangen 57	Alle Spiele aus Teil II 105
Finger-Qi-Gong................................. 58	Flingo...141
Funken 60	Ja-Nein-Kreis..................................149
Getreide schütteln *(+Filmausschnitt)* 61	Buchstabieren.................................177
Huhn und Ei..................................... 64	
Ich sage Knie.................................... 65	**Weitere Spiele, die wach machen**
Kannst Du bis drei zählen?	Alle Spiele aus Teil III......................139
(+Filmausschnitt) 67	Alle Spiele aus Teil IV 175
Kopf-Zeichen 70	Alle Spiele aus Teil V 191
Lauf-Scharade 72	Alle Spiele aus dem Stabil-Baukasten ..261
Maschine bauen 74	
Meteoritenschwarm 77	
Mongolischer Armtanz	
(+Filmausschnitt) 81	
Rühr-Arm *(+Filmausschnitt)* 85	

ABC-Hampelmann

Ziel/Wirkung: *Konzentration; beide Gehirnhälften in Schwung bringen, vernetzen*
Material: *Arbeitsblätter mit ABC*
Vorbereitung: *Arbeitsblätter kopieren*
Teilnehmerzahl: *ab 2 Personen*
Form: *zu zweit/stehend*
Dauer: *5-10 Minuten*

Zur Methode

Diese Übung stammt aus der NLP-Szene. Sie wurde in der Literatur sowohl Gundl Kutschera als auch Michael Grinder zugeschrieben.

Ich setze sie gerne beim Thema „Hemisphären-Modell" des Gehirns ein, als Beispiel dafür, wie beide Gehirnhälften aktiviert und angesprochen werden. Denn bei dieser Übung ist es erforderlich, zu lesen sowie zu sprechen (linke Gehirnhälfte) und sich gleichzeitig zu bewegen (rechte Gehirnhälfte). Aber auch unabhängig von diesem Thema ist es eine nette Konzentrationsübung, die man vor allem auch wunderbar mit Fachinhalten verknüpfen kann.

Verlauf

Paarbildung

Um Paare zu bilden, nehme ich bei 16 Teilnehmern acht Weihnachtsketten (mit kleinen Kügelchen, man kann aber auch Fäden oder eine Kordel nehmen) und fasse sie so in der Mitte, dass alle Enden nach unten hängen. Jeder Teilnehmer ergreift nun ein Ende und schaut, mit wem er durch die Kette verbunden ist. Diese Person ist nun sein Partner.

Übung

Jedes Paar bekommt ein Blatt (siehe Seite 25), auf dem Buchstabenreihen stehen. Die Teilnehmer sollen das Blatt in Augenhöhe vor sich an eine Wand hängen und sich davorstellen.

Die Aufgabe besteht darin, zu zweit gemeinsam und laut die obere Reihe zu lesen und dabei gleichzeitig die Arme zu bewegen. Und zwar nach Anweisung der unteren Reihe (die man eben gleichzeitig leise mitlesen muss!).

Steht dort ein „L", wird der linke Arm angehoben. Bei „R" der rechte Arm und bei „Z" beide Arme zusammen. Das erfordert einiges an Konzentration.

Vorher beschreibe ich die Aufgabe: Die Teilnehmer sollen den Text in der ersten Runde etwas langsamer lesen und dann bei einer zweiten Runde das Tempo erhöhen – und schauen, welche Wirkung das hat, welche Variante ihnen leichter fällt.

Steigerung des Schwierigkeitsgrades

Als weitere Aufgaben gebe ich dann:
- ▶ die Spalten senkrecht zu lesen, statt waagerecht
- ▶ das Ganze rückwärts zu lesen

Bemerkungen

Varianten

Es gibt auch die Variante, wo statt „R", „L" oder „Z" Pfeile stehen, die nach oben oder unten, rechts oder links zeigen. Entsprechende Bewegungen müssen dann mit den Armen ausgeführt werden.

Man kann auch die Beine noch mit einbeziehen (dann muss beispielsweise der linke Arm und das rechte Bein gleichzeitig angehoben werden).

ABC-Hampelmann

A	B	C	D	E
L	R	Z	R	Z
F	G	H	I	J
L	L	R	Z	R
K	L	M	N	O
L	R	Z	L	R
P	Q	R	S	T
Z	R	L	R	Z
U	V	W	X	Y
Z	R	L	R	Z

Abb.: ABC-Arbeitsblatt

Auswertung

Es sieht schon witzig aus, wenn überall im Raum Paare stehen, die Arme schwenken und laut lesen. Für manche bedeutet die Übung Stress, andere lachen sich schief.

Anschließend besteht immer ein großer Bedarf, die Erfahrungen mitzuteilen. Meine erste Frage lautet: *„Was fiel Ihnen leichter, die schnelle oder langsame Variante?"*

Oft fällt die schnelle Variante erstaunlicherweise leichter. Das erkläre ich damit, dass wir uns dann mehr dem Rhythmus (= rechte Gehirnhälfte) überlassen. Sobald die linke Hälfte dominiert, kommen wir leichter ins Schleudern. Wenn die Bewegung mehr automatisiert ist und unbewusst abläuft, funktioniert es besser.

(Dazu passt auch die Geschichte vom Tausendfüßler: Als er einmal gefragt wurde, wie er das denn mache mit seinen vielen Beinen, und er daraufhin anfing, darauf zu achten, klappte es nicht mehr, und er geriet ins Stolpern.)

Meine zweite Frage lautet: *„Wie lange haben Sie gebraucht, bis Ihnen klar wurde, dass Sie beim Vorwärtslesen die obere Reihe ja gar nicht mitlesen brauchten (da wohl jeder das Alphabet auswendig kann)?"* Wieder Gelächter – denn manchem war es gar nicht aufgefallen.

ABC-Hampelmann

Beispiel Metallausbildung
Brückenschlag

Ein Teilnehmer brachte einmal bei einem Fortsetzungsseminar eine wunderbare Variante mit, wie er diese Methode in der Metallwerkstatt eingesetzt hat.

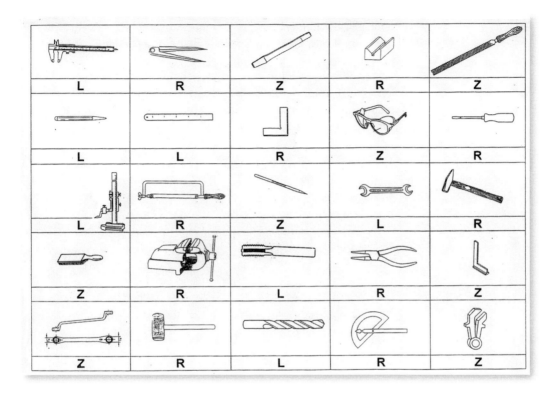

Abb.: ABC-Metallwerkstatt

Statt ABC sind dort Bilder von Werkzeugen, darunter wie gehabt „L", „R" oder „Z".

Nun ist noch mehr an Gehirnleistung gefordert. Denn die Teilnehmer müssen zuerst das Bild (rechte Hemisphäre) in ein Wort (linke Hemisphäre) „übersetzen", dieses laut aussprechen, gleichzeitig unten lesen und die dazu passende Bewegung machen.

Zur Vereinfachung kann man als Zwischenschritt den entsprechenden Begriff unter die Bilder schreiben. Das erfordert dann immer noch mehr Konzentration als die erste Variante und kann etwa dem „Einschleifen" von Fachbegriffen dienen.

Ali Baba und die 40 Räuber

Ali Baba und die 40 Räuber

Film

www.managerseminare.de/kamelfilm

Login mit:
kamelspiele
zamyat

Ziel/Wirkung: *höchste Konzentration*
Material: –
Vorbereitung: –
Teilnehmerzahl: *ab 7 Personen*
Form: *alle gemeinsam/im Kreis sitzend*
Dauer: *je nach Gruppengröße 10 Minute*n

Zur Methode

Dieses Spiel hat es wirklich in sich: es fördert und fordert Konzentration in hohem Maße. Die Konzentration wird deshalb besonders herausgefordert, weil man etwas anderes tun muss als das, was man gerade beobachtet.

Ich habe es nur selten erlebt, dass es eine Gruppe einigermaßen hinbekam, aber es ist immerhin möglich. Und selbst wenn die Gruppe nicht eine ganze Runde schafft, macht es trotzdem Sinn – und auch Spaß.

Es geht (wie immer) nicht in erster Linie darum, dass es perfekt funktioniert, sondern um das Bemühen und Konzentrieren beim Tun. Das fällt uns „naturgemäß" sehr schwer. Viele von uns sind Perfektionisten und gerade wir Deutschen tun uns ja ohnehin recht schwer im Umgang mit „Fehlern". Auch das kann man bei diesem Spiel üben und thematisieren: Dass ich bestimmte Dinge nur lernen kann, wenn ich beharrlich dran bleibe und übe – und dass dabei Fehler völlig normal sind und akzeptiert werden.

Verlauf

Alle Teilnehmer sitzen im Kreis. Es geht los: In der ersten Runde fangen Sie (A) als Spielleiter mit dem Satz an und sprechen diesen rhythmisch aus: *"Ali Ba-ba und die vier-zig Räu-ber"*. Dabei machen Sie im gleichen Rhythmus eine Bewegung, beispielsweise schlagen Sie mit der rechten Hand auf Ihren rechten Oberschenkel und heben die Hand wieder an: *"Ali Ba-ba und die vier-zig Räu-ber"* – dabei bewegen Sie den Arm immer herauf und herunter.

In der zweiten Runde pflanzt sich dieser Satz und die Bewegung nach links (zu Ihrem linken Nachbarn B) weiter fort. Der spricht nun mit Ihnen gemeinsam im gleichen Rhythmus den Satz und wiederholt dabei Ihre Bewegung aus der ersten Runde. Sie machen derweil aber eine neue Bewegung zum gleichen Satz, die sich B für die nächste Runde einprägen muss. Beispielsweise fassen Sie sich mit der rechten Hand an die Nase und nehmen die Hand dann wieder runter, dann wieder zur Nase usw. – im Rhythmus.

In der dritten Runde greift nun der dritte Spieler C die Bewegung von B auf (also die, die Sie in Runde eins gemacht haben – Hand auf Oberschenkel), B übernimmt Ihre zweite Bewegung (Hand an Nase) und Sie (A) machen wiederum eine neue Bewegung (im Rhythmus Knie anheben und senken) usw.

Nach und nach steigen immer mehr Spieler ein, die alle gleichzeitig den gleichen Satz sagen, wobei aber jeder eine andere Bewegung macht. Die Bewegungen wandern wie beim Kinderspiel „Stille Post" durch den Kreis, sie folgen aber Schlag auf Schlag. Jeder Spieler schaut also immer nur auf seinen rechten Nachbarn, schaut sich dessen Bewegung an und greift sie in der nächsten Runde auf. Alles klar?

Bemerkungen   Da diese Übung den meisten Teilnehmern wirklich schwer fällt, sollten Sie eine erste Proberunde durchführen. Wenn es dann mehrfach klemmt, brechen Sie ab und sagen: *„So, jetzt wisst ihr, wie es im Prinzip geht, jetzt fangen wir noch mal von vorne an."* Sie beginnen dann eine neue Runde – und diesmal fangen Sie vielleicht rechts statt links an und lassen es nun in die andere Richtung laufen.

Wenn Sie das Spiel nicht einfach als Konzentrations-Spiel für zwischendurch einschieben wollen, können Sie anschließend thematisieren, wie die Teilnehmer mit den Schwierigkeiten umgegangen sind.

Brückenschlag

Mögliche Fragen sind:
- Wie erging es euch, wenn ihr selbst einen Fehler gemacht habt?
- Wie habt ihr innerlich reagiert, wenn ein anderer einen Fehler machte und es daher nicht weiterging?
- Wie habt ihr äußerlich reagiert, wenn es nicht weiterging? (Man kann dann nämlich entweder die Kette unterbrechen, weil vom rechten Nachbarn nichts kommt – und dann ist das ganze Spiel unterbrochen – oder einfach einen Teilnehmer weiter schauen, dessen Bewegung aufgreifen, den stockenden Nachbarn quasi überspringen und die Kette so wieder ans Laufen bringen.)
- Welche Reaktionen wurden während des Spiels deutlich, welche Kommentare, Anweisungen, Ratschläge?

Abb.: Bei Ali Baba und die 40 Räuber
ist höchste Konzentration geboten

An der Nase herumführen

Ziel/Wirkung: *Spaß, Bewegung, mit Körperkontakt*
Material: *–*
Vorbereitung: *Redewendungen kopieren und auswählen*
Teilnehmerzahl: *ab 10 Personen*
Form: *alle/durch den Raum laufend*
Dauer: *5-10 Minuten*

Zur Methode

Dieses Spiel erfordert zum Teil Körperkontakt der Teilnehmer untereinander und wird daher besser erst eingesetzt, wenn sich die Teilnehmer schon etwas kennen und Sie als Trainer festgestellt haben, dass es sich um eine spielfreudige Gruppe handelt.

Es ist lustig, sich einmal bewusst zu machen, was so manche Redensart eigentlich „wörtlich" bedeutet. Oft benutzen wir Redensarten aus Gewohnheit, ohne dass wir dabei ein konkretes Bild vor Augen haben. Das wird sich nach diesem Spiel ändern.

Verlauf

Alle Teilnehmer bewegen sich frei durch den Raum. Sie rufen eine Redewendung in den Raum und Ihre Teilnehmer müssen diese wörtlich ausführen – wobei man manche vielleicht nur andeuten sollte. Mögliche Redewendungen sind z.B.:

- jemanden auf den Arm nehmen
- jemandem auf den Zahn fühlen
- jemanden an der Nase herumführen
- jemanden über's Ohr hauen
- jemandem Steine in den Weg legen
- jemandem kräftig in die Suppe spucken

An der Nase herumführen

- jemanden aufs Kreuz legen
- jemandem die Zähne zeigen
- jemanden anbeten
- an den Haaren herbeiziehen
- den Buckel runterrutschen
- jemandem den Mund stopfen
- etwas auf die leichte Schulter nehmen
- sich ins Fäustchen lachen
- Augenwischerei betreiben
- jemanden mitreißen
- jemanden wachrütteln
- sich an jemanden heranpirschen
- etwas in Angriff nehmen
- Hindernisse aus dem Weg räumen
- Kontakte knüpfen
- jemandem unter die Arme greifen
- jemandem auf die Beine helfen

Bemerkungen

Natürlich sollen die Teilnehmer nicht alle Redensarten durchspielen, vielmehr sollten Sie ihnen einige ausgewählte anbieten. Am Besten eine Mischung aus harmlosen, einfachen und solchen, die eine kleine Herausforderung darstellen. Es gibt immer unterschiedliche Wege, die Aufgaben zu lösen ...

Abb.: Jemanden aufs Kreuz legen

Teil I: Hallo Wach

Arche Noah

Ziel/Wirkung: *Konzentration, Gedächtnistraining*
Material: *–*
Vorbereitung: *–*
Teilnehmerzahl: *ab 7 Personen*
Form: *alle/im Kreis sitzend*
Dauer: *5-10 Minuten, je nach Gruppengröße*

Zur Methode

Ein kleines Gedächtnisspiel, ähnlich wie das Gesellschaftsspiel „Ich packe meinen Koffer", allerdings mit Geräuschen und Bewegung – und außerdem ziemlich albern. Nach und nach werden immer mehr Tiere in die Arche Noah gepackt, die sich die Teilnehmer alle merken und imitieren müssen.

Verlauf

Alle sitzen im Kreis. Sie beginnen zu erzählen:
 „Noah nimmt zwei Spatzen mit in die Arche, piep-piep."

Ihr rechter Nachbar fährt fort:
 „Noah nimmt zwei Spatzen mit in die Arche, piep-piep und zwei Hunde, wau-wau."

Der nächste rechte Nachbar ergänzt:
 „Noah nimmt zwei Spatzen mit in die Arche, piep-piep und zwei Hunde, wau-wau und noch zwei Kamele, gurgel-gurgel."

Jeder Teilnehmer muss immer alle Tiere und Stimmen wiederholen und ein neues Paar hinzufügen. Wer sich verspricht oder nicht mehr weiter weiß, muss eine Runde aussetzen.

Arche Noah

Varianten und Ergänzungen

Bemerkungen

- Alle Teilnehmer machen alle Geräusche mit, außer natürlich dem neuen Geräusch.
- Zu den Geräuschen muss sich jeder auch noch eine Bewegung des Tieres ausdenken und präsentieren.

Ein Beispiel: Der Teilnehmer sagt: *„Noah nimmt zwei Spatzen mit in die Arche, piep-piep"* – und macht mit den Händen das Öffnen und Schließen eines Schnabels nach.

Beim Esel werden mit den Händen die Ohren gebildet; Beim Kamel wird eine Hand nach vorne abgewinkelt und eine mit der nach oben geöffneten Handfläche über die linke Schulter nach hinten gebeugt, und dabei mit dem Oberkörper kamelwiegende Bewegungen gemacht usw.

Bälle hin und her

Ziel/Wirkung: *Ruhige Konzentration, Einstellung auf einen Partner*
Material: *pro Teilnehmer ein Ball*
Vorbereitung: *–*
Teilnehmerzahl: *ab 2 Personen*
Form: *zu zweit/stehend*
Dauer: *5 Minuten*

Zur Methode — Ein Konzentrationsspiel mit einem Partner, das ich von Dagmar von Consolati kennengelernt habe. Es kann auch symbolisch stehen für Themen wie Teamarbeit, Zusammenarbeit, den gleichen Rhythmus finden, wie man sich die Bälle zuspielt.

Verlauf — Zwei Teilnehmer stehen sich gegenüber, jeder hat einen Ball in der Hand.

Zuerst wirft jeder den Ball von der eigenen einen Hand in seine andere, immer hin und her, im gleichen Rhythmus.

Dann wirft jeder seinen Ball in die eigene linke Hand, dann in die rechte und dann zum Partner gegenüber. Dabei sollte ein gleicher Rhythmus entstehen.

Nächster Schwierigkeitsgrad: Der Ball wird überkreuz zugeworfen. Das gelingt besser und ist einfacher, wenn der eine auf der linken Seite und der andere auf der rechten Seite beginnt.

Varianten

Man kann auch einige Male die Paare neu zusammenstellen, damit erlebbar wird, wie unterschiedlich die Erfahrungen sein können. Bei der anschließenden Reflexion kann dann geschaut werden, woran das lag.

Je nach Seminarthema kann eine anschließende Auswertung sinnvoll sein.

Brückenschlag

In Paaren:
- Was hat das Zusammenspiel leicht gemacht?
- Was hat es erschwert?
- Wie haben wir die Schwierigkeiten gelöst?

Im Plenum:
- Gab es Unterschiede bei verschiedenen Paarkombinationen?
- Wie sahen diese aus?
- Woran kann es liegen?

Blinzeln

Ziel/Wirkung: *Bewegung, Konzentration, Spaß*
Material: *–*
Vorbereitung: *–*
Teilnehmerzahl: *ab 12 Personen*
Form: *ein Kreis sitzend/ein Kreis dahinter stehend*
Dauer: *5 Minuten*

Zur Methode Ein altes Jugendherbergs-Pfadfinderspiel, dem ich in Seminaren wieder begegnete. Gefragt sind Konzentration und Reaktionsschnelligkeit. Ebenfalls „zupacken" können und weglaufen. Ein lebhaftes Spiel, das viel Spaß macht.

Verlauf Die Hälfte der Teilnehmer sitzt in einem Stuhlkreis, in dem auch noch ein leerer Stuhl steht. Hinter jedem Stuhl steht ein Stuhlbewacher, auch hinter dem leeren Stuhl. Die Stuhlbewacher müssen die Hände hinter dem Rücken halten.

Derjenige, der hinter dem leeren Stuhl steht, versucht nun einen der sitzenden Teilnehmer auf seinen Stuhl zu blinzeln. Wird ein Teilnehmer angeblinzelt, versucht dieser sein möglichstes, um auf den neuen Stuhl zu kommen. Wenn der Stuhlbewacher das mitbekommt, darf er seine Hände nach vorne nehmen und versuchen, seinen Stuhlsitzer zu halten. Wenn er ihn hält, dann muss der Teilnehmer dort sitzen bleiben. Wenn er ihm entwischt, muss er einen neuen herbeiblinzeln.

Nach einer Weile tauschen Sitzende und Bewacher ihre Rollen.

Blinzeln

Bei dieser Übung kann durchaus mal ein Hemd kaputt gehen. Daher sollten Sie darauf achten, dass es nicht zu wild wird.

Bemerkungen

Film

www.managerseminare.
de/kamelfilm

Login mit:
kamelspiele
zamyat

Teil I: Hallo Wach

Chef-Vize-Stress-Spiel

Ziel/Wirkung: *Konzentration, Rhythmusgefühl, die Wirkung von Stress demonstrieren*
Material: *–*
Vorbereitung: *–*
Teilnehmerzahl: *ab 7 Personen*
Form: *alle im Kreis/sitzend*
Dauer: *5-10 Minuten*

Zur Methode

Dieses Spiel erfordert Konzentration und zugleich Rhythmusgefühl und fällt vielen Teilnehmern schwer. Daher eignet es sich gut, um sinnfällig erfahrbar zu machen, wie Stress zu Lernblockaden oder anderen Ausfällen führen kann.

Verlauf

Alle sitzen im Kreis, ein Spieler (Trainer) ist der Chef, sein linker Nachbar der Vize. Danach wird einfach durchnumeriert: 1, 2, 3 usw. Beispielsweise trägt der Letzte die Nummer 12.

Zuerst wird der Klatsch-Rhythmus eingeübt. Im Viererrhythmus:
▶ zuerst mit beiden Händen einmal auf die eigenen Oberschenkel klatschen,
▶ dann in die Hände klatschen,
▶ dann rechts mit den Fingern schnipsen, die Hand dabei in Schulterhöhe,
▶ dann links mit den Fingern schnipsen, die Hand dabei in Schulterhöhe.

Chef-Vize-Stress-Spiel

Wenn der Ablauf klar ist, geht es los. Alle klatschen weiterhin gemeinsam in der oben beschriebenen Reihenfolge, während der Chef beginnt. Er und alle weiteren, die jeweils dran sind, machen Folgendes:
- zuerst mit beiden Händen einmal auf die eigenen Oberschenkel klatschen,
- dann in die Hände klatschen,
- dann rechts mit den Fingern schnipsen, die Hand dabei in Schulterhöhe halten – dabei seinen eigenen Namen (*Chef*) oder die jeweilige Nummer (beispielsweise *Sieben*) nennen,
- dann links mit den Fingern schnipsen, die Hand dabei wieder in Schulterhöhe – und hierbei einen anderen Spieler aufrufen, indem man dessen Namen oder dessen Nummer nennt.

Das Ganze muss im gemeinsam geklatschten Rhythmus passieren. Das klingt dann etwa so:
- klatsch – klatsch – *4 – 7*
- klatsch – klatsch – *7 – 2*
- klatsch – klatsch – *2 – Vize*
- klatsch – klatsch – *Vize – 12*

Das heißt, so sollte es klingen – aber oft tut es das nicht. Alle klatschen im richtigen Rhythmus – bis zu dem Moment, wo die eigene Nummer aufgerufen wird. Da geraten die meisten so in Stress, dass sie es nicht mehr schaffen, die eigene Nummer zum Schnipsen des rechten Fingers zu sagen. Sie geraten vollkommen aus dem Takt.

Wer einen Fehler macht, kommt an das Ende der Schlange, erhält dann die letzte Nummer – alle anderen rutschen auf und erhalten eine entsprechend neue Nummer. Das macht die Konzentration noch einmal schwerer.

Eine Verbindung mit einem Seminarthema finden Sie unter „Lernspiele" (Seite 227).

Bemerkungen

Das Klemmbrett

Ziel/Wirkung: *Bewegung, mit Körperkontakt*
Material: –
Vorbereitung: –
Teilnehmerzahl: *ab 8-10 Personen*
Form: *alle im Kreis/stehend*
Dauer: *5 Minuten*

Zur Methode

Dieses Spiel ist ein Beispiel dafür, wie man jedes x-beliebige Thema in ein Spiel umwandeln kann. Oder auch das Beispiel einer Kreativ-Übung, wo irgendetwas Alltägliches in einen ungewöhnlichen Zusammenhang gebracht wird (eines der Grundprinzipien kreativer Ideenfindung).

Hier wird also das Bild eines „Klemmbretts" verwendet, um die Teilnehmer zur Bewegung zu animieren. Da ich in meinen Seminaren Stuhlkreise bevorzuge, bringe ich immer für alle Teilnehmer Klemmbretter und Papier mit, so dass sie sich trotz fehlender Tische Notizen machen können.

Verlauf

Die Hälfte der Teilnehmer steht eng im Kreis, Schulter an Schulter. Ein zweiter Kreis steht außen herum, mit dem Rücken zum Innenkreis. Die Teilnehmer berühren sich an den Rücken. (Beim Außenkreis stehen die Teilnehmer weiter auseinander).

Nun geben Sie als Trainer verschiedene „Kommandos", nach denen sich die Teilnehmer bewegen:

Das Klemmbrett

Ein Blatt wird eingelegt

Die Teilnehmer des Innenkreises bilden das „Klemmbrett". Sie beugen sich nach unten, die „Außenblätter" legen sich auf die Rücken und lassen sich dadurch nach hinten biegen.

Abb.: Blätter einlegen

Blatt festklemmen

Die Teilnehmer des Innenkreises heben den rechten Arm, die Teilnehmer des Außenkreises heben den linken Arm. Beide fassen sich an den Händen.

Blatt beschreiben

Die Teilnehmer im Innenkreis drehen sich nach außen hin um und schreiben mit den Fingerspitzen auf die Rücken ihrer „Außenblätter". (Mögliche Ergänzung: diese müssen das geschriebene Wort raten)

Blatt wechseln

Der Innenkreis wechselt mit dem Außenkreis die Position.

© managerSeminare

Bemerkungen   Da es bei diesem Spiel zu Körperkontakt kommt, müssen Sie vorher genau abwägen, ob das etwas für Ihre Teilnehmer ist oder nicht. Sie sollten die Übung daher nicht am ersten Tag eines Seminars einsetzen, sondern erst später, wenn Sie ein Gefühl für die Gruppe bekommen haben.

Wenn die Gruppe spielfreudig und locker ist – und vertraut miteinander umgeht, können Sie es einsetzen.

Brückenschlag   Sie können mit diesem Spiel auch noch andere Aspekte ansprechen, als einfach „nur" Bewegung. Sie können beispielsweise eine Verbindung zu den Themen „Vertrauen" oder „Teamarbeit" und „Kontakt" herstellen. In diesem Fall geben Sie den einzelnen Bewegungen einfach eine andere Bedeutung und eine andere Ansage.

Verbalisieren Sie beispielsweise statt „Blatt einlegen" das Thema Delegieren:
   „Sie haben jetzt ziemlich reingeklotzt und sind erschöpft. Nun wollen Sie Ihren Kollegen mal zum Zuge kommen lassen und sich zurücklehnen. Manchen fällt es schwer, einmal eine Aufgabe abzugeben oder zu delegieren. Genießen Sie es."

Oder statt „Blatt festklemmen": Hilfe bei Kollegen holen
   „Zu zweit geht manches leichter. Entgegen dem Spruch ‚Suchst du eine helfende Hand, so findest du sie am Ende deines rechten oder linken Arms' gibt es durchaus auch Kollegen, die einem hilfreich zur Hand gehen können. Sie müssen die dargebotene Hand nur ergreifen – auch wenn Sie diese vielleicht nicht sofort sehen."

Das kotzende Känguruh

Das kotzende Känguruh

Film

www.managerseminare.de/kamelfilm

Login mit:
kamelspiele
zamyat

Ziel/Wirkung: *Konzentration, Bewegung, Spaß*
Material: –
Vorbereitung: –
Teilnehmerzahl: *ab 10 Personen*
Form: *alle im Kreis/stehend*
Dauer: *10-15 Minuten*

Ein sehr beliebtes Konzentrationsspiel, bei dem viel gelacht wird – und gleichzeitig werden die Teilnehmer aktiviert. Da es etwas länger dauert, kann man es gut einsetzen, um das Mittagstief zu überwinden – oder nach längerer, konzentrierter Arbeit. Sie können dabei auch die Teilnehmer neue und eigene Varianten erfinden lassen.

Zur Methode

Alle stehen im Kreis, ein Teilnehmer steht in der Mitte. Er zeigt auf einen anderen Teilnehmer (X) im Kreis und sagt zum Beispiel: *„Elefant"*. Der Teilnehmer X bildet nun einen Elefantenrüssel mit seinen Armen – und die beiden Teilnehmer, die rechts und links von ihm stehen (A und B), formen die Ohren. Wer von den dreien etwas falsch macht oder nicht schnell genug reagiert, muss in die Mitte und der Teilnehmer aus der Mitte nimmt dessen Platz im Kreis ein.

Verlauf

Es empfiehlt sich, mit drei Varianten anzufangen, wenn diese einige Male durchgespielt sind, erkläre ich gewöhnlich die nächsten drei, dann die nächsten drei, so dass man erst drei, dann sechs, dann neun, dann zwölf usw. Varianten zur Auswahl hat.

So steigern sich allmählich die Konzentrationsanforderung und auch der Spaß, denn es wird schnell langweilig, wenn immer die gleichen Figuren dran sind.

Beschreibung der Bewegungen
Elefant

X bildet den Elefantenrüssel, indem er sich mit der linken Hand an die Nase fasst und den rechten Arm durch den linken Arm steckt. A und B formen die Ohren, indem sie mit beiden Armen rechts und links von Teilnehmer X große Ohren an dessen Körper halten.

Abb.: Elefant

Ente

X formt einen Entenschnabel mit den Armen, indem er die Unterarme aufeinander legt und auf und zu klappt. A und B wackeln mit dem Hintern als „Entenschwänzchen".

Wal

X legt den Kopf in den Nacken und bläst laut nach oben. A und B bilden mit wedelnden Händen seine Flossen.

Känguru

X formt mit beiden Armen einen Beutel vor dem Körper. A und B springen auf und ab.

Das kotzende Känguruh

Toaster
A und B halten sich an den Händen, X springt innerhalb der Arme von A und B hoch und ruft „Pling".

Kuckucksuhr
X ruft Kuckuck und stößt dabei mit dem Kopf nach vorne. A und B machen ein Pendel mit dem rechten Arm vor ihrem Körper.

Waschmaschine
X reibt sich den Bauch, A und B „schleudern", indem sie Bauchtanzbewegungen mit ihrem Bauch machen.

Känguru II
X hebt die Arme an und formt mit diesen einen Beutel vor seinem Bauch. A und B kotzen von rechts und links in den Beutel hinein (mit lauten Würgegeräuschen!) – diese Figur ist meist der Bringer!

Abb.:
Das kotzende Känguru

Kamel
X beugt sich nach vorne, A und B formen Höcker auf seinem Rücken, indem sie sich darauf stützen.

Baum
X nimmt beide Arme nach oben, A und B heben das Bein, das X zugewandt ist, an den Baum ...

Diese bisherigen Varianten gehörten zu meinem Standard-Repertoire. Von anderen Seminarteilnehmern und Trainern lernte ich dann noch folgende Varianten kennen:

Fernseher

X spricht (*„Blablabla"*), A und B bilden einen Bildschirmrahmen mit ihren Armen.

Flieger

X hält eine Fliegerbrille vor die Augen, indem er Daumen und Zeigefinger zu einem Kreis zusammenführt. A und B machen mit ihren Zeigefingern vor der Brille einen Scheibenwischer (Finger hin und her bewegen) und strecken den anderen Arm als Tragfläche zur Seite. Also: die linke Person macht mit dem rechten Zeigefinger den Scheibenwischer und streckt den linken Arm nach links aus.

Exhibitionist

X öffnet einen imaginären Mantel, A und B schreien *„Huch"*, halten sich die Hand vor die Augen und gucken zur Seite weg.

Küchenquirl

X hält beide Arme hoch, die Hände nach unten hängend. A und B gehen darunter in die Knie und drehen sich um sich selbst.

Von *Jenison Thomkins* lernte ich noch einige NLP-Versionen kennen:

Walt-Disney-Strategie

Die „drei Neffen" (von Donald Duck) quaken gleichzeitig selbstverliebt vor sich hin. Der 1. hat die Augen geschlossen (Träumer), der 2. zählt an den Fingern ab (Planer), der 3. wiegt zweifelnd mit dem Kopf (Kritiker).

Reframing

A und C stehen außen und bilden mit beiden Armen einen auf der Spitze stehenden Bilderrahmen vor B, indem sie einen Arm nach unten und einen nach oben strecken und die Hände ineinander verschränken. B macht dazu ein trauriges Gesicht. Dann wechseln A und C die Position der Arme. Die nach unten gestreckten Hände gehen nach oben und die zuvor oberen nach hinten, hinter Bs Rücken. B strahlt!

Das kotzende Känguruh

Man kann beliebig neue Varianten hinzuerfinden. Viel Spaß dabei! Bei diesem Spiel gibt es erfahrungsgemäß immer Teilnehmer, denen diese Übung leicht fällt und andere, die immer wieder in die Mitte zurückkehren müssen. Wenn das sehr extrem ist, dann „helfen" Sie ein bisschen nach, indem Sie dann bei den anderen Teilnehmern mit den Regeln strenger sind. Beispielsweise greifen Sie ein, wenn jemand etwas langsam reagiert und sagen: *„Das war aber viel zu langsam, Du musst jetzt in die Mitte"*, um den armen Menschen, der schon länger in der Mitte steht, zu erlösen.

Meist nehmen es alle mit Humor und das Spiel regelt sich von selbst. Es geht vor allem um den Spaß und nicht darum, dass alles „richtig" ist.

Bemerkungen

Wenn es als Begründung nicht reicht, dass Sie ein Konzentrationsspiel machen wollen (was es ja tatsächlich ist), können Sie zumindest als Einstieg einige Figuren erfinden, die unmittelbar mit dem Seminarthema zu tun haben.

Wenn die Teilnehmer dann Spaß daran entwickeln, können Sie sicher ohne Probleme auch noch einige andere Figuren einführen – oder die Teilnehmer selbst noch einige entwickeln lassen!

Beispiel: Thema „Führung", verschiedene Führungsstile
(Nach Enkelmann)

Brückenschlag

Der autoritäre, hierarchische Führungsstil
X steht in der Mitte, hebt arrogant die Nase hoch und erhebt den Zeigefinger. A und B knien sich rechts und links hin und schauen ihn ängstlich an, Hände in „Pfötchenhaltung" vor sich haltend.

Der passive, nachgiebige Führungsstil
X lässt sich schlapp nach vorne hängen. A und B schubsen (sanft) an ihm rum.

Der kooperative, kollegiale Führungsstil
A und B haken sich bei X ein.

Es empfiehlt sich, diese drei Führungsstile mit anderen Formen zu mischen.

Teil I: Hallo Wach

Die drei Gebärden des Zen

Ziel/Wirkung: *Konzentration*
Material: *–*
Vorbereitung: *–*
Teilnehmerzahl: *ab 7 Personen*
Form: *alle im Kreis/stehend*
Dauer: *5 Minuten*

Zur Methode Dies ist ein einfaches Konzentrationsspiel, dennoch haben einige Teilnehmer Schwierigkeiten damit. Ich weiß zwar nicht, woher das Spiel diesen Namen hat, auf jeden Fall finde ich ihn sehr schön. Drei Gebärden beinhaltet es in der Tat und die Verbindung zum Zen liegt vielleicht darin, dass man sich konzentrieren muss.

Verlauf Die Teilnehmer stehen im Kreis. Teilnehmer 1 sagt „A" und hält sich die Hand quer über den Kopf. Je nach dem, in welche Richtung die Fingerspitzen hindeuten (nach rechts oder links) antwortet der rechte oder linke Nachbar: „Wer?"

Teilnehmer 1 antwortet „Du" und zeigt dabei mit der anderen Hand auf einen dritten Teilnehmer im Kreis. So lange bleibt die andere Hand noch über dem Kopf. Der Teilnehmer, auf den gezeigt wurde, setzt das Spiel dann fort, in dem er „A" sagt und eine Hand über seinen Kopf hält usw.

Man kann das Spiel noch ein bisschen schwieriger machen, in dem man nur die Hand über seinen Kopf hält, ohne den entsprechenden Nachbarn anzuschauen (was viele instinktiv machen). So müssen alle genau aufpassen, wann sie dran sind.

Zamyat M. Klein: Das tanzende Kamel

Die drei Gebärden des Zen

Abb.: Wer? Du! – Die drei Gebärden des Zen

Gerüchtekette

Brückenschlag

Sie erzählen Ihrem Nachbarn einen Tratsch:
TN 1: *„Der Kollege, der hat vielleicht was Verrücktes gemacht!"* (oder kürzer: *„Mensch, der ist verrückt!"*)
A fragt (wie im Original): *„Wer?"*
TN 1 zeigt auf B: *„Der!"*

Lob verteilen

TN 1: *„Der ist...!"* (fleißig, schlau, hilfsbereit, kreativ – was immer Teilnehmer 1 an positiven Eigenschaften einfällt)
A: *„Wer?"*
TN 1 zeigt auf B: *„Der"* – oder auch *„Du"*.

Teil I: Hallo Wach

Ebbe und Flut

Ziel/Wirkung: *Bewegung, Spaß*
Material: –
Vorbereitung: –
Teilnehmerzahl: *ab 7 Personen*
Form: *im Raum verteilt/stehend*
Dauer: *5 Minuten*

Zur Methode Zu einer Geschichte bewegen sich die Teilnehmer auf bestimmte Stichworte hin. Diese Geschichte wird eingangs vom Trainer erzählt, später übernehmen die Teilnehmer diese Rolle. Dies wird durch den Spielverlauf bestimmt.

Das Spiel erfordert die Bereitschaft der Teilnehmer, sich auf den Boden zu setzen oder zu legen.

Verlauf Die Geschichte beginnt mit Menschen, die sich an einem Strand bewegen. Die Teilnehmer führen die erwähnten Bewegungen aus: gehen, hüpfen usw. Jedesmal, wenn in der Geschichte das Wort *„Ebbe"* auftaucht, müssen sich alle Spieler auf den Boden legen (oder setzen). Wer zuletzt sitzt, erzählt die Geschichte weiter …

Bei dem Wort *„Flut"* müssen alle zusehen, so schnell wie möglich mit den Füßen vom Boden fortzukommen, indem sie beispielsweise auf Stühle oder Tische steigen. Wer zuletzt oben ist oder sich fälschlicherweise auf den Boden geworfen hat, erzählt die Geschichte weiter.

Ebbe und Flut

Ein kurzes Beispiel für die Eröffnung durch den Trainer:

„Sie machen mit Ihrer Familie eine Woche Urlaub an der Nordsee. Sie gehen am ersten Morgen freudig zum Strand und stellen enttäuscht fest, dass gerade Ebbe ist. ‚Wann kommt denn die Flut zurück?', fragt Sie Ihre Tochter. Hm, das wissen Sie auch nicht so genau. Also sprechen Sie den nächsten Menschen an, dem Sie begegnen. Er sieht aus wie ein Einheimischer, der muss ja wissen, wann die Flut kommt. Also grüßen Sie Ihn und fragen ..."

Farkel-Barkel

Ziel/Wirkung: *höchste Konzentration, für manche Spaß, für manche Stress*
Material: *1 Tesakrepp-Band, 1 Filzstift (oder zwei andere Gegenstände)*
Vorbereitung: *–*
Teilnehmerzahl: *ab 10 Personen*
Form: *alle im Kreis/stehend*
Dauer: *5 Minuten*

Zur Methode

Für manche ist dies ein Horrorspiel, andere lachen sich halb weg. Es eignet sich sicher gut, um zu demonstrieren, wie wir unter Stress reagieren. Und es erfordert allemal höchste Konzentration.

Verlauf

Die Teilnehmer stehen im Kreis. Teilnehmer A beginnt, reicht dem linken Nachbarn B eine Tesakrepp-Rolle und sagt: *„Das ist ein Farkel."* B muss nun nachfragen: *„Was ist das?"* – A antwortet: *„Ein Farkel"*.

Nun gibt Person B die Tesakrepp-Rolle mit den Worten *„Das ist ein Farkel."* zu Person C weiter. Diese muss nun nachfragen: *„Was ist das?"* B darf jetzt nicht einfach antworten, sondern gibt die Frage wieder zurück an A. Die Antwort von A *„Ein Farkel"* wird nun von B an C gegeben. So setzt sich das Spiel fort. Jedesmal wird die Frage so lange zurückgegeben, bis sie von A beantwortet wird. Dann wandert die Antwort wieder über die einzelnen Personen bis zu dem Teilnehmer, der das Farkel in der Hand hat und die Frage zuletzt stellte.

Das ist schon schwirig genug, war aber nur die Vorübung. Das Ganze geht wieder von vorne los. Sobald aber B das Farkel hat, gibt Teilnehmer A an seinen rechten Nachbarn Z einen Filzstift weiter und sagt: *„Das ist ein Barkel."* – Z fragt nur: *„Was ist das?"* usw. Auf diese Weise laufen zwei Runden, eine links herum mit Farkel, eine rechts herum mit Barkel. Beide müssen immer ihre Frage an A zurückgeben, der die Antwort wieder zurück auf die Reise schickt.

Endgültig chaotisch wird es, wenn sich Farkel und Barkel begegnen und überkreuzen. Nicht nur der Mensch an der Schnittstelle gerät ans Rotieren, sondern auch alle folgenden Personen.

Für manche ist die Übung ganz einfach, und sie werden ungeduldig, wenn andere das nicht hinbekommen. Für andere ist es der Superstress – und viele lachen einfach herzlich über die entstandene Verwirrung, die verblüfften Gesichter und die unterschiedlichen Reaktionen.

Brückenschlag

Ganz sicher ein gut geeignetes Einstiegsspiel zum Thema „Stress" und auch zu „Fehlertoleranz". Einige Beispielfragen für eine Reflexion:

▶ Stress
Was löst den Stress aus? Wie gehe ich mit Stress um?

▶ Fehler
Wie reagiere ich, wenn andere Fehler machen und das Spiel dadurch stockt oder nicht so läuft, wie es sollte? Werde ich ungeduldig oder mitleidig? Denke ich: „Ich kann das besser"?
Wie reagiere ich, wenn ich selbst Fehler mache?

▶ Allgemein
Wer hat das Ganze mehr als Spiel gesehen, wobei es um „nichts" geht und es daher völlig gleichgültig ist, ob „Fehler" passieren oder nicht? Wer fand es lustig und wer fand es eher stressig?

Wie Sie diese Auswertung durchführen, hängt vom Seminargeschehen und der Gruppe ab. Sie können diese Fragen einfach zur eigenen Reflexion anbieten, die dann jeder für sich alleine gedanklich vollzieht. Ebenso können sich die Teilnehmer in kleinen Gruppen austauschen. Anschließend werden nur verallgemeinerte Erfahrungen im Plenum thematisiert, ohne konkrete Personen zu benennen. Es gibt sicher auch Gruppen, in denen ein sehr offenes Gespräch in der ganzen Runde möglich ist – allerdings erst dann, wenn sich schon viel Vertrauen gebildet hat und ein guter Zusammenhalt zu erkennen ist.

Finger fangen

Ziel/Wirkung: *Konzentration, Reaktionsschnelligkeit*
Material: –
Vorbereitung: –
Teilnehmerzahl: *ab 7 Personen*
Form: *alle im Kreis/stehend*
Dauer: *5 Minuten*

Zur Methode

Ein Konzentrationsspiel, bei dem Reaktionsschnelligkeit gefordert ist. Gut für zwischendurch, ohne viel Aufwand.

Verlauf

Die Teilnehmer stehen im Kreis. Sie halten die rechte Hand mit der Handfläche nach oben und stellen den linken Zeigefinger auf die Handfläche des linken Nachbarn.

Sie geben die Anweisung: „Wenn ich 1-2-3 zähle, versuchen Sie,
1. den Zeigefinger des rechten Nachbarn festzuhalten und
2. den eigenen Zeigefinger wegzuziehen."

Nach einer Weile werden die Hände getauscht, die linke Handfläche wird nach oben geöffnet und der rechte Zeigefinger auf die Handfläche des rechten Nachbarn gestellt.

Als Trainer können Sie die Teilnehmer auch mit anderen „falschen" Anweisungen aufs Glatteis führen: „Auf die Plätze, fertig, los ..."
– und dann, wenn alle entsprechend reagieren, rufen Sie: „Halt, das war nicht das vereinbarte Kommando!"

Finger-Qi-Gong

Ziel/Wirkung: *Konzentration*
Material: –
Vorbereitung: –
Teilnehmerzahl: *ab 2 Personen*
Form: *beliebig; alle im Kreis/stehend oder sitzend*
Dauer: *5 Minuten*

Zur Methode

Das Finger-Qi-Gong nach Awai Cheung ist wieder einmal eine wunderbare Übung zur Konzentration und um die beiden Gehirnhälften anzuregen.

Verlauf

Zuerst werden die zwei (oder drei) Fingerhaltungen gesondert geübt, wobei die rechte und linke Hand das Gleiche machen.

1) Der Kreis: Daumen und Zeigefinger berühren sich, bilden also einen Kreis. Die drei anderen Finger bleiben gestreckt.

2) Das Victory-Zeichen: Zeige- und Mittelfinger strecken sich V-förmig nach oben, die anderen Finger werden eingeklappt, wobei die Daumen die Ringfinger berühren.

Das wird nun einige Male im Wechsel gemacht – dabei kann man die Geschwindigkeit steigern. Also Daumenkreis und Victory-Zeichen.

Schwierig wird es dann richtig, wenn beide Hände unterschiedliche Formen bilden. Die eine Hand bildet den Daumenkreis die andere

Finger-Qi-Gong

Hand bildet das Victory-Zeichen – und umgekehrt, immer im Wechsel. Das Tempo kann man zudem noch beschleunigen.

Wenn diese Übung auf Dauer noch zu einfach ist, kann man noch eine dritte Figur hinzunehmen.

3) Diesmal wird nur der kleine Finger nach oben gestreckt, die anderen Finger bleiben eingeschlagen.

Nun also alle drei in fliegendem Wechsel.

Abb.: Finger-Qi-Gong

Funken

Ziel/Wirkung: *Bewegung, Konzentration, Reaktionsschnelligkeit*
Material: –
Vorbereitung: –
Teilnehmerzahl: *ab 7 Personen*
Form: *alle im Kreis/sitzend*
Dauer: *5 Minuten*

Zur Methode

Es ist ein kleines Konzentrationsspiel für zwischendurch, bei dem es um Reaktionsschnelligkeit geht.

Verlauf

Die Teilnehmer sitzen im Stuhlkreis. Person X beginnt zu „funken". Dazu hält X beide Hände rechts und links an den Kopf und winkt mit den Händen. Seine beiden Nachbarn A und B sind die Nebensender. Sie heben die jeweilige benachbarte Hand und winken (funken) ebenfalls damit.

X zeigt mit ausgestrecktem Arm auf einen anderen Teilnehmer. Der nimmt sofort beide Hände hoch, winkt mit den Händen (funkt) und zeigt auf den nächsten. Seine beiden Nachbarn müssen ebenfalls sofort reagieren.

Das Ganze wird auf Tempo gespielt. Wenn jemand einen Fehler macht, scheidet er aus und macht dies deutlich, indem er die Arme verkreuzt. Nun müssen die anderen entsprechend reagieren, das heißt, der nächst sitzende Nachbar übernimmt nun seinen Funkjob und muss die entsprechende Hand heben und winken.

Getreide schütteln

Getreide schütteln

Film

www.managerseminare.de/kamelfilm

Login mit:
kamelspiele
zamyat

Ziel/Wirkung: *Bewegung, Spaß*
Material: –
Vorbereitung: –
Teilnehmerzahl: *beliebig*
Form: *im Raum verteilt/stehend*
Dauer: *5 Minuten*

Die Anregung zu dieser Bewegungs-Übung habe ich von einem Kabarettisten im Fernsehen bekommen. Nach Jahren habe ich jetzt endlich seinen Namen herausgefunden: Erwin Grosche, *www.erwingrosche.de*. Ich hatte die einzelnen Bewegungen nicht sofort mitgeschrieben, daher ist vielleicht einiges verändert oder hinzugefügt.

Zur Methode

Abb.: Der Mais – wer weiß?
Foto vom Orientalischen
Trainer-Sommerfest

Teil I: Hallo Wach

Verlauf Die Teilnehmer stehen so im Raum verteilt, dass sie genügend Platz haben und den Trainer sehen können. Der Trainer steht vorne, macht jeweils eine Sequenz vor, indem er den Text spricht und die Bewegungen ausführt. Die Teilnehmer machen es entsprechend nach. (Manches wird zweimal, manches viermal ausgeführt).

Die Gerste, das Schwerste	Arme abwechselnd nach rechts und links oben strecken
Die Gerste, das Schwerste	4 x wiederholen
Der Hafer, das darf er	rechten Arm und rechtes Bein angewinkelt nach oben heben
Der Hafer, das darf er	dann linken Arm und linkes Bein, 4 x wiederholen
Der Weizen – und spreizen	in die Grätsche springen und Arme seitlich in Schulterhöhe ausstrecken
Der Weizen – und spreizen	4 x wiederholen
Der Mais – wer weiß?	Schultern hochziehen und Handflächen nach oben drehen
Der Mais – wer weiß?	4 x wiederholen
Und ernten, ernten,	dabei die Arme kräftig ausschütteln, den Oberkörper nach vorne neigen
ernten, ernten ...	2 x wiederholen
Die Erde – die Schwere	dabei den Oberkörper nach vorne sinken lassen, Arme und Kopf hängen lassen
Die Erde – die Schwere	immer tiefer sinken, bis in die Hocke 2 x wiederholen
Die Samen und Keime	depressive Haltung einnehmen: in der Hocke bleiben, Kopf hängen lassen
im Boden alleine	2 x wiederholen
Die Sonne – oh Wonne	Oberkörper aufrichten, Arme nach oben öffnen
Die Sonne – oh Wonne	2 x wiederholen
Der Regen – oh Segen	Arme weiter nach oben strecken, aber die Finger wie Regentropfen nach unten drehen
Der Regen – oh Segen	hin und her bewegen, 2 x wiederholen
Und wachsen, wachsen, auf die Hachsen ...	dabei aus der Hocke langsam wieder aufrichten, 1 x.
Und ernten, ernten,	dabei die Arme kräftig ausschütteln, den Oberkörper nach vorne neigen
ernten, ernten.	2 x wiederholen

Getreide schütteln

Das Spiel lebt zunächst davon, dass es vom Inhalt her so albern und blödsinnig ist (Kabarettisten wollen ja zum Lachen bringen), und gleichzeitig geht es im Seminar um die Bewegung. Wie könnte man dennoch einen Brückenschlag herstellen, wenn man nicht gerade ein Seminar für Landwirte oder Ausbilderinnen für Ernährungslehre durchführt? Mit leichter Veränderung des Textes kann man es mit Themen wie „Motivation", „Zeitmanagement" und „Ziele" verbinden.

Brückenschlag

Schritte zum Ziel

Der Erste – der Schwerste	Bewegung von „Die Gerste, das Schwerste"
Der Erste – der Schwerste	4 x wiederholen
Und weiter – nun darf er	Bewegung von „Der Hafer, das darf er"
Und weiter – nun darf er	4 x wiederholen
(Ziele) reizen – und spreizen	Bewegung von „Der Weizen, und spreizen"
reizen – und spreizen	4 x wiederholen
Der Kreis (der Mitarbeiter) – wer weiß (ob die mitmachen)?	Bewegung von „Der Mais, wer weiß?"
Der Kreis – wer weiß?	4 x wiederholen
Und (erste Früchte der Anstrengung) ernten,	die Arme kräftig ausschütteln, den Oberkörper nach vorne neigen
ernten, ernten ...	2 x wiederholen
Die Krise – die Miese	In die Hocke gehen, wie bei „Die Erde – die Schwere"
Die Krise – die Miese	2 x wiederholen
Die Idee, die Feine – im Boden alleine	Unten hocken, wie bei „Samen und Keime"
– im Boden alleine	2 x wiederholen
Die Sonne – oh Wonne	Oberkörper aufrichten, Arme nach oben öffnen (Sonne für Energie, Aktivität etc.)
Die Sonne – oh Wonne	2 x wiederholen
Der Regen – oh Segen	Arme weiter nach oben strecken, aber die Finger wie Regentropfen nach unten drehen (Regen für befruchten, nähren, unterstützen)
Der Regen – oh Segen	hin und her bewegen, 2 x wiederholen
Und wachsen, wachsen, trotz mancher Faxen ...	dabei aus der Hocke langsam wieder aufrichten, 1 x.
Und ernten, ernten,	dabei die Arme kräftig ausschütteln, den Oberkörper nach vorne neigen
ernten, ernten.	2 x wiederholen

Huhn und Ei

Ziel/Wirkung: *Konzentration*
Material: –
Vorbereitung: –
Teilnehmerzahl: *ab 7 Personen*
Form: *im Stuhlkreis/sitzend*
Dauer: *5 Minuten*

Zur Methode In dieser Art gibt es unterschiedliche Konzentrationsspiele. Dieses ist eine Variante, bei der viel gelacht wird.

Verlauf Jeder Teilnehmer erhält eine Zahl, indem von 1 bis Ende durchgezählt wird.
A (mit der Nr. 11 beispielsweise) beginnt und sagt: „Mein Huhn legt 14 Eier!"
B (der die Nr. 14 hat) fragt: „Warum denn 14?" – A: „Wieviel denn sonst?" – B: „Na, 7!" Daraufhin C (der die Nummer 7 trägt): „Warum denn 7?" – B: „Wieviel denn sonst?" C: „Na, 5." D (Nr. 5) antwortet: „Warum denn 5?" usw.

Bemerkungen **Variante**
Als Kind haben wir die Variante „Schlappes hat den Hut verloren" gespielt.
„Schlappes hat den Hut verloren, 1 hat ihn". Der Spieler Nr. 1 antwortet nun: „1 hat ihn nicht – 5 hat ihn." usw.

Ich sage Knie

Ziel/Wirkung: *Konzentration*
Material: *–*
Vorbereitung: *–*
Teilnehmerzahl: *ab 7 Personen*
Form: *im Stuhlkreis/sitzend*
Dauer: *5 Minuten*

Zur Methode

Die Konzentrationsleistung besteht darin, dass man etwas anderes sagt als man gerade tut.

Verlauf

A beginnt und sagt: *„Ich sage Knie"* und fasst sich dabei ans Ohr.
B greift dies auf und sagt: *„Ich sage Nase"* und fasst sich dabei an das Knie.
C fasst sich an die Nase und ruft: *„Ich sage Ellenbogen"* usw.

Jeder fasst also das an, was der andere gesagt hat und benennt dazu ein neues Körperteil.

Variante

Bemerkungen

Man kann die Übung natürlich auch genau andersherum durchführen. In diesem Fall beginnt A mit den Worten: *„Ich sage Knie"* und fasst sich dabei ans Ohr.

B wiederholt: *„Ich sage Ohr"* und fasst sich dabei an ein anderes Körperteil, beispielsweise an die Nase. C sagt nun: *„Ich sage Nase"* und fasst sich an den Ellenbogen usw.

Brückenschlag   Wenn Sie eine zusätzliche Begründung für das Spiel mitliefern wollen, können Sie bei der Einleitung erläutern: *„Sie kennen vielleicht auch Menschen, die etwas anderes tun als sie sagen. Das kann sehr verwirrend sein. Da müssen Sie dann überlegen, woran Sie sich orientieren: an den Äußerungen oder an den Taten? Hier können Sie einmal beides üben – auf einer ganz konkreten körperlichen Ebene."*

Kannst Du bis drei zählen?

www.managerseminare.de/kamelfilm

Login mit:
kamelspiele
zamyat

Ziel/Wirkung: *Bewegung, Spaß*
Material: *–*
Vorbereitung: *–*
Teilnehmerzahl: *ab 2 Personen*
Form: *zu zweit/stehend*
Dauer: *5 Minuten*

Zur Methode

Eine nette Übung, die man zwischendrin einschieben kann, wenn es sinnvoll ist, dass die Teilnehmer mal kurz aufstehen und etwas anderes machen und lachen. Sie gehört zu den Methoden, die ich persönlich als „harmlos" einordne, die man also auch machen kann, wenn man als Trainer noch nicht so spielgewohnt und mutig ist.

Verlauf

Einstieg

Als Einstieg können Sie den Teilnehmern die Frage stellen: *„Können Sie sich vorstellen, dass es schwierig sein kann, bis drei zu zählen?"* Sie demonstrieren dann die Übung erst einmal mit einem Partner, danach finden sich die Teilnehmer zu zweit zusammen und führen die Übung durch.

Durchführung

1. Runde: Teilnehmer A und B stehen sich gegenüber und zählen abwechseln bis drei. Also: A sagt *„Eins"*, B sagt *„Zwei"*, A sagt *„Drei"*, B sagt nun wieder *„Eins"* usw. Das ist noch nicht so schwierig.

2. Runde: A ersetzt die Zahl „*Eins*" durch eine Bewegung – er zieht zum Beispiel beide Schultern hoch, B fährt dann fort mit „*Zwei*", A sagt „*Drei*", nun macht B die Bewegung für „Eins" (ohne die Zahl zu nennen) usw.

3. Runde: Nach einer Weile ersetzt B die „Zwei" durch eine andere Bewegung, hebt zum Beispiel das rechte Knie an. Dann sagt A „*Drei*", B zieht die Schultern hoch, A hebt das Knie, B sagt „*Drei*" usw.

4. Runde: Zuletzt wird auch die „Drei" durch eine Bewegung ersetzt, zum Beispiel in die Hocke gehen, so dass nun nur noch stumm „gezählt" wird: A zieht die Schultern hoch, B hebt das Knie, A geht in die Hocke, B zieht die Schultern hoch usw.

Abb.: Bis drei zählen

Wenn ein Paar fertig ist, macht es auch Spaß, die anderen zu beobachten, welche Bewegungen sie sich einfallen lassen. Auch hier kommt die Kreativität voll zum Zuge und es wird gelacht. Gleichzeitig haben die Kinästheten endlich mal wieder Gelegenheit, aufzustehen und sich zu bewegen. Dies fördert die Konzentration für die weitere Arbeit und wird noch verstärkt, wenn gleichzeitig die Fenster geöffnet werden und alle noch einen Schluck Wasser trinken.

Bemerkungen

Kopf-Zeichen

Ziel/Wirkung: *Konzentration*
Material: –
Vorbereitung: –
Teilnehmerzahl: *ab 7 Personen*
Form: *im Kreis/stehend*
Dauer: *5 Minuten*

Zur Methode Eine kleine Konzentrationsübung für zwischendurch. Sie erfordert weniger Platz als der „Ja-Nein-Kreis" (siehe Seite 149, Kapitel „Volle Power"), erzeugt aber auch weniger Energie. Hier steht mehr die Konzentration und Reaktionsfähigkeit im Vordergrund.

Verlauf Die Teilnehmer stehen in einem engen Kreis. A beginnt, dreht den Kopf zur rechten Schulter und sagt „Ja". B, der rechte Nachbar, dreht seinen Kopf ebenfall nach rechts und sagt „Ja". Dies wird von C aufgegriffen usw. Die Aktionen sollten möglichst schnell gehen.

Wenn nun D den Kopf einfach gerade lässt und nichts sagt, so ist das das Stopp-Signal und C muss dann nach links (also in die andere Richtung) ein „Nein" weitergeben.

In dieser Übung gibt es also abwechselnd Ja- und Nein-Runden, die durch Schweigen und Unbeweglichkeit eines Spielers ihre Richtung ändern. Das erfordert eine besondere Aufmerksamkeit, denn auch der Wechsel sollte möglichst schnell geschehen.

Variante

Bemerkungen

Man kann das Spiel auch vereinfachen, indem der Spieler, der das weitergegebene *„Ja"* stoppen will, einfach *„Nein"* sagt – anschließend geht das *„Ja"* wieder in die andere Richtung zurück.

Lauf-Scharade

Ziel/Wirkung: *Pantomime, Bewegung, Spaß*
Material: –
Vorbereitung: –
Teilnehmerzahl: *ab 8 Personen*
Form: *zwei oder mehr Gruppen/stehend*
Dauer: *5 Minuten*

Zur Methode

Dieses Spiel kann man bei schönem Wetter auch gut draußen spielen. Es ist ein Wettspiel zwischen mehreren Gruppen. Bei 16 Teilnehmern spielen beispielsweise 4 Gruppen.

Verlauf

Die Gruppen stellen sich in vier Ecken, der Trainer steht in der Mitte mit einer Liste, auf der untereinander verschiedene Begriffe (zusammengesetzte Substantive) stehen (Beispiele auf der Folgeseite).

Aus jeder Gruppe kommt ein Teilnehmer in die Mitte, und der Trainer zeigt jedem den ersten Begriff. Die Teilnehmer laufen nun zu ihrer Gruppe zurück und stellen diesen Begriff pantomimisch dar. Dabei können sie mit dem Finger anzeigen, ob sie den ersten Teil des Wortes darstellen oder den zweiten. Die Gruppenmitglieder raten nun, was für ein Begriff gesucht wird – möglichst leise, damit die anderen Gruppen ihre Vermutungen nicht hören.

Wenn eine Gruppe den Begriff herausgefunden hat, kommt der nächste Teilnehmer in die Mitte, (z.B. der, der die Lösung gefunden hat), flüstert dem Trainer die Lösung zu und bekommt dann den nächsten Begriff gezeigt. Gewonnen hat die Gruppe, die zuerst alle Begriffe gelöst hat.

Lauf-Scharade

Beispielbegriffe (wobei sich der Schwierigkeitsgrad steigert):
- Tischbein
- Feuerleiter
- Lampenschirm
- Hochhaus
- Bienenstock
- Schneckenhaus
- Mondkalb
- Baumkrone
- Sterntaler
- Holzwurm
- Stahlgerüst
- Zungenbrecher
- Maulesel
- Perlhuhn (siehe Abb. auf Seite 197)

Den Teilnehmern macht das Spiel so viel Spaß, dass sie meist nicht aufhören wollen, wenn die erste Gruppe gewonnen hat, sondern jede Gruppe noch bis zum Ende weiterspielen will. Für die anderen ist es dann auch durchaus kurzweilig, sich die Darbietungen anzuschauen (zumal sie ja jetzt wissen, was die anderen darstellen wollen).

Bemerkungen

Sie können auch Begriffe aus dem Arbeitsbereich der Teilnehmer oder Stichworte aus den Seminarinhalten verwenden.

Etwa zum Thema „Kreative Ideenfindung und Problemlösung":
- Walt-Disney-Strategie
- Killerphrasen
- Brainstorming
- Problemlösung
- Ideenfindung
- Filzstift
- Pinwand

Brückenschlag

Maschine bauen

Ziel/Wirkung: *Bewegung, Kreativität*
Material: –
Vorbereitung: –
Teilnehmerzahl: *ab 8 Personen*
Form: *stehend*
Dauer: *5 Minuten*

Zur Methode

Nach und nach stellen alle Teilnehmer eine bewegte Maschine zusammen. Hierbei kann viel Kreativität entstehen, die Teilnehmer kommen in (engen) Kontakt und das Ganze sieht von außen auch lustig aus.

Verlauf

Alle stehen auf der einen Seite des Raums, auf der anderen Seite ist die leere „Bühne". Ein Teilnehmer beginnt. Er geht auf die Bühne und macht eine Bewegung und ein Geräusch dazu. Beispielsweise stampft er immer wieder mit dem Fuß auf und sagt dazu *„Klatsch"*.

Ein zweiter Teilnehmer gesellt sich zum ersten und macht ebenfalls eine Bewegung und ein Geräusch. Dabei sollte er eine Verbindung zum ersten Teilnehmer herstellen, so dass sie nicht einfach unverbunden nebeneinander stehen. Beispielsweise macht er mit seinem rechten Arm eine vor und zurück wiegende Pumpbewegung, die direkt über das Bein des ersten Teilnehmers führt. Oder er tippt mit dem Zeigefinger immer leicht auf den Arm des anderen und ruft dabei *„Ping"*.

Nach und nach kommen alle Teilnehmer nach vorne, bis alle zusammen eine Maschine voller Bewegung und Geräusche darstellen. Nun

Maschine bauen

darf immer einer schnell nach vorne treten und sich das Ganze von außen anschauen. Danach geht er wieder in die Maschine zurück, nimmt seinen alten Platz ein, und der Nächste darf schauen.

Abb.: Maschine bauen

Die Teilnehmer sollten ziemlich schnell die Maschine aufbauen, sonst brechen die ersten irgendwann zusammen.

Sie sollten sich auch nicht nur nebeneinander aufstellen, sondern davor und dahinter, drüber und drunter, kreuz und quer. So entsteht eine fantasievolle Maschine mit ganz unterschiedlichen Elementen: Pumpen, Stampfen, Glocken und Klingeln.

Bemerkungen

Auch wenn man vielleicht keinen direkten inhaltlichen Bezug herstellt, so kann eine solche Übung dennoch in Verbindung mit

Brückenschlag

Themen wie „Team-Zusammenarbeit", „einen Bestandteil im Unternehmen bilden", „ein Rädchen im Getriebe sein". Vielleicht wird auch eine Bewegung des einen durch eine des anderen Kollegen ausgelöst, manche Teilnehmer machen möglicherweise „richtig Dampf", wieder andere haben einen guten Überblick ... Gehen Sie ruhig locker und humorvoll mit möglichen Verbindungsbrücken um, die Sie den Seminarteilnehmern anbieten.

Meteoritenschwarm

Ziel/Wirkung: *Bewegung, Konzentration*
Material: *7 oder mehr Bälle*
Vorbereitung: *–*
Teilnehmerzahl: *ab 8 Personen*
Form: *alle im Kreis/stehend*
Dauer: *5 Minuten*

Zur Methode

Ursprünglich lernte ich das Spiel nur als Namens-Wiederholungsspiel kennen. Im Laufe der Jahre begegneten mir dann alle möglichen weiteren Varianten. Es ist schon fast ein Klassiker – und auf jeden Fall ein Spiel, das jeder Trainer problemlos und ohne Hemmungen durchführen kann. Bälle werfen geht ja schon eher in Richtung Sport und wird daher leichter akzeptiert, als rhythmische Bewegungen oder alberne Spiele. Ich setze es oft am ersten Tag nach dem Mittagessen ein, bei schönem Wetter möglichst draußen auf der Wiese.

Verlauf

Die Teilnehmer stehen im Kreis. Sie beginnen, indem Sie einem Teilnehmer A einen Ball zuwerfen, möglichst jemandem, der Ihnen gegenübersteht. Dieser wirft ihn zu Teilnehmer B, B wirft ihn nun zu C etc., bis jeder (nur) einmal den Ball erhält. Bevor die Übung losgeht, informieren Sie die Gruppe, dass sich jeder merken soll, wem er den Ball zugeworfen hat und von wem er ihn bekommen hat. Wer den Ball weitergegeben hat, verschränkt die Arme, so dass jeder den Ball nur einmal erhält.

Nachdem diese erste Runde gelaufen ist, lohnt es sich, noch eine zweite anzuschließen, denn es gibt immer wieder Teilnehmer, die noch nicht mitbekommen haben, dass es wichtig ist, immer die gleiche Reihenfolge beizubehalten.

Nun geht es richtig los. Es beginnt wie oben, doch bald darauf werfen Sie einen zweiten Ball in die Runde, dann den dritten usw. Dabei bleibt die Reihenfolge immer gleich. Wenn es gut läuft, entsteht ein richtiger Rhythmus. Aber natürlich lässt mal jemand den Ball fallen – dann ist der Rhythmus wieder unterbrochen.

Bemerkungen Es ist günstig, die Bälle immer jemandem zuzuwerfen, der in etwa gegenüber steht und nicht seitlich von einem, sonst kommen sich die Bälle zu sehr ins Gehege.

Varianten Die Methode kann mit unterschiedlichen Zielsetzungen und Varianten durchgeführt werden.

1. Variante: Achtsamkeit
Sie werfen unvermittelt und ohne Vorwarnung einem Teilnehmer einen Ball zu. Der kann ihn dann wahrscheinlich nicht fangen. Die erkenntnisleitende Frage lautet dann: „An wem liegt es, dass der andere den Ball nicht fangen konnte?" Die Antwort liegt auf der Hand: Am Werfenden.

Nun können Sie dies thematisieren: *„Was ist erforderlich, damit der andere den Ball fangen kann?"*
- Kontakt herstellen: Blickkontakt, mit Namen ansprechen
- Vorher nachfragen: Wer den Namen nicht kennt, kann ihn vorher in Erfahrung bringen.

Die Aufgabe an die Teilnehmer lautet nun, den Ball so zu werfen, dass der andere ihn fangen kann. Wenn er herunter fällt, muss der Werfende ihn holen und neu werfen.

Meteoritenschwarm

2. Variante: Namen wiederholen

Aufbau wie oben, nur sagt oder ruft jeder: *„Von Zamyat an Bernd"*, *„Von Bernd an Gisela"* usw. Mit der Zeit rufen alle durcheinander ...

3. Variante: Gruppenrhythmus

Die Gruppenrhythmus-Übung beginnt wie bei der ersten Variante, aber mit folgender Aufgabenstellung: *„Wie bekommen wir als Gruppe ein System hin, alle sieben Bälle gleichzeitig am Laufen zu halten und einen Rhythmus zu finden?"*

Alltag eines Unternehmens (aus wirtschaft + weiterbildung, Nov./Dez. 2002)   *Brückenschlag*

Material
Bälle, 1 Flasche oder einen anderen Gegenstand

Verlauf

1. Der normale Alltag
Alle stehen im Kreis, ein Ball wird von einem Teilnehmer zum anderen geworfen. Dieser Ball stellt den Alltag des Unternehmens dar. Jeder merkt sich, wem er den Ball zugeworfen hat und von wem er seinen Ball bekommen hat. Wer an der Reihe war, verschränkt anschließend die Arme, so dass jeder den Ball nur einmal bekommt.

2. Der Dienstweg
Die Teilnehmer werfen sich den Ball in der Reihenfolge der ersten Runde zu. So simulieren sie den Alltag des Unternehmens mit dem immer gleichen Trott. Nach einigen Runden führt der Trainer den Dienstweg des Unternehmens ein. Dies ist eine Flasche, die im Kreis links herum weiter gereicht wird. Der Dienstweg bewegt sich langsam von einem Zuständigen zum anderen. Gleichzeitig wird der Alltag des Unternehmens fortgesetzt.

3. Die Sonderaufgabe
Nach einigen Runden werden Sonderaufgaben vergeben. Dazu wird ein zweiter, größerer Ball eingeführt. Sonderaufgaben können einen zu jeder Zeit treffen und werden nicht in einer festgelegten Reihenfolge geworfen, sondern in einer beliebigen Reihenfolge.

4. Erweiterungen/Abteilungsumstrukturierung
Klatscht einer der Teilnehmer einmal in die Hände, wird die Abteilung umstrukturiert. Alle Braunhaarigen (oder alle Brillenträger etc.) wechseln die Plätze. Die Schwierigkeit besteht darin, die Wurfreihenfolge des Alltags trotzdem beizubehalten.

5. Produktionsbeschleunigung
Der Trainer behauptet, die ausländische Konkurrenz könne den Arbeitsalltag aus der ersten Runde in der Hälfte der Zeit bewältigen. Die Teilnehmer werden aufgefordert, sich etwas einfallen zu lassen, um den Ball in kürzerer Zeit in der gewählten Reihenfolge von Teilnehmer zu Teilnehmer wandern zu lassen. Die einzelnen Versuche zur Beschleunigung können mit der Stoppuhr gemessen werden.

Mongolischer Armtanz

www.managerseminare.de/kamelfilm

Login mit:
kamelspiele
zamyat

Mongolischer Armtanz

Ziel/Wirkung: *Bewegung, Konzentration*
Material: *Musik*
Vorbereitung: –
Teilnehmerzahl: *beliebig*
Form: *im Kreis oder im Raum verteilt/stehend*
Dauer: *5 Minuten*

Zur Methode

Auf einem Obertonkonzert erlebte ich die Gruppe Transmongolia. Ich war von dieser Art Musik gleich so angetan, dass ich mir eine CD kaufte. Als ich sie dann später zu Hause anhörte, stellte ich fest, dass ich jedes Mal gute Laune und Energie bekam. So kam ich auf die Idee, mir nach mongolischen Volksliedern Bewegungen auszudenken, die ich als Energieaufbauübung einsetzen kann.

Die folgenden Bewegungen erfolgen im Rhythmus mongolischer Volkslieder. Meine Empfehlung für eine besonders gelungene Umsetzung: „Transmongolia – Gesang des Himmels" (Track 5 – Achtung: Nutzungserlaubnis vorher einholen), *http://www.hosoo.de/*. Bevor es losgeht, weisen Sie die Teilnehmer darauf hin, dass die Musik für sie vielleicht erst einmal befremdlich klingt.

Verlauf

Alle Teilnehmer stehen im Raum verteilt (im Kreis oder auch in Reihen, je nach Platz). Jeder hält die Arme so vor den Körper, dass die Fingerspitzen zueinander zeigen und die Ellbogen nach außen, also die Arme waagerecht zum Boden sind. Dann folgen Bewegungen, die ich vormache:

Teil I: Hallo Wach

Abb.: Mongolischer Armtanz
– die Trainerin macht´s vor

- Die rechte Hand und Unterarm nach vorne klappen mit der Handfläche nach oben
  Die linke Hand nach vorne klappen mit der Handfläche nach oben
- Rechte Hand: die Handfläche nach unten drehen
  Linke Hand: die Handfläche nach unten drehen
- Rechte Hand: die Handfläche wieder nach oben drehen
  Linke Hand: die Handfläche wieder nach oben drehen
- Rechten Arm in die Ausgangsposition
  Linken Arm in die Ausgangsposition
- Rechte Hand nach außen rechts klappen und hinterher schauen, wieder einklappen
  Linke Hand nach außen links klappen und hinterher schauen, wieder einklappen
- Den rechten Unterarm mit gerader Hand nach oben klappen (Handspitze zeigt nach oben zur Decke)
  Linken Unterarm mit gerader Hand nach oben klappen (Handspitze zeigt nach oben zur Decke)
- Den rechten Arm ganz nach oben strecken
  Den linken Arm ganz nach oben strecken
- Den rechten Arm wieder halb nach unten ziehen
  Den linken Arm wieder halb nach unten ziehen
- Den rechten Arm wieder in die Ausgangsposition
  Den linken Arm wieder in die Ausgangsposition

Das Ganze wird beliebig oft wiederholt.

Mongolischer Armtanz

Wenn Sie sich nicht mehr genau an die Bewegungen erinnern oder sich nicht sicher sind, wie die Beschreibung gemeint ist: machen Sie sich nichts draus. Erfinden Sie spontan Ihre eigenen Bewegungen! Hauptsache, Sie und Ihre Teilnehmer bewegen sich, konzentrieren sich und haben Spaß! Allerdings sollten Sie sich schon eine feste Reihenfolge überlegen und dann auch einhalten, sonst verwirrt es alle Beteiligten nur.

Bemerkungen

Erfahrungen
Trotz der Fremdheit der Musik habe ich oft erlebt, dass sich die Teilnehmer von dem Schwung und der Energie mitreißen lassen und Spaß an der Übung haben. Auch wenn dies anfangs etwas untergeht, weil sie noch zu stark mit der Sortierung ihrer Bewegungen beschäftigt sind.

Kreative Ideenfindung, Innovation

Brückenschlag

Hier besteht der „Trick" wieder darin, den Bewegungen einfach eine symbolische Bedeutung zu geben. Wobei es nicht nur ein Trick ist. Aus dem Yoga kenne ich es sehr gut, dass Körperhaltungen und Bewegungen oft eine Symbolik ausdrücken, die auch tatsächlich auf das innere Fühlen und die innere Haltung wirken können – und umgekehrt. Meine innere Verfassung drückt sich auch in meiner Körperhaltung aus. Beim Yoga haben viele Asanas (das ist die Sanskrit-Bezeichnung von Yoga-Übungen) auch einen entsprechenden Namen wie „Heldenhaltung" oder „Demutshaltung".

Hier kann man nun als Einleitung anführen, dass wir den Prozess darstellen, wie man sich für neue Ideen öffnen kann.

▶ Die Arme so vor den Körper halten, dass die Fingerspitzen zueinander zeigen und die Ellbogen nach außen, also die Arme waagerecht zum Boden sind. Das ist die Ausgangsposition, die Haltung ist geschlossen und leicht angespannt.

▶ Die rechte Hand und Unterarm nach vorne klappen, mit der Handfläche nach oben. Die linke Hand nach vorne klappen mit der Handfläche nach oben. *Nun öffnen wir die ganze Haltung und drehen die Handflächen nach oben, um neue Anregungen zu empfangen ...*

- Rechte Hand: die Handfläche nach unten drehen. Linke Hand: die Handfläche nach unten drehen.
  Wir bearbeiten und überprüfen die neuen Anregungen ...

- Rechte Hand: die Handfläche wieder nach oben drehen. Linke Hand: die Handfläche wieder nach oben drehen.
  ... zeigen sie wieder in ihrer neuen Form ...

- Rechten Arm in die Ausgangsposition. Linken Arm in die Ausgangsposition.
  ... und integrieren sie in unseren Arbeitsablauf.

- Rechte Hand nach außen rechts klappen und hinterher schauen, wieder einklappen. Linke Hand nach außen links klappen und hinterher schauen, wieder einklappen.
  Wir geben die Ideen nach rechts und links (an die Kollegen, Mitarbeiter) weiter ...

- Den rechten Unterarm mit gerader Hand nach oben klappen (Handspitze zeigt nach oben zur Decke). Linken Unterarm mit gerader Hand nach oben klappen.
  Dann wollen wir mehr neue Ideen und öffnen uns nach oben, tanken neue Energie und Impulse und kehren wieder zurück.

- Den rechten Arm ganz nach oben strecken.
  Linken Arm ganz nach oben strecken.

- Den rechten Arm wieder halb nach unten ziehen.
  Den linken Arm wieder halb nach unten ziehen.

- Den rechten Arm wieder in die Ausgangsposition.
  Den linken Arm wieder in die Ausgangsposition.

Rühr-Arm

Rühr-Arm

www.managerseminare.de/kamelfilm

Login mit:
kamelspiele
zamyat

Ziel/Wirkung: *Bewegung, Konzentration*
Material: *Musik*
Vorbereitung: *–*
Teilnehmerzahl: *beliebig*
Form: *im Kreis/stehend*
Dauer: *5 Minuten*

Zur Methode

Zu einer Musik im Vierer-Rhythmus werden Bewegungen ausgeführt. Gut geeignet sind Stücke im Tempo etwa von „Celebration" von Cool and the Gang (Achtung: Nutzungsrechte klären). Also peppig und nicht zu schnell. Die Teilnehmer stehen dabei im Kreis.

Verlauf

2x mit der rechten Hand auf das rechte Bein schlagen – 1, 2
2x mit der rechten Hand auf die linke Schulter schlagen – 3, 4

2x mit der linken Hand auf das linke Bein schlagen – 1, 2
2x mit der linken Hand auf die rechte Schulter schlagen – 3, 4

1x mit der rechten Hand auf das rechte Bein schlagen – 1
1x mit der rechten Hand auf die linke Schulter schlagen – 2
1x mit der linken Hand auf das linke Bein schlagen – 3
1x mit der linken Hand auf die rechte Schulter schlagen – 4

beide Hände zusammenschlagen, als ob man sich Kreide von den Händen abschlagen wollte – auf 1, 2
dann rechte Hand an linken Ellbogen legen – auf 3
linke Hand an den rechten Ellbogen – auf 4

dann zweimal mit den so verschränkten Armen „rühren" – 1, 2
dann leicht nach hinten neigen und zweimal mit den Armen
rühren – 3, 4

Das noch einmal wiederholen: vorne zweimal mit den so verschränkten Armen „rühren" – 1, 2
dann leicht nach hinten neigen und zweimal mit den Armen
rühren – 3, 4

Dann das Ganze von vorne beginnen.

Variante – verschärfte Konzentration

Einmal funktionierte der CD-Player nicht, und so sangen wir stattdessen den Kanon „Früh, wenn der Bock schreit", der ebenfalls einen Vierer-Rhythmus hat. Es erfordert deutlich mehr Konzentration, wenn man zu den Bewegungen selbst noch singen muss, als wenn die anfeuernde Musik aus der Konserve kommt.

Abb.: Rühr-Arm – hier wird kräftig gerührt

Brückenschlag   Wie kann man bei so einem „albernen" Bewegungsspiel eine Verbindung zu einem Seminarthema herstellen? Etwa, indem Sie statt der Zahlen bestimmte Begriffe nennen, die mit dem Thema zu tun haben, die vielleicht sogar gelernt werden sollen.

Rühr-Arm

Beispiel Zeitmanagement

„Sie haben es hervorragend gelernt, Ihre Arbeit nach Prioritäten zu organisieren und eins nach dem anderen abzuarbeiten. Mit der Zeit bekommen Sie auch in vielen Dingen Routine.

Zuerst bewältigen Sie die wesentlichen A-Aufgaben (zwei mal auf Beine und Schulter schlagen),

dann nehmen Sie sich auch noch Zeit für eine B-Aufgabe (einmal auf Beine und Schulter schlagen).

Danach schlagen Sie erfreut die Hände ineinander (was ja im Türkischen „fertig" bedeutet!) – jetzt haben Sie sich eine Pause verdient.

Die Hände an die Ellenbogen – das sind die übrigen C-Aufgaben, die alltägliche Routine-Dinge, die alles glatt und rund machen und genauso zu Ihrer Arbeit gehören. Diese machen Sie jetzt ganz freudig und entspannt in dem Bewusstsein, das Wesentliche und Wichtigste des Tages schon erledigt zu haben.

Und dann rühren Sie das Ganze kräftig um und freuen sich über Ihr gelungenes Zeitmanagement!"

Noch eine Variante zum Thema Zeitmanagement
A: vier Quadranten, vier Quadranten
B: A-Priorität, B-Priorität
C: erledigen, erledigen
D: delegieren, delegieren
E: Work-Life-Balance, Work-Life-Balance

Thema Motivation („Fünf Leitfragen zur Motivation")
Die wesentlichen Leitfragen zur Motivation, die es zu beantworten gilt, lauten:

▶ Was treibt mich?
  Leidensdruck? Nachteile? Angst vor Strafe?

▶ Was zieht mich?
Was ist mein Ziel? Wie schätze ich es ein? Emotional positiv? Nützlich? Wertvoll? Erreichbar? Ist es mein Ziel?

▶ Wie sehe ich die Aufgabe/den Weg zum Ziel?
Ist der Weg deutlich? Kann ich es durch eigene Anstrengung schaffen? Ist das Risiko überschaubar? Macht er Spaß? Ist Unterstützung möglich durch ...?

▶ Wie sehe und fühle ich mich?
Habe ich Selbstvertrauen in meine Fähigkeiten? Bin ich gut gerüstet (emotional und körperlich)?

▶ Wie schätze ich die Folgen ein, wenn ich mein Ziel erreicht habe?
Sehe ich sie positiv oder gibt es auch Nachteile?

Dementsprechend kann man die Rühr-Arm-Variante wie folgt durchführen:
A: Was treibt mich, was treibt mich?
B: Was zieht mich, was zieht mich?
C: Wie ist der Weg, wie ist der Weg?
D: Wie fühl ich mich, wie fühl ich mich?
E: Die Folgen, die Folgen?

Schultern hoch

Ziel/Wirkung: *Bewegung, Konzentration*
Material: –
Vorbereitung: –
Teilnehmerzahl: *ab 8 Personen*
Form: *im Kreis/stehend*
Dauer: *5 Minuten*

Zur Methode

Zur Einführung erläutere ich, wozu diese Übung gut ist:
- Die Übung ist zum einen eine Konzentrationstechnik, da alle schnell und zum richtigen Zeitpunkt reagieren müssen. Und Konzentration ist eine wichtige Voraussetzung fürs Lernen.
- Sie ist gut gegen verspannte Nacken- und Schultermuskulatur. (Da seufzen immer einige Teilnehmer zustimmend auf!)
- Es kann auch sein, dass sich das Zwerchfell entspannt, sprich: dass man lachen muss. Das ist erlaubt und erwünscht.

Verlauf

Die Arme lassen wir zunächst locker hängen. Ich beginne, indem ich heftig einatme und dabei meine beiden Schultern so hoch ziehe wie nur möglich. Mein linker Nachbar macht das Gleiche. Die Bewegung wird fortgeführt von dessen linken Nachbarn usw. Das heißt, Einatmen und Schultern hochziehen pflanzen sich im Kreis fort – zuerst nach links, im Uhrzeigersinn.

Alle ziehen nacheinander die Schultern hoch und lassen sie solange oben (halten aber nicht unbedingt solange den Atem an), bis die Bewegung wieder bei mir angekommen ist. Dann atme ich hörbar aus (es ist entspannend, dabei einen Ton zu machen) und lasse meine Schultern sinken. Auch das pflanzt sich dann nach links weiter fort. Nacheinander atmen alle aus und lassen die Schultern sinken.

Das ist genau die Konzentrationsübung: Oft lassen zwei Personen gleichzeitig die Schultern fallen oder es kommt zu Stockungen. Ziel der Übung ist es, dass es schnell und gleichmäßig die Runde macht, einer nach dem anderen.

Nun fängt die Übung ernsthaft an: Die Runde geht zunächst links herum, anschließend geht die Runde rechts herum. Dann fordere ich die Teilnehmer auf, noch einen Zahn zuzulegen, also schneller zu werden. Auch das nochmal erst nach links und dann nach rechts.

Jetzt kommt die Steigerung: Es werden beide Schultern einzeln gehoben und gesenkt. Geht die Bewegung links herum, kommt erst die rechte Schulter, dann die linke, sowohl beim Ein- als auch beim Ausatmen. Geht der Kreis rechts herum, beginnen alle mit der linken Schulter. Das ist natürlich für jeden eine Herausforderung, der gerne rechts mit links verwechselt.

Bemerkungen   Bei dieser Übung wird viel gelacht, es lockert die Gruppe schnell auf. Ich setze diese Übung ziemlich am Anfang eines Seminars ein, auch in kurzen Workshops, wo sich noch niemand kennt. Sie scheint schnell Akzeptanz zu finden und allen Spaß zu machen. Ein guter Eisbrecher.

Schultern hoch

Stressbewältigung oder Zeitmanagement *Brückenschlag*

Mit folgenden Ansagen können Sie die Übung themenbezogen einleiten:

▶ Stressbewältigung

„Wenn Sie sehr unter Zeitdruck oder Stress stehen, äußert sich das oft in verspannter Nacken- und Schultermuskulatur. Mit dieser Übung können Sie diese Verspannungen lösen."

▶ Zeitmanagement

„Unter Zeitdruck bekommt man nicht nur einen verspannten Nacken und Schultern. Sie kennen das vielleicht auch: Sie haben sich zu viele Aufgaben aufgehalst. Sie sind innerlich hektisch und fühlen sich gehetzt, fragen sich, wie Sie das alles schaffen sollen. Und genau in solchen Situationen geht dann oft alles Mögliche schief. Der PC stürzt ab, die Farbkartuschen des Druckers sind leer, das Papier verklemmt sich, Sie vergessen einen wichtigen Rückruf und kippen noch Kaffee über ein wichtiges Dokument.

Das ist einem dann so peinlich, dass man den Kopf in den Sand stecken möchte bzw. zwischen den Schultern verstecken möchte …"

© managerSeminare 91

Stromschlag

Ziel/Wirkung: *Konzentration*
Material: –
Vorbereitung: –
Teilnehmerzahl: *ab 8 Personen*
Form: *im Kreis/stehend*
Dauer: *5 Minuten*

Zur Methode   Ein kleines Konzentrationsspiel für zwischendurch.

Verlauf   Die Teilnehmer stehen in einem Kreis. Jeder hält die Arme angewinkelt zur Seite, wobei die rechte Handfläche nach unten zeigt und die linke nach oben. Die Hände der jeweiligen Nachbarn schweben unter bzw. über den eigenen Händen.

Nun wird der Stromschlag ausgelöst, indem A mit seiner rechten Hand von oben auf die linke Hand des rechten Nachbarn schlägt. Der gibt den Stromschlag direkt nach rechts weiter, die Weiterleitung sollte schnell und immer schneller geschehen.

Einen Richtungswechsel können Sie erzeugen, indem mit der linken Hand von unten gegen die rechte Hand des linken Nachbarn geschlagen wird. Das kann aber nur derjenige tun, der gerade dran ist.

Stühle rutschen

Ziel/Wirkung: *Action, Bewegung, Konzentration*
Material: *Stühle*
Vorbereitung: *–*
Teilnehmerzahl: *ab 8 Personen*
Form: *Stuhlkreis/sitzend*
Dauer: *5 Minuten*

Zur Methode

„Stühle rutschen" ist ein Spiel aus der alten Schatzkiste aus Pfadfinderzeiten, aber auch in Seminaren immer noch beliebt. Es bietet Tempo, Spaß und Körperkontakt.

Verlauf

Alle sitzen im Kreis, ein Stuhl bleibt leer. Ein Teilnehmer steht in der Mitte. Auf Ihr Kommando „Los" fängt eine schnelle Rutscherei von Stuhl zu Stuhl an, immer rechts herum, wobei die Stühle nicht mit den Händen berührt werden dürfen.

Der Teilnehmer in der Mitte versucht, einen freien Platz zu ergattern. Das ist nicht so einfach, wenn alle aufpassen und schnell weiterrutschen. Wenn es gelingt, muss der Teilnehmer in die Mitte, der nicht rasch genug nachgerutscht ist.

Stuhlkippen

Ziel/Wirkung: *Bewegung, Konzentration, Gruppenrhythmus*
Material: *Stühle*
Vorbereitung: –
Teilnehmerzahl: *ab 8 Personen*
Form: *im Kreis/stehend*
Dauer: *5 Minuten*

Zur Methode

Hier kommen die Teilnehmer wieder einmal in Bewegung und laufen um einen Stuhlkreis herum.

Verlauf

Alle Teilnehmer gehen auf die Außenseite eines Stuhlkreises. Jeder hält eine Stuhllehne so mit der rechten Hand, dass der Stuhl nur noch auf den Hinterbeinen steht. Auf Ihr Kommando „Und los!", lassen alle ihren Stuhl los, gehen einen Stuhl weiter und versuchen dabei, die Lehne des Vorderstuhls zu erwischen, bevor der Stuhl auf alle vier Beine kippt. Nach einer Weile wird das Tempo erhöht.

In einer zweiten Runde verschärfen sich die Regeln: Es wird kein Kommando mehr gegeben, die Gruppe muss stumm ihren Rhythmus finden.

Variante
Wenn ein Stuhl umkippt, müssen alle wieder zum Ausgangsstuhl zurück.

Stuhlkippen

Auswertung

Bemerkungen

Es empfiehlt sich, die Auswertung im kleinen Kreis vorzunehmen, da es sich hier um sehr persönliche und ehrliche Wahrnehmungen dreht. Alternativ kann jeder für sich die vorgegebenen Fragen reflektieren und anschließend nur die Dinge mitteilen, die er möchte.

Fragen, die Sie vorgeben können:

▶ Haben Sie mehr darauf geachtet, den Vorderstuhl zu erwischen oder haben Sie auch darauf geachtet, Ihren Stuhl so in Balance zu hinterlassen, dass Ihr Hintermann eine bessere Chance hatte, den Stuhl zu erwischen?

▶ Wie sind Sie mit „Fehlern" oder Missgeschicken umgegangen? Haben Sie sich über sich oder die anderen geärgert? Haben Sie anderen die Schuld zugeschoben, wenn Sie einen Stuhl nicht fangen konnten oder es sich selbst angekreidet?

Thematisieren lassen sich Fragen zur Teamarbeit, zu Gruppenrhythmus und Gleichklang.

Brückenschlag

Tierpfleger Hugo

Ziel/Wirkung: *Bewegung, Konzentration*
Material: –
Vorbereitung: –
Teilnehmerzahl: *ab 8 Personen*
Form: *im Kreis/sitzend*
Dauer: *5 Minuten*

Zur Methode   Wenn Sie zwischendurch etwas Bewegung in den Seminarablauf bringen wollen, eignet sich dieses Spiel. Sie können es einfach zur Unterhaltung einsetzen oder auch mit einem Seminarthema in Verbindung bringen.

Verlauf   Alle Teilnehmer sitzen im Kreis. Jeder hat sich einen Tiernamen ausgewählt, wobei alle Tiere mehrfach vergeben werden. Also drei oder vier Ameisen, Bären, Kamele, Vögel – was auch immer gewünscht wird.

Ein Teilnehmer steht in der Mitte und erzählt eine Geschichte über den Tierpfleger Hugo.

„Jeden Morgen kommt Hugo, der Tierpfleger, in den Zoo. Als erstes bringt er den Ameisen ihr Frühstück, anschließend nimmt er sich viel Zeit für die Bären ... Die Vögel dürfen ein wenig herumfliegen usw." Es wird irgendeine Geschichte erzählt, die ruhig blödsinnig sein darf.

Wird einer der vorhandenen Tiernamen in der Geschichte genannt, müssen die entsprechenden Teilnehmer aufstehen und ihre Plätze tauschen. Dabei versucht der Geschichtenerzähler, auch einen Platz zu erwischen. Wer keinen freien Stuhl mehr bekommt, bleibt in der Mitte und erzählt weiter.

Bei dem Wort „Zoo" müssen alles Spieler aufstehen und ihre Plätze tauschen – die ultimative Lösung, wenn der Erzähler sonst keinen Erfolg hatte.

Bemerkungen

Das Spiel kann sehr lebhaft werden, je nach Temperament der Teilnehmer. Sie rennen heftig durch den Raum und es sind auch schon Stühle kaputt gegangen oder Teilnehmer auf dem Boden neben den Stühlen gelandet – oder auf dem Schoß eines anderen. Das ist zumindest weicher und kontaktfördernder.

Brückenschlag

Ein Beispiel, wie Sie dieses Spiel mit Fachthemen in Verbindung bringen können (beispielsweise Vokabeln oder Fachbegriffe), finden Sie in Kapitel VI „Spielend lernen" auf Seite 230 mit der Übung „Früchtekorb".

Ungeheuer-Laufen

Ziel/Wirkung: *Bewegung, Spaß*
Material: –
Vorbereitung: –
Teilnehmerzahl: *ab 8 Personen*
Form: *Paare/laufend*
Dauer: *5 Minuten*

Zur Methode   Eine witzige Aktivierung mit Körpereinsatz.

Verlauf   Die Teilnehmer tun sich zu Paaren zusammen. Jeder fasst seinen Partner am Fußknöchel – und auf diese Weise müssen sich beide zur nächsten Wand bewegen. Welches Paar ist als erstes an der Wand und hat gewonnen?

Bei größeren Gruppen und in kleineren Räumen lasse ich immer nur jeweils zwei Paare gegeneinander antreten. In einer zweiten Runde treten dann die Gewinner-Paare gegeneinander an, bis die endgültigen Gewinner übrig bleiben.

Abb.: Ungeheuer-Laufen

Verfolgen

Ziel/Wirkung: *Bewegung, Beobachtung*
Material: *Musik*
Vorbereitung: *–*
Teilnehmerzahl: *ab 8 Personen*
Form: *verteilt im Raum/gehend*
Dauer: *5 Minuten*

Zur Methode

Ein Wahrnehmungs- und Beobachtungsspiel, kombiniert mit Bewegung (Gehen und laufen).

Verlauf

Alle gehen zur Musik kreuz und quer durch den Raum. Jeder sucht sich heimlich einen Mitspieler, den er unauffällig verfolgt. Bricht die Musik ab, versucht jeder, sein bisher verfolgtes Opfer zu fangen. Falls er vorher nicht selbst gefangen wird …

Verzögerte Antwort

Ziel/Wirkung: *Konzentration*
Material: *–*
Vorbereitung: *–*
Teilnehmerzahl: *ab 4 Personen*
Form: *Paare/sitzend oder stehend*
Dauer: *5 Minuten*

Zur Methode

Eine Übung zur Konzentration, die man gleichzeitig zum Kennenlernen einsetzen kann.

Verlauf

Die Teilnehmer bilden Paare (A und B). Ein Teilnehmer A stellt seinem Partner B zwei Fragen: *„Wie heißt Du?"* und *„Wie alt bist Du?"*

B antwortet nur auf die erste Frage: *„Michael."*

A fragt als nächstes: *„Wo kommst Du her?"*

B antwortet: *„35 Jahre."*

A fragt: *„Was isst Du gerne?"*

B antwortet: *„Aus Köln."* usw.

Das Prinzip setz sich fort. B antwortet immer auf die vorletzte Frage und muss sich die letzte Frage merken.

Wach gähnen

Ziel/Wirkung: *Konzentration*
Material: *–*
Vorbereitung: *–*
Teilnehmerzahl: *beliebig*
Form: *im Kreis/sitzend oder stehend*
Dauer: *5 Minuten*

Zur Methode

Wenn Sie merken, dass die Teilnehmer (oder womöglich sogar Sie selber) dauernd verstohlen gähnen (zum Beispiel nach der Mittagspause, wenn sich alle im Suppenkoma befinden) – und das, obwohl Sie nach der Pause eine Energieaufbauübung durchgeführt haben – dann ist dies die richtige Übung.

Verlauf

Sperren Sie alle Fenster auf und fordern sie die Teilnehmer auf, so laut, lange und herzhaft zu gähnen, wie sie nur können. Und sich dabei zu strecken und zu recken, was das Zeug hält. Sie selber machen natürlich heftig mit. Wenn alle gleichzeitig gähnen, verlieren die Teilnehmer die Hemmungen und können sich so richtig ausgähnen.

Die Übung hat den Effekt, dass die Teilnehmer nachher wirklich fit sind.

Bemerkungen

Hintergrund und Erklärung
In unserer Kultur ist Gähnen leider verpönt. Es gilt als unhöflich, weil es angeblich Langeweile signalisiert. Schon früh erfuhr ich, dass es stattdessen am Sauerstoffmangel liegt. In einem Yoga-

buch fand ich sogar den Hinweis, dass Gähnen die feinstofflichen Energiebahnen (Nadis) reinigt und öffnet. Das bedeutet, dass die Energie wieder zum Fließen kommen kann.

Wenn man versucht, sich das Gähnen zu verkneifen, bleibt die Energie stocken, und man muss weiter gegen den Gähnreiz und die Müdigkeit ankämpfen. Kämpfen kostet Energie! Warum ihr nicht lieber erlauben, frei zu strömen und die Konzentration zu erhöhen, statt sie durch Kämpfe zu absorbieren?

Also, räumen Sie drei Minuten fürs Gähnen ein, und allen wird das Gähnen vergehen!

Diese kleine Übung ist mir in einer ähnlichen Seminarsituation spontan eingefallen. Der Erfolg war ermutigend.

Brückenschlag   Mir fällt eine Parallele ein zum Thema „Widerstand". Auch da wird zur Demonstration oft eine kleine Übung eingesetzt: Zwei Teilnehmer stehen sich gegenüber und legen die Handflächen aneinander.

Der eine fängt nun an, dagegen zu drücken, der andere reagiert mit Gegendruck.

Wenn der andere aber stattdessen zurückgeht, verliert der eine das Gleichgewicht.

Also: So, wie Druck Gegendruck erzeugt, fördert das Unterdrücken von Müdigkeit weitere Müdigkeit und raubt noch mehr Energie. Wenn man ihr nachgibt (der Müdigkeit beziehungsweise dem Druck), dann verliert sie sich und kann sich auflösen.

Das ist schon fast taoistisch. :)

Walnuss-Wandern

Walnuss-Wandern

Film

www.managerseminare.de/kamelfilm

Login mit:
kamelspiele
zamyat

Ziel/Wirkung: *höchste Konzentration, Umgang mit Stress oder Fehlern*
Material: *–*
Vorbereitung: *–*
Teilnehmerzahl: *ab 8 Personen*
Form: *im Kreis/stehend*
Dauer: *5 Minuten*

Zur Methode

Das „Walnuss-Wandern" ist eine anspruchsvolle Konzentrationsübung, die für einige Teilnehmer sehr schwierig sein kann.

Es erfordert von allen Teilnehmern und auch vom Trainer viel Geduld. Ich habe schon erlebt, dass es richtig Stress gab oder Aggressionen aufkamen. Wir haben aber auch schon Tränen gelacht. Das Verhalten beim Spiel kann je nach Seminarthema thematisiert werden (wie gehe ich mit Fehlern um? Wie ist das Verhalten in der Gruppe, Geduld/Ungeduld beim Einüben?).

Ansonsten sollten Sie als Trainer einfach darauf achten und hinwirken, dass es nicht zu ernst genommen wird, dass alle genügend Geduld aufbringen, es langsam einzuüben und einfach zu lachen, wenn wieder einmal jemand etwas „falsch" macht.

Verlauf

Alle Teilnehmer stehen eng im Kreis, jeder hat eine Walnuss in der rechten Faust. Diese zeigt nach unten. Die leere linke flache Hand zeigt nach oben und wird direkt unter die rechte Walnusshand des linken Nachbarn gehalten. Der Trainer sagt „Parallel" und die Walnuss wird übergeben. Der Trainer sagt „Überkreuz" und die Hände werden dann überkreuz genommen und dabei gedreht, wobei der linke Arm über den rechten gekreuzt wird. Die jetzt gefüllte linke Faust befindet sich über der leeren rechten Hand des rechten Nachbarn, die leere rechte Hand befindet sich unter der gefüllten linken Faust des linken Nachbarn – nun wird die Walnuss übergeben. Der Trainer sagt wieder „*Parallel*" und die Arme gehen in die parallele Ausgangsstellung zurück, die Nuss wird übergeben und das Ganze wiederholt sich immer weiter.

Bemerkungen **Reflexion**

Was daran zu beobachten ist: viele lassen nicht los, sie halten den Gegenstand fest. Oder sie hören nicht exakt auf die Anweisungen und kreuzen schon vorher die Arme. Das bringt dann alle aus dem Rhythmus.

Brückenschlag **Beispiel: Stress**

Diese Übung kann man gut einsetzen als Einstieg in das Thema „Umgang mit Stress". Die Teilnehmer erleben hier hautnah, wie sie mit Stress umgehen – mehr noch, was sie überhaupt als Stress erleben.

Das kann dann zu der Erkenntnis führen, dass es an der eigenen Bewertung und Beurteilung liegt, was Stress ist und was nicht. Bei dem Spiel wird einem dies viel anschaulicher verständlich, als wenn jemand das Thema nur theoretisch erläutert.

Der Teilnehmer kann erleben, dass andere über seinen „Fehler" lachen und es ihnen völlig schnuppe ist, ob der eine nun plötzlich fünf Walnüsse in der Hand hat und andere keine. Wiederum andere flippen förmlich aus, geben strenge Befehle und Hinweise: *„Das musst Du so und so machen"*, *„Mensch, pass doch auf"* usw.

Man kann bei diesem Spiel auch folgendes konkret erfahren: Je entspannter ich an eine Aufgabe herangehe, desto besser klappt es. Wenn ich dagegen verkniffen und den Ergeiz entwickele, bloß keinen Fehler zu machen, dann mache ich um so eher einen.

Teil II

Im Takt –
Rhythmus und Bewegung

Ich liebe Spiele mit Bewegung, Rhythmus und Musik. Sie geben dem Geschehen einen ganz besonderen „Pep". Allerdings erlebe ich auch, dass solche Übungen manche Teilnehmer zunächst unter Stress setzen. Daher empfiehlt es sich, die Art der Spiele gut zu mischen und bei den Bewegungsspielen auch immer wieder zu betonen, dass es nicht darum geht, diese perfekt zu beherrschen oder „richtig" zu machen. Es geht vielmehr um das, was während des Einübens und Bemühens geschieht.

Denn in diesem Prozess wird unser Gehirn stark gefordert, vor allem die rechte Gehirnhälfte wird angeregt. Das ist (vereinfacht erklärt) einer der Gründe, weshalb es manchmal nicht gleich bei jedem funktioniert. Bei vielen Menschen unserer Gesellschaft dominiert die linke, logische Gehirnhälfte. Sie ist einfach für Bewegungs- und Rhythmusaufgaben nicht geeignet. Erst, wenn die rechte Hemisphäre das Kommando übernimmt und das kritische Denken für eine Weile ausgeschaltet wird, klappt es.

Und genau das ist der Grund, weshalb ich solche Übungen einsetze. Damit beide Hemisphären zum Einsatz kommen. Dann ist ganzheitliches Lernen möglich und somit auch effektives Arbeiten.

Sie finden in diesem Kapitel nicht besonders viele Übungen, bei denen ich einen eigenen Brückenschlag zu einem Fachthema vorgenommen habe. Denn das gemeinsame Ziel all dieser Bewegungsübungen ist es, die Konzentration der Teilnehmer zu erhöhen. Und das kommt jedem Seminarthema zugute!

Auf einen Blick

20 Zwerge *(+Filmausschnitt)* 107	**Weitere Spiele, die Rhythmus- und Taktgefühl fördern**
Alle meine Entchen 109	Ali Baba..29
Body-Percussion I..............................111	Bälle hin und her 36
Body-Percussion II 112	Chef-Vize-Stress-Spiel.....................40
Brieke bum *(+Filmausschnitt)* 113	Meteoritenschwarm 77
Duck Dich 115	Mongolischer Armtanz 81
Durch die Steppe reiten *(+Filmausschnitt)* 116	Rühr-Arm...85
Hallo, mein Name ist Jo 118	Schultern hoch 89
Hände klopfen 120	Walnuss-Wandern 103
Ich geb' mein Tier 122	Ja-Nein-Kreis................................... 149
Im Takt...123	Buchstabieren.................................. 177
Indianertanz *(+Filmausschnitt)* 124	Schultern hoch – in der Reihe 185
Kalimba de luna *(+Filmausschnitt)* 126	Stehauf-Männchen 187
Mein Hut..129	Ton-Konzert 189
Sitz-Boogie 131	Besuch im Zoo 196
Wischi-Waschi *(+Filmausschnitt)* 134	Meine Biber 212
Zipp Zapp Plopp 137	

Film

20 Zwerge

20 Zwerge

www.managerseminare.de/kamelfilm

Login mit:
kamelspiele
zamyat

Ziel/Wirkung: *Konzentration, Bewegung, Rhythmus, Spaß*
Material: –
Vorbereitung: –
Teilnehmerzahl: *ab 8 Personen*
Form: *im Kreis/stehend*
Dauer: *5-10 Minuten*

Zur Methode

Ein „blödsinniger" Text, der aber den meisten Teilnehmern Spaß macht. Damit Bewegungen zu koordinieren, erfordert Konzentration. Durch die Bewegung (in die Knie gehen, Kopf nach unten, wieder aufstehen) wird außerdem der Kreislauf angeregt. Beides macht die Teilnehmer wieder wach und munter für die nächste Seminareinheit.

Text
*„Zwanzig Zwerge machen einen Handstand,
zehn im Wandschrank und zehn am Sandstrand"*

Verlauf

Alle stehen im Kreis. Zuerst wird der Text „gelernt", dann die Schritte eingeübt. Das machen wir 2-3 Runden, bis es alle können.

1) Der Grundschritt
Im Rhythmus rechten Fuß nach rechts, den linken Fuß anstellen. Linken Fuß nach links, den rechten Fuß anstellen.

2.) Klatschen
Nun kommt die erste Variante mit Klatschen hinzu, es wird immer „im Beat" (**Eins, Zwei, Drei, Vier**) geklatscht (fett):

*Zwanzig Zwerge machen einen Handstand,
zehn im Wandschrank und zehn am Sandstrand*

3) Fingerschnipsen

Als zweite Variante wird nun das Schnipsen geübt. Es wird „im Offbeat" (Eins **Und**, Zwei **Und**, Drei **Und**, Vier **Und**) geschnipst (fett):

*Zwan**zig** Zwer**ge** machen ei**nen** Hand**stand**,
zehn **im** Wand**schrank** und zehn **am** Sand**strand***

Und schließlich, als krönender Abschluss, wird Gehen, Klatschen und Schnipsen miteinander koordiniert.

4) Verteilte Rollen

Teilen Sie die Gruppe in A und B auf. Gruppe A klatscht im Beat. Gruppe B schnipst im Offbeat. Anschließend tauschen die Gruppen einmal, da den meisten Teilnehmern die A-Rolle leichter fällt. Als Trainerin unterstütze ich immer die B-Gruppe.

Variante

In die Hocke gehen und ...
- bei *„zwanzig Zwerge"* mit den Händen Zwerge andeuten,
- bei *„machen einen Kopfstand"* beide Hände auf dem Boden aufstellen und Kopf nach unten hängen lassen,
- bei *„zehn im Wandschrank"* aufstehen, zur linken Seite drehen und mit den Händen einen Kasten zeichnen,
- bei *„zehn am Sandstrand"* nach rechts drehen und wieder zehn Zwerge andeuten, als ob man ihnen (sanft) auf den Kopf schlägt.

Alle meine Entchen

Ziel/Wirkung: *Konzentration, Bewegung, Rhythmus, Spaß*
Material: *jeder Teilnehmer einen Schuh*
Vorbereitung: *–*
Teilnehmerzahl: *ab 8 Personen*
Form: *im Kreis/auf dem Boden sitzend*
Dauer: *5 Minuten*

Zur Methode

Vor etwa 15 Jahren schrieb ein Teilnehmer in den Feedback-Bogen: „Ich finde es mutig, solche Spiele mit Erwachsenen zu machen." Später „vererbte" ich dieses Spiel einem bekannten Management-Trainer und konnte selbst erleben, wie er mit Top-Führungskräften dieses Spiel durchführte und todernst begründete, warum sie alle den linken Schuh nehmen müssen. Überhaupt war seine Einführung genial, leider habe ich sie vergessen. Aber es hat mir wieder bestätigt, dass ich im Spiel alles machen kann, wenn ich es nur mit der nötigen Überzeugung tue.

Verlauf

Alle Teilnehmer sitzen im Kreis auf dem Boden, jeder hat einen Schuh vor sich stehen. Nun wird gemeinsam das Lied „Alle meine Entchen" gesungen, und die Schuhe werden im Rhythmus nach rechts weitergegeben. Dabei gibt es schon oft genug „Huddel".

Nach und nach wird nun der Schwierigkeitsgrad erhöht:
▶ In der zweiten Runde werden ab *„Köpfchen"* die Schuhe nach links weitergereicht.
▶ In der dritten Runde wird hinter *„See"* zweimal geklatscht.

Sie können sich noch weitere Varianten ausdenken.

Teil II: Im Takt

Bemerkungen Es gibt oft viel Gelächter, weil am Ende einer Runde manchmal ein Teilnehmer zehn Schuhe vor sich liegen hat.

Achten Sie darauf, dass trotzdem jeder jeweils nur einen Schuh gemeinsam im Takt weitergibt und nicht noch schnell zwei zwischendurch herüberschmeißt. Das macht die Übung kaputt.

Geben Sie dazu den Tipp: *„Auch wenn kein Schuh da ist, bewegt den Arm trotzdem weiter im Rhythmus nach rechts, so dass ihr nicht aus dem Rhythmus kommen könnt."*

Abb.: Alle meine Entchen – hier wandern gleich zahlreiche Schuhe

Body Percussion I

Ziel/Wirkung: *Konzentration, Bewegung, Rhythmus*
Material: *–*
Vorbereitung: *–*
Teilnehmerzahl: *beliebig*
Form: *im Kreis/stehend*
Dauer: *3 Minuten*

Zur Methode

Hier wird der Körper als Rhythmus-Instrument eingesetzt. Sehr aktivierend sowie konzentrationsfördernd.

Verlauf

Alle stehen im Kreis und klatschen im gleichen Rhythmus:

1. *„Pap"* – in die Hände klatschen.
2. *„Pa-Pap"* – mit der rechten Hand auf die rechte und mit der linken Hand auf die linke Brustseite schlagen.
3. *„Pa-Pap"* – mit der rechten Hand auf den rechten und mit der linken Hand auf den linken Oberschenkel schlagen.
4. *„Pa-Pap"* – mit dem rechten und dem linken Fuß trampeln.

Variante
Die Übung ist auch zu zweit im Wechsel möglich oder als Kanon in zwei Gruppen.

Body Percussion II

Ziel/Wirkung: *Konzentration, Bewegung, Rhythmus*
Material: –
Vorbereitung: –
Teilnehmerzahl: *beliebig*
Form: *im Kreis/stehend*
Dauer: *3 Minuten*

Zur Methode   Hier wird der Körper als Rhythmus-Instrument eingesetzt. Sehr belebend sowie konzentrationsfördernd.

Verlauf   Alle stehen im Kreis. Es wird gemeinsam laut gezählt:
„Und 1, und 2, und 3, und 4."

Dazu werden folgende Bewegungen ausgeführt:

Und 1	–	zweimal in die Hände klatschen
und	–	rechte Hand auf die linke Schulter
2	–	linke Hand auf die rechte Schulter
und	–	rechte Hand auf das rechte Bein
3	–	linke Hand auf das linke Bein
und	–	mit dem rechten Fuß auf dem Boden aufstampfen
4	–	mit dem linken Fuß auf dem Boden aufstampfen

Brieke bum

Brieke bum

Film
www.managerseminare.de/kamelfilm

Login mit:
kamelspiele
zamyat

Ziel/Wirkung: *Konzentration, Bewegung, Rhythmus*
Material: –
Vorbereitung: –
Teilnehmerzahl: *beliebig*
Form: *im Kreis/stehend*
Dauer: *5-10 Minuten*

Zur Methode

Diese Rhythmusübung ist schon wesentlich herausfordernder als „20 Zwerge" (Seite 107). Aber es gibt immer wieder einmal Gruppen oder Teilnehmer, die solche Herausforderungen lieben, die ein gutes Rhythmusgefühl haben, weil sie beispielsweise trommeln. In diesem Sinne ist sie weniger ein Spiel als vielmehr eine richtige Konzentrationsübung. Als solche können Sie die Übung dann auch „verkaufen".

Kennengelernt habe ich sie bei dem Obertonsänger und Chorleiter Christian Bollmann, in seinem „Transalpin-Chor", bei dem zu Beginn stets Atem- und Rhythmusübungen gemacht werden, ehe es an das eigentliche Singen geht. Er kombiniert diese ohnehin schon anspruchsvolle Übung noch mit zwei weiteren: es kommt noch „Take Tina" hinzu (diese Silben werden gesungen), manchmal noch ein Lied oder ein Tanz. Und es funktioniert tatsächlich.

Diese Übung ist Teil aus einem Zyklus von Stimm- und Stimmbildungsstücken, die er auf der CD „POW" veröffentlicht hat. Diese können Sie bei Lichthaus-Musik bestellen unter *www.lichthaus-musik.de*.

Verlauf   Zunächst muss der Text gelernt werden.

*Brieke bum, tschicke tacke tacke bum, tschicke taaa
brieke bum, tschike tacke – ‚ta bum' – (mm mm)*

Dazu bewegen sich alle Teilnehmer, die im Kreis stehen, gemeinsam wie bei den 20 Zwergen:
- Im Rhythmus rechten Fuß nach rechts, den linken Fuß anstellen,
- linken Fuß nach links, den rechten Fuß anstellen.

Dazu sprechen Sie den Text:

*Brieke <u>bum</u>, tschicke <u>tacke</u> tacke <u>bum</u>, tschicke <u>taaa</u>
brieke <u>bum</u>, tschike <u>tacke</u> – ‚ta <u>bum</u>' – (mm <u>mm</u>)*

Bei *‚ta bum'* ist eine Synkope (eine Rhythmusverschiebung), bei *mm mm* ist eine Pause – der Trainer kann aber, damit es einfacher wird, das *mm mm* aussprechen oder andere Laute von sich geben.

Bei den Unterstreichungen wird jeweils ein Fuß aufgestellt, also

Brieke <u>bum</u>	–	den rechten Fuß nach rechts
tschicke <u>tacke</u>	–	den linken Fuß anstellen
tacke <u>bum</u>	–	den linken Fuß nach links
tschicke <u>taaa</u>	–	den rechten Fuß anstellen
brieke <u>bum</u>	–	den rechten Fuß nach rechts
tschike <u>tacke</u>	–	den linken Fuß anstellen
‚ta bum'	–	den linken Fuß nach links
(mm <u>mm</u>)	–	den rechten Fuß anstellen

Duck Dich

Ziel/Wirkung: *Konzentration, Bewegung*
Material: –
Vorbereitung: –
Teilnehmerzahl: *ab 8 Personen*
Form: *im Kreis/stehend*
Dauer: *3 Minuten*

Eine Konzentrationsübung mit Bewegung.   *Zur Methode*

Die Teilnehmer stehen im Kreis. Einer duckt sich (geht in die   *Verlauf*
Hocke) und die zwei, die rechts und links von ihm stehen, klatschen sich gegenseitig in die Hände.

Dazu kann man sich verschiedene „Regeln" ausdenken: jeweils die rechte Hand gegeneinander schlagen oder die linke oder beide Hände.

Variante
Damit sich immer nur einer duckt, kann man folgende Variante spielen: Beim ersten Mal ruft der Trainer einen Namen, der sich dann duckt. Der Geduckte ruft anschließend den nächsten Mitspieler auf, der sich ducken muss.

Film

www.managerseminare.de/kamelfilm

Login mit:
kamelspiele
zamyat

Teil II: Im Takt

Durch die Steppe reiten

Ziel/Wirkung: *Action, Bewegung, Rhythmus, Wach werden, Freude*
Material: *als Hintergrundmusik flotte, exotische Musik –
am besten Mongolische Volkslieder*
Vorbereitung: *–*
Teilnehmerzahl: *beliebig*
Form: *im Kreis oder im Raum verteilt/stehend*
Dauer: *5 Minuten*

Zur Methode

Hier geht es um Bewegung, Power und Wachwerden. Die Bewegungen werden mit Schwung und Elan ausgeführt, es geht einfach darum, seinen Körper mit Spaß und Freude zu bewegen, unterstützt durch die sehr schmissige Musik. Man kann es auch einfach als Ausdruck reiner Lebensfreude sehen und genießen.

Diese Übung muss nicht vorher eingeübt werden, die Teilnehmer können gleich mitmachen, was ich vormache – oder nachher eigene Bewegungen erfinden und improvisieren. Denn es geht nur um Bewegung, nicht um das Erlernen bestimmter Abfolgen oder Rhythmen, wie bei anderen Übungen.

Verlauf

Immer im Rhythmus der Musik „reitend" in den Knien wippen, dazu dann weitere Bewegungen mit den Armen und dem Oberkörper.

Beispielsweise:
▶ Arme angewinkelt, Oberkörper rhythmisch zu linken Seite drehen und zweimal nachfedern, dann zur rechten Seite – mehrmals hin und her.

Durch die Steppe reiten

- Schultern im Rhythmus hochziehen und fallen lassen, mal beide Schultern zusammen, später dann einzeln die rechte und die linke Schulter.
- Abwechselnd den rechten und den linken Arm nach oben schleudern.
- Arme von vorne nach hinten schleudern.

Überlassen Sie sich einfach der mitreißenden Musik und erfinden Sie eigene Bewegungen. Danach sind garantiert wieder alle wach und fit!

Bemerkungen

Spielen Sie zu Hause die CD ab und überlassen sich der Musik. Schauen Sie, welche Bewegungen bei Ihnen entstehen, die Ihnen Freude machen, bei denen Sie sich „auspowern" können. Vielleicht sind es ganz andere Bewegungen. Musiktipp: „Transmongolia – Gesang des Himmels" (Track 5 – Achtung: Nutzungserlaubnis vorher einholen), *www.hosoo.de*.

Abb.:
Durch die Steppe reiten

Teil II: Im Takt

Hallo, mein Name ist Jo

Ziel/Wirkung: *Konzentration, Bewegung, Rhythmus*
Material: *–*
Vorbereitung: *–*
Teilnehmerzahl: *beliebig*
Form: *im Kreis/stehend*
Dauer: *5 Minuten*

Zur Methode

Zu einem relativ blödsinnigen Text werden rhythmische Bewegungen vollzogen. Da mit der Zeit immer mehr Körperteile hinzukommen und jedes Körperteil eine eigene Bewegung macht, ist das ein wunderbares Training für beide Gehirnhälften. Asynchrone Bewegungen fordern noch mehr Konzentration als synchrone Bewegungen.

Verlauf

Der Text wird rhythmisch gesprochen, dazu die jeweiligen Bewegungen ausgeführt. Das erste Mal wird der Satz vom Trainer gesprochen und die Bewegung dazu vorgeführt, beim zweiten Mal sprechen alle zusammen und machen auch die Bewegung nach.

Erste Runde

Hallo, mein Name ist Jo. (2 x)
Ich arbeite in einer Knopffabrik. (2 x)
Bewegung: Mit einer Hand die Maschine bedienen und fortlaufend an einem Knopf drehen.

Zamyat M. Klein: Das tanzende Kamel

Hallo, mein Name ist Jo

Da kommt mein Chef und fragt: (2 x)
Bist Du beschäftigt? – Ich sage: Nein. (2 x)
Bewegung: Kurz mit dem Kopf schütteln.

Dann nimm doch noch die andre Hand. (2x)
Auch noch mit der anderen Hand drehen.

Zweite Runde

Hallo, mein Name ist Jo ... (Das Ganze wieder von vorne, bis zum Ende der ersten Runde).
Dann nimm doch noch den Fuß dazu! (2 x)
Einen Fuß auf und ab bewegen, dabei bewegen sich die Hände weiter.

Dritte Runde

Hallo, mein Name ist Jo ... (Das Ganze wieder von vorne).
Dann nimm doch noch den Kopf dazu!" (2 x)
Zusätzlich mit dem Kopf nicken.

Vierte Runde

Hallo, mein Name ist Jo. (2 x)
Ich arbeite in einer Knopffabrik. (2 x)
Da kommt mein Chef und fragt:
Bist Du beschäftigt? – Ich sage: Ja!

Die Bewegungen werden fortgesetzt, so gut es geht.

Diese Bewegungsübung kann man sehr nett einsetzen beim Thema „Stress", „Zeit- und Selbstmanagement", „Workaholic" und „Work-Life-Balance". Einfach zwischendurch als Energieaufbau einsetzen, wenn man gerade solche Themen besprochen hat:

Brückenschlag

▸ Sich immer noch mehr aufhalsen lassen oder aufhalsen.
▸ Wann fühle ich mich ausgelastet, wann ist es zu viel?
▸ Wie kann ich Routinearbeiten auflockern?

Hierbei braucht man nur einen Satz zur Überleitung zu sagen – und schon ist die Verbindung ersichtlich.

Hände klopfen

Ziel/Wirkung: *Konzentration, Rhythmus, Spaß*
Material: *–*
Vorbereitung: *–*
Teilnehmerzahl: *beliebig*
Form: *im Kreis/am Tisch sitzend*
Dauer: *5 Minuten bis unendlich*

Zur Methode

Dies ist ein Spiel aus Zeiten der Jugendgruppen, aber ich habe schon erlebt, dass Seminarteilnehmer abends stundenlang auf einem Balkon dieses Spiel mit wachsender Begeisterung spielten, so dass man das laute Klatschen der Hände auf die Tischplatte durch das ganze Tagungshaus hören konnte. Es erfordert einiges an Konzentration, denn durch das Überkreuzen der Hände muss man sehr aufpassen, welche Hand nun dran ist.

Verlauf

Die Teilnehmer sitzen um Tische herum. Jeder hat seine Handflächen so auf den Tisch gelegt, dass die rechte Hand über die linke Hand des rechten Nachbarn auf den Tisch gelegt wird. Wenn alle Hände so überkreuz auf dem Tisch liegen, geht es los.

Als Spielleiter beginnen Sie und klatschen mit Ihrer rechten Hand auf den Tisch. Das bedeutet, dass die Runde in die rechte Richtung weitergeht. Die Aufgabe besteht darin, dass eine Hand nach der anderen auf die Tischplatte klatscht.

Hände klopfen

Sobald ein Mitspieler mit seiner Hand zweimal klatscht, wird die Richtung gewechselt.

Wenn jemand einen Fehler macht, scheidet die Hand aus, die den Fehler gemacht hat. Das heißt, der Spieler kann mit der anderen Hand noch weiterspielen.

Steigerung
Je schneller geklatscht wird und je öfter die Richtung gewechselt wird, desto schwieriger wird das Spiel.

Ich geb' mein Tier

Ziel/Wirkung: *Konzentration, Rhythmus, Spaß*
Material: –
Vorbereitung: –
Teilnehmerzahl: *ab 8 Personen*
Form: *im Kreis/auf dem Boden sitzend*
Dauer: *5 Minuten*

Zur Methode

Diese Übung habe ich von meiner Kollegin Dagmar von Consolati kennen gelernt. Es ist ein Konzentrationsspiel, bei dem man in einem bestimmten Rhythmus zum Text einen Gegenstand weitergibt.

Verlauf

Alle sitzen im Kreis auf dem Boden, jeder hat einen Gegenstand in der Hand, beispielsweise eine Walnuss. Alle sprechen gemeinsam und geben dabei die Nuss im Rhythmus nach rechts weiter:

Ich – geb – mein – Tier –
von – mir – zu – Dir –
das – mach' – ich – so –
dass – ich – mein – Tier –
nie – mehr – verlier

Eine Steigerung erreichen Sie, wenn der letzte Satz lautet:

nie – nie – ver – lier

Dabei wird die Nuss festgehalten, die Hand geht nach rechts, als ob die Nuss weitergereicht würde, wird wieder zurückgenommen und erst dann gibt man sie wirklich nach rechts weiter.

Im Takt

Ziel/Wirkung: *Konzentration, Rhythmus*
Material: *für jeden Teilnehmer zwei Gegenstände (Löffel, Holzstäbe oder Steine)*
Vorbereitung: *–*
Teilnehmerzahl: *ab 8 Personen*
Form: *im Kreis/auf dem Boden oder am Tisch sitzend*
Dauer: *5 Minuten*

Zur Methode

Die Teilnehmer sitzen gewöhnlich auf dem Boden, man kann es aber auch an Tischen sitzend spielen. Im Stuhlkreis geht es nicht.

Verlauf

Jeder Teilnehmer hat vor sich zwei Gegenstände liegen, beispielsweise zwei Löffel oder zwei Hölzer oder zwei Steine.

In einem festen Rhythmus werden diese Gegenstände aufgehoben, aneinander geschlagen und nach rechts weitergereicht und in die eigenen Hände geklatscht.

1 – Löffel aufnehmen
2 – aneinander schlagen
3 – nach rechts (vor den rechten Nachbarn) legen
4 – in die Hände klatschen

In der nächsten Runde die neuen Gegenstände (die der linke Nachbar vor einen gelegt hat) aufnehmen – und weiter geht's.

Film
www.managerseminare.de/kamelfilm

Login mit:
kamelspiele
zamyat

Teil II: Im Takt

Indianertanz

Ziel/Wirkung: *Bewegung, Rhythmus, Spaß*
Material: –
Vorbereitung: –
Teilnehmerzahl: *ab 8 Personen*
Form: *im Kreis/stehend*
Dauer: *5 Minuten*

Zur Methode

Der Indianertanz gehört zu meinem alten Standard-Repertoire. Ich habe ihn schon mit allen möglichen Gruppen durchgeführt, in Seminaren bei denen nur Männer anwesend waren, in Workshops mit 50 Leuten, bei Fachtagungen, Pfarrfesten und Geburtstagen. Das Erstaunliche ist: er kommt immer gut an.

Obwohl Tänze für die meisten Trainer (und auch Teilnehmer) die größte Hemmschwelle darstellen, macht dieser Tanz den meisten Menschen Spaß und sie sind sogar enttäuscht, wenn ich schon nach einer Runde aufhöre.

Die Bewegung ist einfach – und bislang haben auch alle sofort den Text und die Melodie gelernt. Es geht um die vier Elemente Erde, Wasser, Feuer und Luft. Melodie und Text sind immer gleich, nur die Bewegungen fallen bei jedem Element anders aus.

Text

A *://: Hey yannana, hey yannana, hey yannana hey ://*

B *://: Hey hey yannan, hey hey yannan, hey hey yannana hey ://*

Indianertanz

Alle stehen im Kreis, mit dem Gesicht zur Kreismitte.   *Verlauf*

1. Erde
Die angewinkelten Hände mit den Handflächen zum Boden halten, die Erde unter den Händen und Füßen spüren, im Rhythmus des Gesanges von **A** nach außen (also rückwärts) und wieder nach innen gehen.

B wird zwischen allen Strophen wiederholt. Dabei Arme auf Schultern der Nachbarn legen und seitlich erst vier Schritte nach rechts stampfen, dann vier Schritte nach links.

2. Wasser
An den Händen fassen, Wellenbewegungen mit den Armen machen, dabei den Kreis wieder nach außen und innen bewegen.

3. Feuer
In die Hände klatschen, dabei Handspitzen nach oben richten, gleichzeitig Knie anheben und wieder nach außen und innen bewegen.

4. Luft
Arme nach oben strecken, wie die Äste eines Baumes hin und her wiegen, dabei erst nach rechts um sich selbst drehen, dann nach links.

Abb.: Indianertanz

Erfahrungen   *Bemerkungen*
Obwohl singen für viele Teilnehmer eine große Hürde darstellt, habe ich erlebt, dass der Indianertanz oft besser ankommt als andere Tänze aus der Konserve. Vermutlich liegt es auch daran, dass ich die Übung nicht schon am ersten Tag einsetze, sondern erst später, wenn die Gruppe lockerer ist und sich schon an so einiges gewöhnt hat. Den meisten macht es Spaß, zu stampfen und zu singen, und unser Bild der Indianer ist überwiegend positiv.

Film

www.managerseminare.
de/kamelfilm

Login mit:
kamelspiele
zamyat

Teil II: Im Takt

Kalimba de Luna

Ziel/Wirkung: *Konzentration, Rhythmus, Spaß*
Material: *(Disco-)Musik im mittleren Tempo*
Vorbereitung: *–*
Teilnehmerzahl: *ab 8 Personen*
Form: *im Kreis/stehend*
Dauer: *5 Minuten*

Zur Methode

Das ist eine meiner absoluten Lieblings-Aktivierungen, allerdings lebt sie von der Musik. Sie sollte aus der Richtung „Latin Pop" gewählt werden, z.B. das Stück „Kalimba de Luna", u.a. gesungen von Boney M. Die Musik sollte sehr beschwingt sein und gute Laune machen, ich würde die Übung auf keinen Fall ohne Musik machen.

Anleitung

Bei der Einführung weise ich immer darauf hin, dass wir die Bewegungen zuerst ohne Musik üben und sie da noch völlig merkwürdig wirken. Aber spätestens mit dem Einsetzen der Musik würden sie mir zustimmen, dass die Übung toll ist.

Verlauf

Einen Durchgang ohne Musik üben, anschließend die Musik auflegen, auch wenn die Teilnehmer meinen, dass sie es noch nicht können! Alle stehen im Kreis und bewegen sich im Rhythmus der Musik.

Eigentlich wird bei der Übung lediglich der eigene rechte und linke Arm abwechselnd zum Einsatz gebracht. Wenn man das einmal raus hat, kann man sich theoretisch nicht mehr irren, selbst wenn man

126

Zamyat M. Klein: Das tanzende Kamel

Kalimba de Luna

gerne rechts und links verwechselt. In der Praxis schaffen es natürlich trotzdem einige. Das macht aber überhaupt nichts, sondern sorgt vielmehr für eine ausgelassene Stimmung.

Abb.: Kalimba de Luna

Ab dem dritten Takt wird der Körper immer leicht mitgedreht: links, rechts, so kommt ein eigener Schwung und Bewegungsrhythmus auf, der alle (oder wenigstens die meisten) mitreißt:

1. Rechten Arm nach vorne in die Mitte strecken und winken, linken Arm nach vorne in die Mitte strecken und winken.

2. Rechte Hand auf eigene linke Wange, linke Hand auf eigene rechte Wange.

3. Rechte Hand auf rechte Schulter des linken Nachbarn, linke Hand auf die linke Schulter des rechten Nachbarn.

4. Rechte Hand auf rechte Hüfte des linken Nachbarn, linke Hand auf die linke Hüfte des rechten Nachbarn.

5. Rechte Hand an das rechte Knie des linken Nachbarn, linke Hand an das linke Knie des rechten Nachbarn.

6. Rechte Hand an den rechten Fuß des linken Nachbarn, linke Hand an den linken Fuß des rechten Nachbarn.

Mögliche Weiterführung: Das Ganze noch einmal rückwärts von unten nach oben durchspielen.

Brückenschlag In meiner Praxis biete ich nicht zu jedem Spiel und jeder Bewegungsübung einen Brückenschlag an. Meist erkläre ich zu Beginn des Seminars, warum wir solche „Energieaufbauübungen" zwischendurch machen: zur Förderung der Konzentration, zur Anregung des Gehirns usw.

Bei dieser speziellen Übung verzichte ich völlig auf eine fachbezogene Erklärung, hier bietet sich höchstens noch einmal der Hinweis an: *„Jetzt machen wir etwas, um wieder ganz munter zu werden."*

Um das zu bekräftigen, strahle ich die Teilnehmer einfach an und sage: *„Jetzt machen wir eine meiner absoluten Lieblingsübungen!"* Meine Erfahrung ist auch, dass diese Bewegungsübung wirklich meist gut ankommt, selbst bei Kongressen mit wildfremden Menschen hatten alle einen riesigen Spaß dabei.

Diese Übung setze ich in Zeiten ein, wo die Teilnehmer etwas müde sind und ich „den Laden" wieder in Schwung bringen will. Prinzipiell wäre es daher gut nach dem Mittagessen einsetzbar, aber mit vollem Magen beugt sich niemand gerne so weit nach unten. Daher setze ich es eher im Anschluss an eine Kaffeepause ein.

Mein Hut

Ziel/Wirkung: *Konzentration, Spaß*
Material: –
Vorbereitung: –
Teilnehmerzahl: *beliebig*
Form: *im Kreis/stehend oder sitzend*
Dauer: *5 Minuten*

Zur Methode

Ein Spiel aus Kindergartenzeiten, das ich aber auch öfter in Seminaren als Konzentrationsspiel einsetze.

Verlauf

Alle singen gemeinsam das Lied „Mein Hut, der hat drei Ecken."

Nach und nach werden einige Worte durch Bewegungen ersetzt. An diesen Stellen wird dann eine Pause gemacht – und mit den restlichen verbleibenden Worten weitergesungen.

Geben Sie als Trainer jeweils die nächste Bewegung an, bevor weitergespielt wird, zum Beispiel:
„Mein" – jeder zeigt mit dem Zeigefinger auf die eigene Brust.
„Hut" – mit beiden Händen ein kleines Dach auf dem Kopf bilden.
„drei" – drei Finger hoch strecken.
„Ecken" – an einen Ellenbogen fassen.

Bei jeder Strophe wird nach und nach ein Wort ersetzt:
„xxxx xxx, der hat drei Ecken, drei Ecken hat xxxx xxx,
und hätt' er nicht drei Ecken, dann wär er nicht xxxx xxx."

Das setzt sich solange fort, bis es zum Schluss nur noch so klingt:
„xxxx Xxx,   der hat xxxx xxxxxx, xxxx xxxxxx hat xxxx Xxx.
Und hätt' er nicht xxxx xxxxxx, dann wär er nicht xxxx Xxx."

Am besten funktioniert dies, indem man bei den stummen Stellen innerlich die Melodie und den Text unhörbar mitsingt und dazu die Bewegungen macht.

Sitz-Boogie

Ziel/Wirkung: *Konzentration, Rhythmus, Spaß*
Material: *–*
Vorbereitung: *–*
Teilnehmerzahl: *ab 5 Personen*
Form: *im Kreis oder in Reihen/auf Stühlen sitzend*
Dauer: *5 Minuten*

Zur Methode

Gelesen habe ich die Übung ursrsprünglich in *Maaß, Ritschl: Teamgeist* (Junfermann). Bei den Petersberger Trainertagen 2007 wurde ich an das Spiel in einem Workshop von Sabine Hess wieder erinnert. Das Schöne an diesem Spiel: man kann es mit einer beliebigen Zahl von Teilnehmern durchführen, gleichgültig, ob sie im Kreis oder in Stuhlreihen sitzen.

Es ist nicht schlecht, dazu auch rhythmische Musik laufen zu lassen.

Verlauf

Die Teilnehmer sitzen eng nebeneinander.

1. Runde
Zweimal mit den Händen auf die eigenen Oberschenkel klatschen und dabei im Rhythmus sagen: *„Meine Beine"*.
Danach die Hände auf die Oberschenkel oder Knie des rechten Nachbarn klopfen und sagen: *„Deine Beine"*.
Dann wieder die eigenen *„Meine Beine"* – und zum linken Nachbarn *„Deine Beine"*.

Also zusammenhängend:
„Meine Beine – Deine Beine – Meine Beine – Deine Beine".

Insgesamt vier Durchgänge.

2. Runde
Anschließend werden die Beine jeweils nur einmal berührt und dazu gesprochen:
„Meins – Deins – Meins – Deins".

Auch diese Runde wird viermal wiederholt.

3. Runde
Mit der linken Hand den rechten eigenen Oberschenkel berühren und dabei *„Rechts"* sagen, dann mit der rechten Hand den linken Oberschenkel berühren und *„Links"* sagen. Anschließend beide Hände zweimal zusammenklatschen und *„Klack Klack"* sagen.

Das wird viermal wiederholt: *„Rechts – Links – Klack – Klack."*

4. Runde
Beide Arme nach vorne strecken (1). Mit der rechten Hand das linke Handgelenk fassen (2), dann den linken Ellenbogen (3) und die linke Schulter (4). Danach die linke Hand auf die rechte Schulter (5), den rechten Arm nach vorne strecken (6), linke Hand an den rechten Ellenbogen (7) und an das rechte Handgelenk (8). Danach beginnt es wieder mit dem Ausstrecken beider Arme (1). Die Gruppe singt dabei die einzelnen Zahlen im Takt mit:
„1 – 2 – 3 – 4 – 5 – 6 – 7 – 8."

Auch diese Runde wird viermal wiederholt.

5. Runde
Bei (1) werden beide Hände auf die Oberschenkel gelegt, bei (2 – 3 – 4) mit den Fingern der rechten Hand an die Nase fassen und mit der linken Hand an das rechte Ohr. Danach bei (1) wieder beide Hände auf die Oberschenkel und die Seiten wechseln, die linke Hand an die Nase und die rechte Hand an das linke Ohr (2 – 3 – 4).

Auch diese Runde wird viermal wiederholt.

Sitz-Boogie

Beim zweiten Durchlauf kann man noch als Variation einführen, dass man den Namen der Nachbarn nennt. Also:
„Meine Beine – Peters Beine, meine Beine – Monikas Beine."
In der zweiten Runde dann : *„Meins – Peters – Meins – Monikas."*

Beim dritten Durchlauf werden die Beine der übernächsten Nachbarn berührt und deren Name gesagt. Dabei muss man sich natürlich ein bisschen strecken ...

Abb.: Sitz-Boogie

Sie können das Spiel einfach als Auflockerung einsetzen, aber auch in einer anschließenden Auswertung eine Beziehung zum Seminarthema herstellen.

Brückenschlag

Thematisiert werden kann der Umgang mit Fehlern:
- Dürfen in der Gruppe Fehler gemacht werden – und wie wird damit umgegangen?
- Wird weitergemacht? Wie fühlen sich die einzelnen, wenn sie einen Fehler machen?
- Sind welche ausgestiegen?

Das Spiel kann auch in Zusammenhang gestellt werden mit dem Thema Teamentwicklung. Wie „spielen" wir zusammen? Finden wir einen gemeinsamen Rhythmus? Wie gehen wir damit um, wenn einer aus dem Takt kommt?

Film

www.managerseminare.de/kamelfilm

Login mit:
kamelspiele
zamyat

Teil II: Im Takt

Wischi-Waschi

Ziel/Wirkung: *Konzentration, Rhythmus, Spaß*
Material: *(Disco- oder Techno-)Musik, mittleres Tempo*
Vorbereitung: *–*
Teilnehmerzahl: *beliebig*
Form: *im Kreis/sitzend*
Dauer: *5 Minuten*

Zur Methode

Wischi-Waschi ist eine rhythmische Konzentrationsübung zu Musik, die wach macht. Geeignet ist (Disco-)Musik mittleren Tempos wie etwa „Celebration" von Cool and the Gang (Achtung, vorher Nutzungsrechte/Gema klären). Die Übung regt das Gehirn an, wobei es überhaupt nicht darum geht, ob die Teilnehmer sie „richtig" machen oder nicht. Vielmehr passiert beim Üben und Tun zwangsläufig das, worum es geht: Beide Gehirnhälften werden aktiviert.

Verlauf

Alle sitzen im Stuhlkreis. Wir üben zunächst einmal „trocken", das heißt ohne Musik. Ich mache die Bewegungen vor und fordere die Teilnehmer auf, sie gleich mitzumachen. Dann üben wir noch einmal eine Trocken-Runde gemeinsam (übliche Reaktion: *„Was, das soll ich mir alles merken?"*). Anschließend werfe ich die Musik an und wir legen los. Es gibt viel Gelächter, zwischendurch weise ich darauf hin: *„Es geht nicht darum, dass ihr das perfekt könnt, sondern dass unser Gehirn angeregt wird."* Nach einigen Runden setze ich plötzlich aus und lasse die Teilnehmer die Bewegungen alleine machen. Das sorgt regelmäßig für Verwirrung, denn alle haben immer schön bei mir abgeguckt. Dann steige ich wieder ein.
Nach ca. fünf Runden hören wir auf, es sei denn, die Teilnehmer bestehen darauf, noch etwas länger zu machen …

Wischi-Waschi

Musik und Rhythmus

Zur Musik klatschen wir im Vierer-Rhythmus:
1. Viermal mit der rechten Hand vom Knie aufwärts auf den rechten Oberschenkel schlagen.
2. Viermal mit der linken Hand vom Knie aufwärts auf den linken Oberschenkel schlagen.
3. Beide Hände einmal auf die Oberschenkel, dann in die Hände klatschen, wieder auf die Oberschenkel und wieder in die Hände klatschen.
4. Nun kommt das Wischi-Waschi: Die Arme angewinkelt vor der Brust halten, Handflächen zeigen nach unten und eine Überkreuzbewegung mit den Armen machen (rechten Arm über den linken, linken Arm über den rechten führen und beides wiederholen).
5. Mit beiden Händen auf die Oberschenkel klatschen (1), dann in die Hände (2), dann die rechte Hand zur Faust, nur den Daumen nach oben gestreckt und zweimal über die rechte Schulter nach hinten deuten (3-4).
6. Die gleiche Abfolge mit der linken Faust wiederholen.
7. Wischi-Waschi wiederholen (siehe oben)
8. Aufstehen (1-2) und hinsetzen (3-4).
9. ... und das Ganze beliebig oft von vorne beginnen.

Abb.: Wischi-Waschi

Brückenschlag **Thema Zeitmanagement**

Diese Übung kann man beispielsweise mit dem Thema „Zeitmanagement" verbinden.

Statt „*1-2-3-4*" zu zählen kann man die Prioritäten „*A-B-C-D*" dabei aufzählen usw.

1. Viermal mit der Hand vom Knie aufwärts auf den rechten Oberschenkel schlagen, dabei *A-B-C-D* zählen.
2. Viermal mit der Hand vom Knie aufwärts auf den linken Oberschenkel schlagen, dabei *A-B-C-D* zählen.
3. Beide Hände einmal auf die Oberschenkel, dann in die Hände klatschen, wieder auf Schenkel und wieder in die Hände klatschen: *Womit fang ich an, womit fang ich an?*
4. Nun das Wischi-Waschi: die gestreckten Arme vor der Brust ausstrecken und eine Überkreuzbewegung machen (rechten Arm über linken, linken Arm über den rechten und wiederholen): *Schreibtisch leer, Schreibtisch leer!*
5. Mit beiden Händen auf die Oberschenkel klatschen, dann in die Hände, dann die rechte Hand zur Faust, nur den Daumen nach oben gestreckt und zweimal im Rhythmus (3-4) über die rechte Schulter nach hinten deuten: *Mit A fang ich an, mit A fang ich an!*
6. Mit beiden Händen auf die Oberschenkel klatschen, dann in die Hände, dann die linke Hand zur Faust, den Daumen nach oben gestreckt und zweimal im Rhythmus (3-4) über die linke Schulter nach hinten deuten: *Mit B fahr ich fort, mit B fahr ich fort!*
7. Wischi-Waschi (siehe oben): *Aufräumen, aufräumen.*
8. Aufstehen (1-2), hinsetzen (3-4): *C-Aufgaben, C-Aufgaben.*
9. … und das Ganze beliebig oft von vorne beginnen….

Hinweise

Das gleichzeitige Bewegen und Sprechen erfordert natürlich noch mehr Konzentration. Daher sollte zuerst das Original eingeübt werden – und vielleicht zu einem späteren Zeitpunkt im Seminar diese Variante eingeführt werden.

Wenn Sie diese Variante von Anfang an durchführen wollen, um durch den Bezug zum Thema eher die Akzeptanz der Teilnehmer zu gewinnen, können Sie erst einmal die Musik weglassen. Denn sonst ist es vielleicht zu kompliziert.

Zipp Zapp Plopp

Ziel/Wirkung: *Konzentration, Rhythmus, Spaß*
Material: –
Vorbereitung: –
Teilnehmerzahl: *ab 8 Personen*
Form: *im Kreis/stehend oder sitzend*
Dauer: *5 Minuten*

Ein Konzentrationsspiel im Kreis.

Zur Methode

Alle sitzen oder stehen im Kreis. Einer fängt an und klatscht mit ausgestreckten Armen zum linken oder rechten Nachbarn und sagt dabei *„Zipp"*. Dann zeigt er quer durch den Raum zu einem anderen Teilnehmer (das darf kein Nachbar sein) und sagt *„Zapp"*.

Verlauf

Der kann dann im gleichen Stil mit *„Zipp"* und *„Zapp"* weitermachen – oder aber mit *„Plopp"*. Bei *„Plopp"* hebt er beide Arme hoch und stoppt damit die Weitergabe von *„Zipp – Zapp"*.

Nun muss derjenige, der ihn vorher angezappt hat, rasch reagieren und sein *„Zapp"* an einen anderen Spieler weitergeben.

Teil III

Volle Power –
Austoben und Dampf ablassen

In manchen Situationen sind Spiele angebracht, bei denen sich die Teilnehmer einmal richtig austoben und verausgaben können. Sei es, weil sie einen großen Bewegungsdrang haben, überschüssige Energie – oder auch mal Dampf ablassen möchten, weil sie frustriert oder gestresst sind. Die Gründe für Spannungen können im Seminar liegen oder aber auch in der beruflichen oder privaten Situation des Teilnehmers.

Nicht immer können die Teilnehmer ihre Unzufriedenheit im Seminar thematisieren und bearbeiten. Mit den passenden Spielen und Übungen können Sie als Trainer vielleicht den Frust-Abbau aktiv unterstützen – oder zumindest eine sachliche Klärung im Seminar vorbereiten.

Spielerisches Dampf ablassen ist angenehmer und frei von Konsequenzen, als wenn Konflikte unterschwellig weiterbrodeln und konstruktive Zusammenarbeit behindern oder sich schlimmstenfalls explosiv zum falschen Zeitpunkt entladen. Sie finden hier keinesfalls nur Methoden zum Aggressionsabbau, sondern auch zahlreiche, die einfach nur Spaß machen.

Auf einen Blick

		Weitere Power-Spiele	
Flingo	141	Blinzeln	38
Herr Wolf	144	Ebbe und Flut	52
Hey yoo!	145	Stühle rutschen	93
Hi Ha Ho	146	Ungeheuer-Laufen	98
Hut ab	148		
Ja-Nein-Kreis	149		
Jammerlappen	152		
Jammertal	155		
Japanbälle	157		
Katz und Maus	158		
Killer-Känguru	159		
Klagemauer	161		
Kreuzbein-Kampf	163		
Luftballon-Tanz	165		
Luftboxen	166		
Pferderennen	167		
Schlangen-Schwanz	169		
Wäscheklammern jagen	170		
Yaman taka ant fat	172		

Flingo

Ziel/Wirkung: *Bewegung, Spaß*
Material: *Flingo-Lätzchen und Bälle*
Vorbereitung: *–*
Teilnehmerzahl: *ab 2 Personen*
Form: *zu Paaren im Raum verteilt/stehend*
Dauer: *10 Minuten*

Zur Methode

Flingo ist eine lebhafte Variante für den Einstieg in den Tag, die auch sehr gut mit dem Seminarthema in Verbindung zu bringen ist (zum Beispiel „Kommunikation", „Wahrnehmung", „Motivation" oder „Beziehungsmanagement"). Im Folgenden erhalten Sie die Variante zum Seminar „Beziehungsmanagement".

Abb.: Flingo sieht leichter aus, als es ist

Verlauf   Jeder Teilnehmer bekommt ein „Lätzchen", das aus elastischem Material besteht und um den Hals gehängt wird. Jedes Paar bekommt einen kleinen Ball aus Hartgummi, der sehr weit titscht. Die Paare spielen sich nun mithilfe der Lätzchen den Ball gegenseitig zu. Das Lätzchen fungiert als „Schläger". Daher wird hier der ganze Körpereinsatz gefordert. Ursprünglich als Strandspiel konzipiert, eignet es sich wunderbar für Seminare. Es ist sogar in großen Räumen leichter zu spielen, da die Bälle nicht so weit wegfliegen können wie im Freien.

Bezugsadresse: Man kann das Flingo-Set (für 2 Personen oder ein Gruppen-Set) bei villa bossaNova *(www.villa-bossanova.de)* bestellen.

Brückenschlag   **1. Durchgang**

Paare bilden. Nach kurzer Anleitung spielen die Teilnehmer erst einmal drauf los. Nach einiger Zeit wird das Spiel gestoppt. Wir setzen uns für eine kurze Zwischenreflexion zusammen.

2. Zwischenreflexion

Wie haben Sie auf „Fehler" reagiert (innerlich und äußerlich)?
- Auf eigene?
- Beim anderen?

(Meine Beobachtung: Manche entschuldigen sich ständig, wenn der andere den Ball nicht fängt. Andere wiederum sind dann ungeduldig).

Wo war Ihre Aufmerksamkeit?
- Bei Ihnen selbst (möglichst gut zu fangen)?
- Beim anderen?

Hat sich im Laufe des Spiels etwas verändert?
- An Ihrer Wahrnehmung?
- An Ihrem Verhalten?
- An Ihrer Empfindung?

(Es hat zum Beispiel mehr Spaß gemacht, als es besser klappte. Woran lag es, dass es besser klappte?)

Welche Vereinbarungen könnten Sie treffen oder welche Strategien entwickeln, damit es beiden Spaß macht und Sie mehr „Erfolg" haben?
▶ ...

Mit der Zeit kann man lernen, dass es für das (Weiter-)Spiel nicht viel bringt, einen Ball so gerade noch von der Seite zu erwischen und ihn dann schräg zu werfen. Denn dann kann der Partner den Ball nicht fangen und zurückschlagen. Das führt dazu, dass das Spiel unterbrochen wird und der Partner erst mal auf Ballsuche gehen muss.

Es hängt also sehr von der eigenen Einstellung ab: Sehe ich es als Wettspiel, bei dem ich möglichst viele Punkte sammeln will (die in diesem Fall aber gar nicht gezählt und bewertet werden)? Oder geht es mir darum, das Spiel möglichst lange am Laufen zu halten und dass möglichst viele Bälle hin und her gehen? In diesem Fall muss ich mich bemühen, den Ball möglichst gerade zu werfen, damit der Partner ihn schnappen kann.

3. Durchgang
Danach wird das Spiel ein zweites Mal gespielt. Anschließend erfolgt evtl. noch eine weitere Auswertung:
Hat sich etwas verändert?
▶ Was?

4. Partnerwechsel
Da es sehr frustrierend sein kann, wenn man mit jemanden spielt, der wesentlich unsportlicher ist als man selbst und ständig dem Ball hinterher läuft, sollten die Partner in Abständen wechseln. Es ist außerdem interessant, einfach die Unterschiede zu beobachten. Was läuft anders und warum?

Wettspiel-Variante
Wenn die Gruppe Spaß an Wettspielen hat, können die Punkte der Paare gezählt werden. Welches Paar schafft die meisten Bälle hin und her?

Herr Wolf

Ziel/Wirkung: *Bewegung, Spaß*
Material: –
Vorbereitung: –
Teilnehmerzahl: *ab 8 Personen*
Form: *als Schlange/stehend*
Dauer: *5 Minuten*

Zur Methode Bewegtes Spiel mit Körperkontakt. Aus: „Theater zwischen Tür und Angel", von M. Batz und H. Schroth, Rowohlt.

Verlauf Alle bilden eine Schlange, indem sie sich hintereinander aufstellen und mit den Armen fest um die Taille des Vordermenschen fassen. Der erste in der Schlange ist „Herr Wolf". Die Schlange setzt sich in Bewegung und alle rufen: *„Wie spät ist es, Herr Wolf?"* Der Wolf antwortet: *„Ein Uhr!"*

Die Schlange zieht weiter und fragt wieder nach der Uhrzeit. Irgendwann, keiner weiß wann, wird der Wolf rufen: *„Mittaaaaag!"* und sich auf die Leute in der Schlange stürzen. Die versuchen natürlich alle, dem Wolf zu entkommen.

Wer vom Wolf erwischt wird, ist der neue Wolf.

Hey yoo!

Ziel/Wirkung: *Bewegung, Wach werden*
Material: *–*
Vorbereitung: *–*
Teilnehmerzahl: *ab 7 Personen*
Form: *im Kreis/stehend*
Dauer: *2 Minuten*

Zur Methode

Kurz, schnell und wirkungsvoll – so braucht man es manchmal. Die Teilnehmer sind etwas schläfrig, der Tag war lang, es ist sehr warm – was auch immer gerade die Energie etwas absacken lässt. Dann kann man diese Methode kurz einsetzen, 1-2 Minuten – und weiter geht es.

Verlauf

Alle stehen im Kreis und nehmen sich an die Hand. Der Kreis sollte so groß und weit wie möglich gehalten sein, da alle in die Mitte laufen.

Der Trainer gibt das Signal und alle stürmen in die Mitte, die Arme gleichzeitig von unten nach oben schwingend und dabei laut brüllen: *„Heyyyyyy"* – und wenn die Arme oben und alle in der Mitte sind: *„yoo!"*

Zurück zur Ausgangsposition. Das ganze dreimal – und alle sind fit (und lachen wahrscheinlich auch).

Hi Ha Ho

Ziel/Wirkung: *Bewegung, Wach werden*
Material: –
Vorbereitung: –
Teilnehmerzahl: *beliebig*
Form: *im Kreis/stehend*
Dauer: *2 Minuten*

Zur Methode   Kurzes Wachwerden zwischendurch.

Verlauf   Auf die Signale des Trainers hin bewegen sich alle Teilnehmer gleichzeitig:
- Bei „HI" strecken sich alle ganz lang, Arme nach oben, Richtung Decke.
- Bei „HA" gehen alle in eine halbe Hocke.
- Bei „HO" gehen alle in die ganze Hocke.

Varianten und Ergänzungen

Meine Vorstellung ist es, dass ich mich eigentlich von unten nach oben bewegen muss, wenn ich Energie aufbauen will. Zumindest kenne ich das aus der Massage: Wenn man nach oben ausstreicht, wird die Energie angeregt, wenn man nach unten ausstreicht, wirkt das entspannend. Aus diesem Grund kann man die Übung in einer zweiten Runde in der umgekehrten Reihenfolge durchführen: „HO HA HI" – von unten nach oben.

Brückenschlag

Die Reihenfolge der Vokale erinnert mich an andere Energieübungen aus der Atemtherapie und dem Yoga. So kann man beispielsweise die Vokale auch den „Chakras" (feinstoffliche Energiezentren) zuordnen. Wobei das bei dieser Übung nicht ganz klassisch ist, sondern nur in die Richtung geht.

Die klassische Zuordnung

- **U** Wurzelchakra (Muladhara) am unteren Ende der Wirbelsäule
- **O** (geschlossenes) – Sakralchakra (Svadhistana)
- **O** (offenes) – Solarplexus (Manipura)
- **A** Herzzentrum (Anahata)
- **I** Stirnchakra oder Drittes Auge, zwischen den Augenbrauen (Ajna)
- **E** Kehlchakra (Vishuddha)
- **OM** Kronenchakra auf dem Scheitel des Kopfes (Sahasrara)

Wenn man das etwas „lockerer" sieht, könnte daraus folgende Übung entstehen:

- **HO** Die Hände auf den Boden – sich erden
- **HA** Die Hände aufs Hara oder den Bauch – sich in der Mitte zentrieren
- **HI** Die Arme nach oben strecken – sich nach oben hin öffnen

Variante

Bei kniegeschädigten Teilnehmern oder Trainern empfiehlt es sich, statt eine ganze Hocke auszuführen, sich besser nach vorne zu beugen und mit den Händen auf den Fußboden oder in Richtung Fußboden zu gehen.

Hut ab

Ziel/Wirkung: *Bewegung, Wach werden*
Material: *Hüte oder Tücher für jeden Teilnehmer*
Vorbereitung: –
Teilnehmerzahl: *ab 7 Personen*
Form: *im Kreis/stehend*
Dauer: *2 Minuten*

Zur Methode

Das Spiel habe ich vor vielen Jahren im Buch „Theater zwischen Tür und Angel" von M. Batz und H. Schroth, Rowohlt, kennen gelernt. Es handelt sich um eine Variante von „Nachlaufen", immer wieder beliebt.

Für dieses Spiel brauchen Sie viele Hüte, als Variante Tücher. Es empfiehlt sich, die Teilnehmer rechtzeitig vor Seminarbeginn aufzufordern, dass jeder einen (alten) Hut mitbringt. Ein paar zusätzliche Hüte sollten Sie auf jeden Fall dabeihaben.

Verlauf

Alle setzen sich einen Hut auf. Jeder versucht, die Hüte der anderen herunterzureißen, den eigenen aber auf dem Kopf zu behalten. Witziger wird das Spiel, wenn die Leute, die ihren Hut verloren haben, dreimal laut *„Mist, Mist, Mist!"* rufen und ihren (inzwischen wieder zurückeroberten) Hut dabei auf den Boden klopfen.

Variante mit Tüchern
Statt der Hüte haben alle ein Tuch in ihren Hosen- oder Rockbund gesteckt. Der Spielablauf ist ansonsten identisch. Man kann die Tücher auch mit den Hüten kombinieren.

Ja-Nein-Kreis

Ziel/Wirkung: *Konzentration, Bewegung, Dampf ablassen*
Material: *–*
Vorbereitung: *–*
Teilnehmerzahl: *ab 10 Personen*
Form: *im Kreis/stehend*
Dauer: *5-10 Minuten*

Zur Methode

Das Spiel habe ich vor vielen Jahren kennengelernt beim damaligen „Theater zwischen Tür und Angel" in Hamburg mit Horst Schroth. Es erfüllt beide Funktionen: zum einen ist es ein Konzentrationsspiel, da es die meiste Energie entfaltet, wenn es schnell und ohne Stocken abläuft und dafür jeder Spieler sofort und richtig reagiert.

Gleichzeitig kann man damit Dampf ablassen, vorhandene Aggressionen ungefährlich herauslassen, einmal so richtig mit dem Fuß aufstampfen und brüllen.

Verlauf

Die Teilnehmer stehen in einem großen Kreis, zwischen jedem sollte so viel Platz sein, dass man seinen Arm seitlich ausstrecken kann (jeweils nur einer). Da die Seminarräume oft dafür zu klein sind, lässt es sich sehr gut draußen spielen. (Es kommt allerdings darauf an, ob es unmittelbare Nachbarn gibt, die vielleicht etwas erschrecken würden.)

Zuerst wird die „Ja-Runde" eingeübt. Hierbei fangen Sie als Trainer an und geben das „Ja" nach rechts weiter, so dass es einmal im Kreis die Runde macht. Dabei strecken Sie den rechten Arm aus und schleudern ihn mit flacher Hand zum rechten Nachbarn (wie ein Karateschlag, wenn man ein Brett durchschlagen will), stampfen dabei mit dem rechten Fuß auf und rufen so laut Sie können *„Ja"*. Dieser gibt es auf die gleiche Art an seinen rechten Nachbarn weiter. Dabei sollte man jeweils dem rechten Nachbarn auch in die Augen schauen.

Die gleiche Bewegung übt man dann links herum, wobei der linke Arm gestreckt wird und mit dem linken Fuß aufgestampft wird.

Wenn das ein paar Mal geübt wurde, kommt das *„Nein"* ins Spiel. Wenn ein Spieler *„Nein"* sagt, dreht er sich mit dem Körper zu dem Teilnehmer, der das *„Ja"* zu ihm schickte, reißt beide Arme hoch und schreit *„Nein"*. Das *„Nein"* stoppt die *„Ja"*-Runde und derjenige muss dann rasch reagieren, sich zur anderen Seite drehen und sein *„Ja"* zur anderen Seite zurückschicken.

Es können nicht zwei *„Nein"* direkt nacheinander gesagt werden.

Bemerkungen   Manchen Teilnehmern macht es große Mühe, laut zu brüllen oder mit dem Fuß aufzustampfen, anderen macht es riesigen Spaß. Manchen ist es zu aggressiv, andere bekommen dabei so richtig Power. Ich habe erlebt, dass eine ältere Dame (sie war Diakonissin) offensichtlich zum ersten Mal in ihrem Leben das *„Nein"* entdeckt hat. Sie blühte sichtlich auf, und nichts kam mehr durch.

Ansonsten sollten Sie anregen, dass die Teilnehmer nicht zu oft *„Nein"* rufen, denn dann geht leicht etwas von der Energie verloren, die entsteht, wenn das *„Ja"* schnell und kraftvoll weitergeschickt wird.

Was auch häufig passiert ist, dass die Teilnehmer natürlich „Fehler" machen, nicht schnell genug reagieren, den falschen Arm nehmen usw. Und oft biegen sie sich dann vor Lachen, was ich bei anderen Spielen ja durchaus fördere und befürworte. Dieses Spiel entfaltet aber erst dann so richtig seine energieaufbauende Wirkung, wenn es zügig ein paar Runden läuft.

Es hängt davon ab, was Ihr Ziel mit dieser Übung ist. Wenn es einfach eine Energieaufbauübung zwischendurch sein soll, können Sie es natürlich lockerer handhaben. Geht es dagegen wirklich um eine Konzentrationsübung, sollten Sie es entsprechend anleiten.

Brückenschlag

Sie können das Thema „Ja-Sagen" und „Nein-Sagen" natürlich auch in einem bestimmten Kontext behandeln, der mehr in die Tiefe gehen kann. Dann empfiehlt es sich auch, das Spiel im Anschluss entsprechend auszuwerten.

Beispielfragen:
- Wie haben Sie sich gefühlt beim „Nein-Sagen"?
- Wie haben Sie sich gefühlt beim „Ja-Sagen"?
- Was fiel Ihnen leichter?
- Welche Erinnerungen und Assoziationen kamen vielleicht hoch?
- usw.

Andere Themen: Verkauf, Kreativität

Sie können es auch mehr spielerisch mit einem Thema verbinden. Beispielsweise wollen Sie ein neues Produkt mit Begeisterung verkaufen oder anpreisen. Mit diesem Thema im Hinterkopf schicken die Teilnehmer das *„Ja"* weiter. Dann gibt es aber einige, die das Produkt nicht gut finden und die Einwände haben, und die stoppen dann mit *„Nein"*.

Das Gleiche können Sie mit dem Thema „Kreativität" machen: Einige finden eine Idee toll, andere nicht.

Jammerlappen

Ziel/Wirkung: *ausjammern, Humor*
Material: *Putzlappen*
Vorbereitung: *–*
Teilnehmerzahl: *ab 5 Personen*
Form: *im Kreis/sitzend*
Dauer: *10 Minuten*

Zur Methode

Bei dieser Methode wird weniger körperlich Dampf abgelassen, sondern mehr „seelisch". Vor allem mit Humor. Dabei hat es dennoch eine erstaunliche Wirkung.

Ich lernte diese Methode vor vielen Jahren von meinem Kollegen Hartmut Wagner auf einem DGSL-Kongress kennen und es war schon ein besonderes Ereignis zu erleben, wie 50 wildfremde Menschen im Raum verteilt in kleinen Gruppen saßen und „jammerten".

Verlauf

Eine Gruppe von 5-7 Teilnehmern (bei größeren Gruppen werden mehrere Kreise gebildet) setzt sich zu einem kleinen Stuhlkreis zusammen. In die Mitte wird ein Jammerlappen gelegt (ein normaler Putzlappen, einer von dieser alten, grauen Sorte).

Aufgabe ist es nun, reihum zu jammern. Dabei ist alles erlaubt: jammern, klagen, nörgeln, zetern – man muss kein „gutes Bild" abgeben, sondern kann sich einmal völlig hemmungslos alles von der Seele reden.

Je nach Seminarkontext kann das ganz frei geschehen (worüber eben gerade jemand jammern möchte) – oder es kann zu einem bestimmten Schwerpunkt gejammert werden (siehe „Brückenschlag").

Jeder hat dafür drei Minuten Zeit (die Zeit vorgeben und mit Stoppuhr oder Gong den jeweiligen Wechsel anzeigen). Die anderen hören nur zu. Es wird nicht kommentiert und nicht diskutiert.

Weiterarbeit
Je nach Ziel der Übung kann unterschiedlich weiter verfahren werden. Wenn es nur darum ging, Dampf abzulassen oder eine gute Stimmung zu erzeugen, dann reicht die Übung als solche. In diesem Fall kann man eine kurze Auswertung anschließen:
- Wie ging es mir während der Übung, als ich selbst jammerte?
- Wie ging es mir während der Übung, als die anderen jammerten?
- Wie fühle ich mich jetzt?
- Habe ich eine Idee, wann und wo ich eine solche oder ähnliche Übung einmal einsetzen kann?

Bemerkungen

Die Übung hat in der Tat etwas sehr befreiendes! Und trägt auch eindeutig komische Züge. Sowohl für die Zuhörer als auch für den Jammernden selber. Gerade wenn man es ruhig ein wenig übertreibt und sich mal so richtig zu klagen erlaubt, kippt das irgendwann ins höchst Amüsante um. Das ist bereits ein erster Schritt zur Lösung.

Verfremdung durch Übertreibung kann dazu helfen, ein wenig Distanz aufzubauen und nicht mehr so im Problem verhaftet zu sein. Es hilft einem vielleicht sogar, den eigenen Anteil an der Situation zu erkennen. Denn wer einmal loslassen kann und nicht mehr den Ärger zurückhalten muss, sondern ihn über ein Ritual „zulassen" kann, der kann auf diese Weise (geistige und emotionale) Verkrampfungen lösen. Und dann ist man auch eher in der Lage, Lösungen für die Probleme zu erarbeiten. Solange man im Problem steckt, ist das schwierig.

Brückenschlag

Wenn die Übung in einem bestimmten Seminarkontext eingesetzt wird (beispielsweise in einem Seminar zur „Konfliktbewältigung"

oder zu Themen wie „Motivation", „Teamarbeit" oder „Kundenfreundlichkeit"), wird gezielt zu diesem Thema gejammert. Über die schwierigen, blöden Mitarbeiter, Kollegen, Chefs, Schüler, Teilnehmer, Kunden. Jeder lässt sich drei Minuten aus über besonders grässliche, nervende Kunden, was einen so daran nervt usw.

Weiterarbeit
Anschließend können die wichtigsten Punkte auf einem Flipchart festgehalten werden. Oder es notiert, während einer jammert, ein anderer die entsprechenden Stichworte auf Moderationskarten. Diese werden nach Beendigung der kompletten Jammerrunde angehängt. In einem nächsten Schritt werden diese Punkte dann bearbeitet und Lösungen entwickelt.

Jammertal

Ziel/Wirkung: *Humor, Jammern und Lösungen*
Material: *Gegenstände aus der Umgebung*
Vorbereitung: *–*
Teilnehmerzahl: *ab 8 Personen*
Form: *frei*
Dauer: *15-20 Minuten*

Zur Methode

Ein wunderschönes Beispiel, wie Humor, verbunden mit Kreativität aus dem Klagezustand heraushilft, erzählte mir meine Kollegin Dr. Petra Klapps vom Kolibri Institut. Es geht darum, den Blick auf die Absurditäten des Alltags zu richten und sich durch Übertreibung über einige Dinge (Schattenseiten) lustig zu machen. In einem Problem steckt ja auch etwas Positives: Schließlich heißt es *Pro*blem, und nicht *Kontra*blem!

Ich stelle hier zuerst eine sehr verkürzte Spiel-Variante vor. Die wirkliche Übung dauert mehrere Stunden, die ich im Anschluss auch kurz vorstelle, da sie einfach genial ist.

Verlauf

In der ersten Phase geht es um das „Jammertal". In dieser Phase ist Lachen verboten, wer lacht, kommt in „Ernst-Haft"! Die Teilnehmer bekommen die Aufgabe, bejammernswerte Gegenstände im Haus zu suchen. Diese werden dann alle ins „Jammertal" gelegt. Jeder nimmt dann seinen Gegenstand in die Hand und jammert, einzeln und nacheinander, dazu völlig übertrieben „seinen Satz". Beispielsweise: *„Meine Kollegen sind so furchtbar!"*

In der zweiten Phase wird das „Freudental" aufgebaut. Jeder macht sich dafür auf die Suche nach neuen Gegenständen im Haus. Dazu werden dann später im Plenum positive Sätze formuliert: *„Meine Kollegen helfen mir oft."*

Bemerkungen Im Original kann die Methode einen ganzen Tag umfassen. Es werden damit ernsthafte Probleme und Konflikte bearbeitet und gelöst. Der Verlauf sieht dann wie folgt aus:

1. Jammertal
Zuerst werden die Jammersätze der Teilnehmer gesammelt. „Was läuft schlecht? Womit sind Sie unzufrieden?" Bei größeren Gruppen werden die Sätze in Arbeitsgruppen zusammengetragen.

Anschließend sucht jeder im Haus einen Gegenstand, der zu seinem Jammersatz passt. Er sollte entsprechend hässlich, trist, grau oder schwarz aussehen. Daraus wird dann ein Bühnenbild gebaut.

Jeder stellt sich nun zu seinem Gegenstand und jammert laut seinen Satz. Alle gleichzeitig. Lachen ist verboten! Wer lacht, kommt in „Ernst-Haft", eine eigens dafür eingerichtete Ecke.

(Laut Bericht von P. Klapps, schafft es niemand, ernst zu bleiben)

2. Lösungen erarbeiten
Nun schließt eine Phase an, in der ernsthaft Lösungen zu den Problemen erarbeitet werden. Dazu kann man unter anderem eine Kreativitätsmethode nehmen (siehe „Kreative Geister wecken").

3. Freudental
Jetzt sucht jeder einen freudigen Gegenstand im Haus, der zu seiner Lösung passt. Auch mit diesen Gegenständen wird ein Bühnenbild dekoriert und gemeinsam das Freudental hergestellt.

Japanbälle

Ziel/Wirkung: *Bewegung*
Material: *Papierbälle*
Vorbereitung: –
Teilnehmerzahl: *ab 5 Personen*
Form: *im Kreis/stehend*
Dauer: *5 Minuten*

Japanbälle sind Papierbälle mit bunten Streifen, die flach zusammengefaltet sind, mit einem Loch, durch das man die Bälle aufblasen kann. Man kann sie auch immer wieder zusammenklappen und die Luft herausdrücken, sie halten ziemlich lange. Zum Transport sind sie daher sehr geeignet.

Zur Methode

Ein Ball wird aufgeblasen, und die Teilnehmer müssen ihn sich gegenseitig zuwerfen, indem sie mit der flachen Hand dagegenschlagen. Da die Bälle sehr leicht sind, muss man halbwegs fest schlagen, damit sie ein Stück weiterfliegen.

Verlauf

Varianten
▶ Die Teilnehmer werfen sich die Bälle kreuz und quer zu.
▶ Die Bälle werden zum rechten Nachbarn weitergeschlagen, dabei darf der Ball nur jeweils einmal berührt werden.

Teil III: Volle Power

Katz und Maus

Ziel/Wirkung: *Bewegung, Action, Spaß*
Material: *–*
Vorbereitung: *–*
Teilnehmerzahl: *ab 8 Personen*
Form: *im Raum verteilt/stehend*
Dauer: *5 Minuten*

Zur Methode Hier noch einmal eine Nachlauf-Variante mit erhöhtem Schwierigkeitsgrad bei der „Erlösung". Das Spiel habe ich vor vielen Jahren im Buch „Theater zwischen Tür und Angel" von M. Batz und H. Schroth, Rowohlt, kennen gelernt.

Verlauf Ein Teilnehmer ist die Katze, alle anderen sind Mäuse. Die Katze jagt die Mäuse, und wer von ihr berührt wird, bleibt stehen. Ist man „erjagt" worden, kann man sich von einer anderen Maus befreien lassen, indem diese durch die eigenen gegrätschten Beine kriecht.

Killer-Känguru

Ziel/Wirkung: *Action, austoben, Spaß*
Material: –
Vorbereitung: –
Teilnehmerzahl: *ab 10 Personen*
Form: *Paare im Raum verteilt/stehend*
Dauer: *5 Minuten*

Zur Methode

Ein sehr lebhaftes Spiel, das körperlichen Einsatz verlangt und die Teilnehmer auf Tuchfühlung bringt. Daher sollte man es nur einsetzen, wenn eine entsprechende Vertrautheit zwischen den Teilnehmern besteht und sich gezeigt hat, dass sie keine „Berührungsängste" haben.

Verlauf

Es bilden sich beliebige Paare. Danach soll jedes Paar entscheiden: wer ist die Känguru-Mutter und wer das Känguru-Kind. Die Mutter stellt sich dann hinter ihr Kind und umfasst das Kind mit beiden Armen um den Bauch (der Känguru-Beutel).

Auf ein Startzeichen hin springen nun alle Kängurus los. Der Trainer hat ein Paar zum „Killer-Känguru" bestimmt. Dieses muss versuchen, die anderen zu fangen, indem es von hinten ein anderes Paar umfasst.

Jedes Mal, wenn ein Paar gefangen wird, verwandelt es sich ebenfalls in ein „Killer-Känguru"- Paar. Treffen zwei Killer-Känguru-Paare aufeinander, verwandeln sie sich wieder in normale Kängurus.

Bemerkungen Es sieht zum Schreien komisch aus, ist aber wirklich anstrengend. Teilnehmer mit Knieproblemen sollten nicht mitmachen.

Sie werden schnell merken, ob Ihre derzeitige Gruppe solche Tobe-Spiele mag. Ich persönlich mag sie nicht so übermäßig gerne, aber es gibt immer wieder Gruppen, die es lieben. Daher können Sie es ruhig einmal ausprobieren.

Das Spiel geht meistens mit großem Gekreische und Gelache vor sich, und bald hat kaum noch jemand den Überblick, wer jetzt was ist. Das ist aber auch völlig egal – Hauptsache, es gibt Bewegung und Spaß. Danach ist jede Schläfrigkeit wie weggewischt.

Klagemauer

Ziel/Wirkung: *Frust ablassen*
Material: *Pinwand und Papiere*
Vorbereitung: *Teilnehmer schreiben ihre Klagen auf Papier*
Teilnehmerzahl: *ab 8 Personen*
Form: *vor einer Pinwand/stehend*
Dauer: *15 Minuten (inklusive aufschreiben)*

Zur Methode

Viele Menschen lieben es, zu jammern und zu klagen. Das raubt ihnen selbst Energie und denen, die zuhören (müssen) ebenfalls. Nun gibt es sicher Gründe, worüber man jammern könnte. Wie auch beim Gähnen, kostet es zudem sehr viel Energie, etwas, das ausbrechen möchte, zu bekämpfen und zu unterdrücken. Daher meine Empfehlung: Räumen Sie einen Ort und eine Zeit ein, um einmal nach Herzenslust zu jammern. Ich habe es in verschiedenen Zusammenhängen erlebt und ausprobiert. Das Ergebnis war jedes Mal gleichermaßen köstlich (siehe auch die Übung „Jammerlappen", Seite 152).

Verlauf

Die Teilnehmer schreiben ihre Klagen oder ihren Ärger auf ein Papier. Dann stellen sich alle vor eine Pinwand, die die Klagemauer darstellt. Sie können sie auch entsprechend gestalten, indem Sie auf Packpapier vorher eine Mauer malen.

Nun zerknüllt jeder sein Papier und wirft es mit Schwung und lautem Gebrüll gegen die Mauer. Man kann es einzeln werfen lassen oder als Gruppe gemeinsam schmeißen und brüllen. Das fällt den meisten sicher leichter – das kollektive Brüllen hat außerdem eine stärkere und stärkende Wirkung.

Ergänzungen **Rhythmisches Klagen**

Alle stehen vor der Mauer, die Arme seitlich angehoben und jammern und klagen laut und machen dazu rhythmische Bewegungen mit dem Oberkörper – vor und zurück. Die Teilnehmer sollten dies so stark übertrieben durchführen, dass nicht erst das Missverständnis aufkommt, dass man sich über jüdische oder andere Rituale lustig machen will. Man kann auch an „Klageweiber" erinnern, die sich auf die Brust schlagen und laut klagen. Es gibt zahlreiche Kulturen, wo rituelles Klagen durchaus erlaubt und „normal" ist.

Zornziegel

Auf der Didacta fand ich an einem Stand in der Kindergartenabteilung (eine Fundgrube!) einen so genannten Zornziegel. Er ist ganz leicht und weich, sieht aber von Größe, Form und Farbe her wie ein Ziegelstein aus.

Auch dieser ist dazu gedacht, ihn irgendwo hinzuwerfen (beispielsweise an die Mauer), man könnte auch hineinbeißen (Achtung: Hygiene) oder ihn irgendwo draufhauen (auf den Tisch, auf einen Kopf). Oder ihn durch die Gegend treten.

Man kann auch aus mehreren Zornziegeln eine Klagemauer bauen und die Papierbälle dagegenwerfen. Vielleicht bringt man die Mauer so sogar zum Einsturz. („Mit dem Kopf durch die Wand" oder „Mauern einreißen", „Lernblockaden abbauen" und andere Themen kann man mit mehreren Ziegeln sinnlich erleben.)

Bezugsquelle: *www.donnavita.de* – hier unter „Gesamtverzeichnis" – Aggressionsmaterial, Stück: 1,90 EUR)

Bemerkungen Die Wirkung all dieser Übungsvarianten ist:
▶ Man kann sich wirklich mal ausjammern: raus damit, dann ist es weg!
▶ Das Ganze kippt sehr schnell um (wenn man es sich endlich mal erlaubt) und verwandelt sich in ungeheures Gelächter. Denn natürlich ist es urkomisch, wenn alle laut jaulen und klagen, was ja in unserer Kultur eher verpönt ist.

Kreuzbeinkampf

Ziel/Wirkung: *Austoben, Kraft erproben*
Material: *–*
Vorbereitung: *–*
Teilnehmerzahl: *ab 4 Personen*
Form: *Paare/stehend*
Dauer: *5 Minuten*

Zur Methode

Hier können die Teilnehmer auf ungefährliche Art ihre Kräfte messen und auch ein wenig Dampf ablassen. Sie brauchen dazu genug Platz im Raum – oder Sie führen das Spiel auf einer Wiese durch.

Verlauf

Es bilden sich Paare, wobei die Partner in etwa gleich groß und schwer sein sollten. Es kommt aber nicht auf den Millimeter beziehungsweise das Gramm an.

Alle Paare stellen sich in einer Reihe in der Mitte des Raums auf. Sie stellen sich Rücken an Rücken, gehen beide leicht in die Knie und berühren sich mit dem unteren Rücken (eben dem Kreuzbein-Bereich). Dabei sollten beide Rücken gerade sein.

Auf ein Startzeichen hin versucht nun jeder, seinen Partner über diese Mittellinie hinauszuschieben – bis an die andere Raumseite. Aber Vorsicht, nicht gegen die Wand drücken!

Dazu können Sie als Tipp geben: Man hat mehr Kraft beim Ausatmen, als wenn man vor Anstrengung den Atem anhält! Ganz wirkungsvoll ist es, direkt beim Losschieben auch einen lauten (Karate-)Schrei tief aus dem Bauch heraus auszustoßen. Das gibt einem selbst mehr Energie – und den anderen erschreckt es vielleicht für einen Augenblick. Und es macht Spaß!

Bemerkungen   Bei Holzfußböden kann es schon einmal rutschig werden. Mit Gummisohlen oder Barfuß geht es dann am besten. Oder es tun sich die Paare entsprechend der Schuhbesohlung zusammen. Wenn beide mit glatten Ledersohlen rutschen, sind die Voraussetzungen gleich.

Damit niemand über die Stränge schlägt, geben Sie den Hinweis, dass jeder für die Gesundheit des Partners verantwortlich ist.

Luftballon-Tanz

Ziel/Wirkung: *Austoben, Mutprobe*
Material: *Luftballons, Kordeln*
Vorbereitung: *–*
Teilnehmerzahl: *ab 5 Personen*
Form: *frei im Raum/stehend*
Dauer: *5 Minuten*

Zur Methode

Nichts für schwache Nerven, gut zum Aggressionsabbau und Kreischen. Das Spiel habe ich vor vielen Jahren im Buch „Theater zwischen Tür und Angel" von M. Batz und H. Schroth, Rowohlt, kennen gelernt.

Verlauf

Jeder Teilnehmer bindet sich einen aufgeblasenen Luftballon um das Fußgelenk. Nun versucht jeder, die Ballons der anderen zu zertreten und seinen eigenen zu retten.

Varianten

Jeweils zwei Teilnehmer bilden ein Tanzpaar. Dazu wird Musik gespielt und die Paare führen dazu einen Luftballon-Tanz auf (und versuchen dabei gleichzeitig, die Ballons der anderen zu zertreten).

Man kann natürlich auch eine ganz harmlose Variante einsetzen, die auch allgemein bekannt ist: Die Teilnehmer bewegen sich zur Musik und schlagen dabei mit den Händen gegen die Luftballons und so auf den anderen zu. Ziel ist, dass kein Ballon die Erde berührt.

Teil III: Volle Power

Luftboxen

Ziel/Wirkung: *Spannungen im Nackenbereich abbauen*
Material: *fetzige Musik*
Vorbereitung: –
Teilnehmerzahl: *ab 7 Personen*
Form: *im Raum verteilt oder im Kreis/stehend*
Dauer: *5 Minuten*

Zur Methode

Ärger, Angst, Spannungen, Überarbeitungen – all das zeigt sich oft in verspannter Nacken- und Schultermuskulatur. Wenn Sie keinen Sandsack zum boxen haben, geht es mit dieser Übung auch ohne.

Verlauf

Legen Sie fetzige Musik auf (z.B. Trommelmusik). Die Teilnehmer können im Kreis oder lose im Raum verteilt stehen, so dass jeder genug Platz um sich herum hat. Sie stehen vorne und machen zur Ermutigung der anderen mit. Einfach nach vorne in die Luft boxen, dabei heftig durch den Mund ausatmen oder Schreie von sich geben.

Als Variante kann man auch
- nach oben boxen,
- nach rechts und links zur Seite,
- nach unten.

Wenn die gröbste Spannung gelöst ist, kann sich die Übung auch in freies Tanzen und Austoben verwandeln, indem die Beine in die Bewegung hinzugenommen werden. Ähnlich wie beim Karate mit den Beinen nach vorne, zur Seite und nach hinten in die Luft treten. Oder einfach heftig tanzen. Jede zusätzliche Bewegung baut Stress ab – und bringt Energie und gute Laune.

Pferderennen

Ziel/Wirkung: *Austoben, Spaß*
Material: –
Vorbereitung: –
Teilnehmerzahl: *ab 7 Personen*
Form: *im Kreis/stehend*
Dauer: *5 Minuten*

Zur Methode

Ein lebhaftes, lustiges Spiel, das körperlich auch etwas anstrengend ist, vor allem aber für die Stimmbänder des Trainers. Aber viele Gruppen lieben es, nicht umsonst hat es sich wohl als bekanntes Spiel etabliert, denn es begegnet mir auch bei Kollegen immer wieder.

Verlauf

Alle Teilnehmer sind Rennpferde. Sie stehen in einem ganz engen Kreis, Schulter an Schulter, gehen ein wenig in die Knie. Als Trainer geben Sie die jeweiligen Anweisungen des Rennens (Sie können wie ein Reporter durch ein Megafon brüllen und die „Pferde" anspornen), alle machen die entsprechenden Bewegungen.

Anweisungen	Bewegungen
Die Pferde tänzeln nervös an der Startlinie ...	alle trommeln mit den Händen auf den Oberschenkeln und scharren leicht mit den Füßen
Startschuss – die Pferde rennen los ...	alle trappeln auf der Stelle
da kommt eine Rechtskurve ...	alle lehnen sich nach rechts
und ein Wassergraben ...	mit den Fingern an der Unterlippe Blubbergeräusche machen, gleichzeitig springen
dann eine Linkskurve ...	alle lehnen sich nach links
und das nächste Hindernis ...	alle springen hoch
da rempelt ein Pferd ein anderes an ...	die Zuschauer rufen „Buhh!"
schließlich rennen alle durch das Ziel, die Zuschauer jubeln.	die Arme hochwerfen und jubeln

Variante: Alte Klepper

Bei meinem Kollegen Stephan Rude habe ich noch eine Senioren-Variante kennen gelernt – dabei ging es eher darum, dass die Pferde schon etwas altersschwach waren. Dabei wird auf Stühlen sitzend gespielt – und in einem viel gemächlicheren Tempo. Auch die Zuschauer sind schon älter, fragen den Nachbarn, was passiert ist, legen die Hörrohre an, ohne Feldstecher sehen sie schon gar nichts – lassen Sie Ihrer Fantasie freien Lauf.

Anweisungen	Bewegungen
Die Pferde tänzeln nervös in ihren Boxen ...	nervös herumtänzeln
die Startrampe geht hoch ...	mit den Füßen trampeln und mit den Händen auf Oberschenkel klatschen
über die Hecke – wusch ...	mit den Händen über die Haare fahren von vorne nach hinten
über einen Oxer ...	„uhhh" rufen und mit den Händen eine Wellenbewegung von unten nach oben und wieder nach unten
über einen Doppeloxer ...	die Bewegung zwei Mal machen
über den Wassergraben ...	mit den Fingern an den Wangen ziehen und „blubb blubb" machen
an alten Männern vorbei ...	„uh uh uh" rufen und mit dem Zeigefinger rumzeigen
an kreischenden Kindern vorbei ...	Arme hochwerfen und kreischen
durchs Ziel.	Zielfoto: grinsen und winken

Schlangen-Schwanz

Ziel/Wirkung: *Austoben, Bewegung, Spaß*
Material: –
Vorbereitung: –
Teilnehmerzahl: *ab 10 Personen*
Form: *als Schlange/stehend*
Dauer: *5 Minuten*

Zur Methode

Ein Tobespiel mit Körperkontakt, das aus dem früheren „Theater zwischen Tür und Angel" von Horst Schroth stammt.

Verlauf

Alle bilden eine Schlange, indem sie sich hintereinander aufstellen und mit den Armen fest um die Taille des Vordermenschen fassen. Der Kopf der Schlange ist sehr, sehr hungrig. Da er nichts anderes findet, versucht er, sich selbst in den Schwanz zu beißen. Klar, dass der Schwanz diesem Schicksal entgehen will.

Wichtig ist, sich festzuhalten und die Schlange auf keinen Fall reißen zu lassen.

Teil III: Volle Power

Wäscheklammern jagen

Ziel/Wirkung: *Austoben, Spaß*
Material: –
Vorbereitung: –
Teilnehmerzahl: *ab 10 Personen*
Form: *im Raum verteilt/stehend*
Dauer: *5-10 Minuten*

Zur Methode

Ein sehr lebhaftes Spiel, das an Nachlaufen aus der Kindheit erinnert. Nach meiner Erfahrung macht es den Teilnehmern immer großen Spaß, zumal man es auch mit einer Bedeutung verknüpfen kann: dem Geben und Nehmen. Beides sollte man im Leben können und im Gleichgewicht halten. Das können wir in diesem Spiel üben – oder auch ausprobieren, wie die Balance zwischen beidem empfunden wird.

Verlauf

1. Runde: Geben
Jeder Teilnehmer bekommt drei Wäscheklammern (es empfehlen sich Holzklammern, die sind stabiler als die Plastikklammern), der Spiel-Raum ist durch einen Stuhlkreis begrenzt. Niemand darf außerhalb des Stuhlkreises laufen.

Die Aufgabe besteht darin, den anderen seine Wäscheklammern anzustecken, also selber keine zu behalten. Während man eine Klammer an das Hemd eines anderen klemmt, kann es passieren, dass man selber gerade eine angeheftet bekommt. Nach einer Weile des Tobens, Laufens und Lachens unterbrechen Sie. Dann kommt die zweite Variante. Vorher lassen Sie aber zählen, wer die meisten Klammern hat und sagen dann: *„Gewonnen!"*

Wäscheklammern jagen

2. Runde: Nehmen

Jetzt lautet die Aufgabe, den anderen möglichst viele Klammern wegzunehmen. Die Regel lautet dabei, dass man sofort alle Klammern an sich heften muss – und zwar an sichtbare Stellen! Und sie nicht einfach in der Hand behält. Allerdings ist es jedem überlassen, wo er die Klammern anbringt. Manche sind da sehr kreativ und suchen sich Regionen, wo sie denken, dass sich da niemand hintraut oder andere schlecht hinkommen (beispielsweise an das Hosenbein ganz unten).

Abb.: Wäscheklammern jagen –
wer jagt hier wen?

Selbstmanagement, Delegieren *Brückenschlag*

1. Runde: Wäscheklammern wegnehmen
Es gibt Menschen, die alles an sich reißen, denen es sehr schwer fällt, einmal Aufgaben abzugeben.

2. Runde: Wäscheklammern anhängen
Und andere beherrschen die Kunst, anderen noch ihre Aufgaben zusätzlich aufzuhalsen. Es kann aber auch bedeuten, dass wir lernen, Aufgaben zu delegieren.

Teil III: Volle Power

Yaman taka ant fat

Ziel/Wirkung: *Wach machen*
Material: –
Vorbereitung: –
Teilnehmerzahl: *ab 5 Personen*
Form: *im Kreis/stehend*
Dauer: *3 Minuten*

Zur Methode Wieder eine kurze knackige Energieaufbauübung. Der Text ist (leicht verfremdet) von einem tibetischen Mantra abgeleitet, das wiederum ursprünglich aus dem Sanskrit kommt.

Verlauf Alle stehen im Kreis. Die Bewegungen werden gleichzeitig ausgeführt und im Vierertakt dazu zusammen die Worte gesprochen:

▶ *Yaman taka ant fat*

Sprechen	Bewegungen
Yaman	Die Knie leicht beugen und mit den Händen auf den Boden schlagen
taka	auf die Knie schlagen
ant	danach weiter aufrichten und auf die Brust schlagen
fat	Arme nach oben schmeißen

Das Ganze schnell drei Mal hintereinander.

Zamyat M. Klein: Das tanzende Kamel

Yaman taka ant fat

Varianten

Sie können auch andere Texte dazu nehmen, zum Beispiel:

▶ *Ich bin topp fit!*

Brückenschlag

Sie können das Spiel auch im Zusammenhang mit einem Seminarthema einbauen, beispielsweise am Ende einer konkreten Einheit. Dann kann es der Bekräftigung dienen. Oder vielleicht auch mal zum Dampf ablassen.

Beispiele:
▶ *Das ist zu viel!*
▶ *Ich sag jetzt Nein!*

Oder Sie wenden das Spiel am Ende eines Seminars an, in der Transfer-Phase.

Beispiele:
▶ *Ich leg jetzt los!*
▶ *Ich pack es an!*

Es wirkt natürlich nur, wenn es locker und mit Spaß betrachtet und ausgeführt wird. Es soll keine Stimmung wie bei „*Tschakka!*" erzeugen und auch nicht daran erinnern.

Teil IV

In Reih und Glied –
Reihenspiele bei Kinobestuhlung

Meine Seminare führe ich im Stuhlkreis oder Halbkreis durch. Unter anderem deshalb, weil die Teilnehmer zwischendurch immer wieder einmal schnell für eine Energieaufbauübung aufstehen können und ich außerdem den Boden im Zentrum des Stuhlkreises nutze – für die Präsentation von Lernlandschaften, für Mind Maps® auf dem Boden oder für andere Methoden. Der Hauptgrund ist allerdings, dass ich von „Frontalunterricht" keinen großen Lerneffekt erwarte. Auch auf „Vorträgen" und Kongress-Workshops sorge ich möglichst für einen Stuhlkreis.

Eines Tages musste ich mit Entsetzen feststellen, dass die Veranstaltungsräume alle sehr klein und außerdem noch links und rechts vom Mittelgang mit zwei Kinostuhlreihen ausgestattet waren. Unverrückbar, wie es schien. Ojeh! Das Setting bereitete mir eine schlaflose Nacht, in der ich meine bisherige Planung über Bord warf und in Windeseile neue Spiele erdachte, die man auch unter solchen Bedingungen durchführen könnte. Doch Not macht bekanntlich erfinderisch. Einige Früchte meiner Ergebnisse finden Sie in diesem Kapitel. Wobei ich hier nicht nur Eigenproduktionen vorstelle, sondern auch auf Literatur oder Erfahrungen anderer Kollegen zurückgreife, sofern sich die Übungen bewährt haben.

Eine sinnvolle Herangehensweise ist, zunächst zu prüfen, welche der Spiele, die man normalerweise durchführt, auch in Settings mit Stuhlreihen funktionieren. Und welche können zumindest einfach umgewandelt werden? Daraus entwickeln sich dann weitere Ideen und Eigenproduktionen.

Teil IV: In Reih und Glied

Auf einen Blick

Buchstabieren 177	
Gib mir mal den Hammer rüber 179	
Lob-Kette 181	
Nudelsalat 183	
Schultern hoch – in der Reihe 185	
Stehauf-Männchen 187	
Ton-Konzert 189	

Weitere Spiele für Reihenbestuhlung

ABC-Hampelmann (statt ABs dann overhead-sheets) 23
Ali Baba 29
Finger fangen 57
Finger-Qi-Gong 58
Ich sage Knie 65
Kannst Du bis drei zählen? 67
Mongolischer Armtanz (etwas schräg stellen) 81
Rühr-Arm 85
Verzögerte Antwort 100
Wach gähnen 101
Body Percussion I + II 111
Hallo, mein Name ist Jo 118
Sitz-Boogie 131
Wischi-Waschi 134
Hi Ha Ho 146
Japanbälle 157
Pferderennen 167
Das doppelte Lottchen 202
Erbsen rollen 205
Leipziger Messe 210
Meine Biber 212
Siamesische Zwillinge 218

Buchstabieren

Ziel/Wirkung: *Konzentration*
Material: –
Vorbereitung: –
Teilnehmerzahl: *ab 7 Personen*
Form: *in Reihen/sitzend*
Dauer: *5 Minuten*

Zur Methode

Dieses Spiel ist nicht sehr bewegt, es geht mehr um Konzentration. Aber zumindest stehen einige Teilnehmer dabei mal kurz auf und setzen sich wieder.

Verlauf

Zunächst zählen die Teilnehmer der Reihe nach das Alphabet durch, so dass sich jeder einem Buchstaben zuordnet. Wenn Sie es als Wettspiel durchführen wollen, wird das Alphabet im linken und rechten Stuhlblock verteilt. Wenn die Gruppen sehr groß sind, fängt es am Ende des Alphabets einfach wieder von vorne an. Das bedeutet dann, dass mehrere Personen den gleichen Buchstaben führen.

Sie als Trainer sagen oder schreiben ein längeres Wort. Die Teilnehmer mit den entsprechenden Buchstaben müssen nun in der richtigen Reihenfolge zügig aufstehen, ihren Buchstaben rufen und sich wieder hinsetzen.

Für jeden Fehler gibt's einen Minuspunkt. Oder für jeden richtigen Buchstaben einen Pluspunkt.

Varianten

Wenn Sie das mit drei bis fünf Worten durchexerziert haben, können Sie eine zweite Runde starten. Dabei müssen die Teilnehmer die bisher genannten drei bis fünf Worte erinnern und noch einmal in der richtigen Reihenfolge durchbuchstabieren.

▶ Kleinere Gruppen
Wenn Sie nicht genug Teilnehmer haben, um alle Buchstaben des Alphabets zu vergeben, müssen Sie sich vorher Wörter ausdenken und die entsprechenden Buchstaben verteilen. Ich habe es schon mit nur fünf Teilnehmern gespielt (es waren Lehrer für Sprachunterricht) und die Buchstaben A E K L M S vergeben. So konnten immerhin sechs Worte buchstabiert werden: *„Kamel, Amsel, Mal, Makel, Same, Seele".*

▶ Begriffe pantomimisch vorgeben
Sie (als Trainer) können die Begriffe auch pantomimisch darstellen. Die Teilnehmer müssen dann (stumm) raten, welcher Begriff wohl gemeint ist. Auf Ihr Startzeichen hin beginnen die Teilnehmer mit dem Buchstabieren – wobei sich die Teilnehmer einer Buchstabengruppe vorher nicht absprechen dürfen. Es könnte sein, dass dabei ein Buchstabensalat oder eine Buchstaben-(Nudel-)Suppe entsteht.

Bemerkungen   Es ist nicht so einfach, wie es sich liest. Vor kurzem habe ich es auf einem Kongress-Workshop mit etwa 50 Teilnehmern gespielt und es war nicht so einfach, dass alle „Ds" oder „Gs" gleichzeitig aufstanden und ihren Buchstaben sagten. Dazu gehört schon einiges an Konzentration und Beobachten der anderen Gruppenmitglieder.

Brückenschlag   Sie nehmen wichtige Schlüsselworte aus dem Seminarthema, die sich so auch noch einmal besser einprägen. Beispielsweise: „Die fünf Regeln des Verkaufs" oder „Fünf Motivatoren" oder „schwierige Vokabeln für den Sprachunterricht". Es können auch komplizierte und schwierige Fachbegriffe sein.

Gib mir mal den Hammer rüber

Ziel/Wirkung: *Bewegung, Konzentration, Geschwindigkeit*
Material: *2 Plastikhämmer oder 2 andere Gegenstände*
Vorbereitung: *–*
Teilnehmerzahl: *ab 10 Personen*
Form: *in Reihen/stehend*
Dauer: *5 Minuten*

Zur Methode

Meine Kollegin brachte mal zu einem Seminar zwei abgrundtief hässliche braune aufblasbare Plastikhämmer mit. Wir spielten das Spiel auf dem Parkplatz. In Stuhlreihen wird es abgewandelt. Es ist ein Wettspiel für zwei (oder mehr) Gruppen, bei dem sich die Teilnehmer dehnen, beugen und laufen, also in Bewegung kommen.

Verlauf

Ohne Stühle
Zwei Gruppen stehen in zwei Reihen hintereinander (bei einer großen Teilnehmer-Zahl können es beliebig mehr Reihen sein, wobei Sie dann entsprechend mehr Hämmer vorrätig haben müssen). Der Vorderste jeder Gruppe, hält den Plastikhammer in der Hand. Auf ein Kommando hin muss nun jede Gruppe diesen Hammer so schnell wie möglich nach hinten zum letzten Gruppenmitglied weitergeben – und zwar nach bestimmten Regeln: Der Hammer wandert immer abwechselnd einmal über den Kopf der Person, die nach hinten reicht, und dann zwischen den Beinen der nächsten Person durch, dann wieder über den Kopf etc. – ohne sich umzudrehen.

Der Erste, der den Hammer durchgereicht hat, muss dann schnell wieder an das Ende der Schlange laufen. Das Spiel setzt sich so lange fort, bis der Erste wieder vorne steht. Gewonnen hat die Gruppe, die am schnellsten fertig ist.

Mit Stühlen

Der Hammer muss abwechselnd links- und rechtsherum gereicht werden. Also in der ersten Reihe dreht sich der Teilnehmer rechtsherum nach hinten, in der zweiten Reihe links herum usw. immer im Wechsel.

Eine ähnliche Variante mit Stühlen finden Sie in der Beschreibung von „Nudelsalat" (Seite 183).

Lob-Kette

Ziel/Wirkung: *Feedback oder Tagesabschluss*
Material: *–*
Vorbereitung: *–*
Teilnehmerzahl: *ab 7 Personen*
Form: *in Reihen/sitzend oder stehend*
Dauer: *5-10 Minuten*

Zur Methode

Die Übung kann als Abschluss eines Tages oder eines Seminars eingesetzt werden, ebenso bei Seminarthemen wie „Motivation", „Ziele", „Selbstwertgefühl stärken" usw. Auch zum Thema „Feedback und Kritik" ist dies eine geeignete Übung. Denn vielen fällt es leider leichter, andere oder sich selbst zu kritisieren, als Lob zu verteilen und mit Freude annehmen zu können.

Durch das Auflegen der Arme entsteht schließlich auch symbolisch ein Kreis oder eine Reihe, in der alle miteinander verbunden sind.

Verlauf

Die Teilnehmer stehen bei Kinobestuhlung in Reihen. Teilnehmer A (rechts oder links außen) beginnt, legt seine Hand auf die Schulter seines Nachbarn B und spricht ein Lob aus oder sagt etwas Nettes. Das kann je nach Seminarthema etwas mit dem zu tun haben, was der andere im Seminar gemacht oder gesagt hat. B legt nun die Hand auf Schulter von C und sagt diesem etwas Nettes usw. Dies sollte möglichst zügig geschehen, damit es der Gruppe nicht langweilig wird.

Brückenschlag Falls Sie die Übung im Zusammenhang mit einem Thema wie beispielsweise „Feedback geben" einsetzen, können Sie den Teilnehmern vorher auch kurz Zeit geben, darüber nachzudenken, was ihnen an ihrem Nachbarn besonders gefallen hat, wodurch er ihnen im Seminar positiv aufgefallen ist. Andererseits kann es durchaus Sinn machen, die Teilnehmer ganz spontan reagieren zu lassen. Das ist dann meist noch ehrlicher und direkter aus dem Herzen kommend.

Der Einsatz ist in folgenden Seminarphasen empfehlenswert:
- Abschluss des Tages oder eines Seminars
- Im Zusammenhang mit einem Thema

Folgende Seminarthemen empfehlen sich:
- Motivation
- Feedback
- Kritik
- Kommunikation
- Wahrnehmung
- Teamentwicklung

Nudelsalat

Ziel/Wirkung: *Bewegung, Konzentration, Geschwindigkeit*
Material: *Schwimmnudeln*
Vorbereitung: –
Teilnehmerzahl: *ab 10 Personen*
Form: *in Reihen/stehend*
Dauer: *5-10 Minuten*

Zur Methode

Auf der didacta 2007 gab es in der Kindergartenabteilung als Giveaway große Schwimmnudeln. Die musste ich natürlich auch sofort besorgen – und sie inspirierten mich zu der folgenden Spielvariante. Es ist ein Gruppen-Wettspiel, bei dem es auf Geschwindigkeit oder – je nach Variante – auch auf Geschicklichkeit ankommt.

Verlauf

Die Teilnehmer bilden Reihen von vorne nach hinten. Die Schwimmnudeln müssen nun pro Reihe von vorne nach hinten durchgereicht werden. Bei nicht ganz so großen Gruppen kann man die Nudeln auch durch die Reihen seitlich durchgeben, der Wechsel in die nächst hintere Reihe erfolgt dann immer an den äußeren Sitzplätzen:

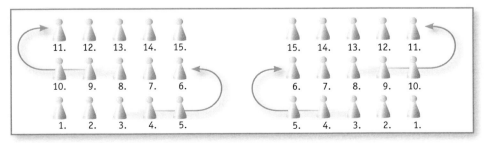

Die Aufgabe lautet, die Schwimmnudel (oder jeden anderen beliebigen, großen und leichten Gegenstand) nach hinten weiterzugeben. Gewonnen hat die Reihe oder Gruppe, die es als erste geschafft hat.

Variante

Nach welchen Regeln weitergegeben werden soll, können Sie variieren und den Schwierigkeitsgrad erhöhen.

- Eine erste Runde könnte sein: Die Nudel wird über den Köpfen weitergeben.
- Dann: Die Nudel wird nur mit einer Hand über den Köpfen weitergegeben usw.
- Da die Nudeln sehr lang sind, kann man auch unterschiedliche Figuren damit bilden, zum Beispiel sie zu einem Oval verknoten. Da kann dann die Aufgabe darin bestehen, dass jeder durch die Nudel klettern muss. Das dauert aber ziemlich lang und bietet sich daher nur bei kleineren Gruppen an.

Seien Sie erfinderisch und probieren Sie einfach aus. Oder lassen Sie die Gruppe selber weitere Schwierigkeitsgrade entwickeln.

Varianten mit anderen Gegenständen

Wenn Sie keine Schwimmnudeln haben, können Sie auch Riesen-Mikadostäbe nehmen. In einem Laden habe ich mal Riesen-Strohhalme gefunden (und natürlich gleich gekauft). Es können auch große, aufblasbare Bälle oder Luftballons sein. Verändern Sie die Form des Weitergebens entsprechend der Gegenstände.

Bei Mikado-Stäben und Strohhalmen können Sie beispielsweise vorgeben, dass die Enden nur mit einer Fingerspitze gehalten werden dürfen. Der Ball oder Luftballon muss beim Weitergeben auf einem Finger balanciert werden usw.

Luftballons kann man natürlich auch werfen und schlagen – in diesem Fall dürfen sie nicht den den Boden berühren. Ebenso geeignet sind so genannte Japan-Papierbälle. Man muss fest dagegenschlagen, um sie in der Luft zu halten. Sie gezielt zu einem bestimmten Teilnehmer zu schlagen, ist nicht ganz leicht.

Schultern hoch

Schultern hoch – in der Reihe

Ziel/Wirkung: *Konzentration, Geschwindigkeit*
Material: –
Vorbereitung: –
Teilnehmerzahl: *ab 20 Personen*
Form: *in Reihen/stehend*
Dauer: *5-10 Minuten*

Zur Methode

Normalerweise stehen bei diesem Spiel die Teilnehmer im Kreis (s. S. 89). Wenn Sie aber Stuhlreihen vor sich haben, lässt sich das Spiel leicht abwandeln. Je nachdem, wie viele Teilnehmer nun in Reihen sitzen, kann man das Spiel variieren. In meinem Fall waren es insgesamt ca. 40-50 Plätze, also zwei Stuhlblöcke mit jeweils 20-25 Teilnehmern.

Verlauf

Die Bewegung beginnt beim ersten Teilnehmer vorne links und beim ersten Teilnehmer vorne rechts – beide Blocks spielen parallel. Die Bewegung pflanzt sich nun reihenweise fort. Ist die Gruppe nicht so groß, kann sich die Bewegung folgendermaßen fortsetzen:

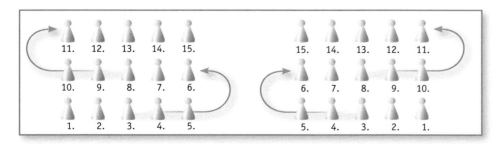

© managerSeminare

185

Person A (Nr.1) beginnt, atmet heftig ein und zieht beide Schultern so hoch wie möglich. Sein Nachbar B fährt damit fort usw. So pflanzt sich das Einatmen und Schultern hochziehen reihenweise (beispielsweise von 1-15 in der linken und rechten Reihe) fort. Erst, wenn der Letzte eingeatmet hat, beginnt A wieder und atmet aus und lässt die Schultern wieder herunterfallen, B folgt nach usw. Damit A weiß, wann der letzte Teilnehmer (hier Nr. 15) eingeatmet hat, gibt entweder der Trainer ein Zeichen (beispielsweise mit Zimbeln, die ich gerne einsetze) oder die Nr. 14 bekommt die Aufgabe, laut zu rufen, wenn 15 eingeatmet hat.

Bemerkungen Da das Spiel vor allem dadurch lustig wird, dass man die anderen sieht (was ja im Kreis kein Problem ist), können Sie als Trainer bei der Reihenvariante vorgeben, dass sich jeweils eine Stuhlreihe, wenn sie fertig ist, nach hinten umdreht, um die anderen sehen zu können.

Stehauf-Männchen

Ziel/Wirkung: *Bewegung, Konzentration, Geschwindigkeit*
Material: *(evtl. Metronom, Trommel oder anderes Rhythmusinstrument)*
Vorbereitung: –
Teilnehmerzahl: *ab 20 Personen*
Form: *in Reihen/sitzend*
Dauer: *5 Minuten*

Zur Methode

Dieses Spiel kann man als Konzentrationsspiel und Wettspiel durchführen, beide Varianten machen wach, einfach, weil sich die Teilnehmer mal bewegen.

Verlauf

Die Reihenfolge der Bewegung ist die Gleiche wie bei „Schultern hoch" (Seite 185). Die Teilnehmer müssen nacheinander aufstehen. Die Bewegung beginnt beim ersten Teilnehmer vorne links und beim ersten Teilnehmer vorne rechts – beide Blocks spielen parallel. Die Bewegung pflanzt sich nun reihenweise fort. Ist die Gruppe nicht so groß, kann sich die Bewegung folgendermaßen fortsetzen:

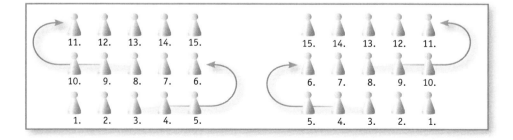

Wenn der Letzte aufgestanden ist, setzen sich wieder alle in der gleichen Reihenfolge nacheinander hin.

Wichtig: es muss ganz exakt gespielt werden. Immer nur einer nach dem anderen, aber so rasch wie möglich. Denn gewonnen hat der Stuhlblock, der als Erster fertig ist. Es empfiehlt sich, zwei Schiedsrichter einzusetzen, die genau beobachten: Wenn zwei Personen gleichzeitig aufstehen oder sich hinsetzen, gibt es einen Punkteabzug, ebenso, wenn eine Person übergangen wird.

Variante

Sie können auch den Takt vorgeben, etwa durch ein Metronom, mithilfe einer Trommel, einer Flasche oder der Stuhllehne. Für jeden, der sich nicht genau im Takt bewegt, gibt es einen Punkteabzug.

Die Gruppe hat gewonnen, die am schnellsten fertig ist und/oder bei der am wenigsten Punkte abgezogen wurden.

Mit folgenden Aufgaben können Sie den Schwierigkeitsgrad erhöhen:
- ▶ Die Teilnehmer müssen gleichzeitig etwas an den Nachbarn weitergeben.
- ▶ Sie müssen der Reihe nach zählen.
- ▶ Sie müssen der Reihe nach einen Satz bilden (dieser wird frei entwickelt, man muss also die Worte der Vorgänger aufgreifen und dort anknüpfen).
- ▶ Sie müssen dabei bestimmte Regeln, Arbeitsabläufe oder anderes der Reihe nach wiederholen, was vorher gelernt wurde.

Erfinden Sie eigene Varianten, lassen Sie vielleicht auch die Teilnehmer noch andere Varianten überlegen.

Ton-Konzert

Ziel/Wirkung: *Konzentration*
Material: –
Vorbereitung: –
Teilnehmerzahl: *ab 20 Personen*
Form: *in Reihen/sitzend*
Dauer: *5 Minuten*

Zur Methode

Ein Konzentrationsspiel der anderen Art, das hohe Konzentration erfordert und sicherlich auch komisch ist.

Verlauf

Instrumente verteilen
Sie lassen die Gruppen durchzählen: „A-B-C-D". Jedem Buchstaben wird nun ein Ton, ein Geräusch zugeordnet.

Konzertprobe
Jeder Ton wird mit jeder Gruppe erst einmal einstudiert, wie bei einer Konzertprobe. Hierzu können Sie sich beliebige Geräusche und Töne ausdenken.

Hier einige Beispiele:
A: *Plopp* (möglichst dumpf gesprochen)
B: *Pling* (ganz hoch und hell)
C: *Paaaf* (laut)
D: *Gong* (langsam schwingend)

Für jeden Buchstaben, das heißt jeden Klang, gibt es eine bestimmte Dirigentenbewegung.

Wichtig ist, dass jede Bewegung sehr unterschiedlich ausfällt. Diese Bewegungen machen Sie als Trainer vor – und die Teilnehmer müssen sie „lernen". Da sich jeder nur seine eigene Bewegung merken muss, ist dies nicht allzu schwierig.

Die Teilnehmer sollen ihren Ton jeweils so lange halten, wie sie es mit einem Atemzug schaffen, damit mehrere Klänge auch übereinander klingen. Alternativ vereinbaren Sie ein Zeichen, mit dem Sie das jeweilige Ende eines Tons signalisieren. So lange müssen die Teilnehmer dann weiter „plingen".

Das könnte dann beispielsweise so aussehen:
Sie werfen die rechte Hand nach oben und geben damit das Signal für A: *Plopp*.
Stopp-Signal: Hand nach unten.

B: *Pling* – Sie schlagen sich sanft mit der Hand auf den Kopf.
Stopp-Signal: Über den Kopf streichen.

C: *Paaf* – Sie reißen beide Arme auseinander.
Stopp-Signal: Sie lassen beide Arme fallen.

D: *Gong* – Sie nehmen beide Hände zusammen und nach oben.
Stopp-Signal: Sie klatschen in die hoch erhobenen Hände.

Varianten
Sie können auch andere Geräusche zusätzlich oder stattdessen einbauen. Beispielsweise können Sie die Teilnehmer auf die Schenkel klopfen, auf die Stuhllehne trommeln, mit den Füßen trappeln, in die Hände klatschen lassen. Wenn die Stühle keine Armlehnen haben, nehmen Sie die Rückenlehne des Vorderstuhls.

Ohne Sinn und Verstand –
Alberne Gute-Laune-Spiele

Mit diesen albernen Spielen haben Trainer vielleicht die meisten Probleme – viele Teilnehmer aber nicht – und ich persönlich liebe sie. Sie sorgen einfach für eine gute Stimmung. Viele Teilnehmer sagen am Ende meiner Seminare: *„Ich habe lange nicht mehr so viel gelacht wie in diesem Seminar."*

Dies halte ich durchaus für einen Gewinn – zumal, wenn ich mir anschaue, wie sehr die meisten Menschen dazu neigen, ständig zu klagen, sich Sorgen zu machen und angespannt zu leben. Einmal im Seminar etwas albern sein bedeutet überhaupt nicht, dass nicht gearbeitet wird, sondern im Gegenteil: In meinen Seminaren vermittele ich meist mehr Stoff als viele andere Kollegen, die den Einsatz von Spielen für Zeitverschwendung halten. Weil die Teilnehmer aufnahmefähig und wach sind – und Freude haben.

Auf einem Vortrag einer Ärztin bekam ich einmal bestätigt, dass Lachen auch aus medizinischer Sicht gesund ist. Es gibt Untersuchungen, die zeigen, dass das Immunsystem gestärkt wird, sich außerdem die Konzentration erhöht und der Lernerfolg steigt. Aber auch ohne medizinische Begründung darf gelacht werden. In einer guten Atmosphäre lässt sich einfach besser arbeiten.

Ein weiterer Aspekt: In vielen Trainings geht es um Struktur- oder Verhaltensänderungen. Es gehört viel Mut dazu, Unbekanntes zu wagen, die eigene Komfortzone zu verlassen und künftige Risiken einzugehen. Dies kann mit solchen Spielen „im Kleinen" geübt werden – dabei verzeichnete Erfolgserlebnisse tragen dazu bei, später die erforderlichen Schritte in der Praxis zu wagen. *„Es hat ja gar nicht weh getan"*, sondern vielmehr großen Spaß gemacht.

Auf einen Blick

An einem Regentag 193
Besuch im Zoo *(+Filmausschnitt)* 196
Das doppelte Lottchen 202
Drache Prinz Prinzessin 203
Erbsen rollen über die Straße 205
Gefrohrene Schuhe 208
Hochstapelei 209
Leipziger Messe 210
Meine Biber 212
Pinguine und Reiher 214
Schuhsalat 216
Siamesische Zwillinge 218

Weitere Spiele ohne Sinn und Verstand
Arche Noah 34
Das kotzende Känguru 45
Ebbe und Flut 52
Huhn und Ei 64
Kannst Du bis drei zählen? 67
Tierpfleger Hugo 96
Ungeheuer-Laufen 98
20 Zwerge 107
Alle meine Entchen 109
Hallo, mein Name ist Jo 118
Ich geb' mein Tier 122

An einem Regentag

Ziel/Wirkung: *Lachen*
Material: *–*
Vorbereitung: *–*
Teilnehmerzahl: *ab 8 Personen*
Form: *im Kreis/stehend*
Dauer: *7 Minuten*

Zur Methode

Als ich diese von Eberhard Schererz entwickelte Übung während meiner Suggestopädie-Ausbildung kennen lernte, hatte ich mich nicht nach dem Sinn gefragt. In diesem Rahmen war ich schon so einiges gewohnt. Es machte mir einfach nur riesigen Spaß.

In Seminaren habe ich sie lange Zeit unbefangen eingesetzt, wenn ich den Eindruck hatte, die Teilnehmer haben Spielfreude und brauchen keine „sinn-vollen" Spiele. Später ist die Übung eine Zeit lang in Vergessenheit geraten und wieder reaktiviert worden. Danach erwachte mein Ehrgeiz: Wie kann ich auch diesem höchst albernen Spiel einen Sinn abgewinnen?

Verlauf

Sie machen/sprechen als Trainer immer eine Zeile vor, die Teilnehmer machen und sprechen es nach. Wie genau, erfahren Sie in der Tabelle auf der folgenden Seite.

Teil V: Ohne Sinn und Verstand

Vorsprechen	Vormachen
Oh, schon wieder Wasser in meinem Ohr, Ohr, Ohr.	Kopf auf die rechte Schulter, Finger ins linke Ohr.
Oh, schon wieder Wasser in meinem Ohr, Ohr, Ohr.	Kopf auf die linke Schulter, Finger ins rechte Ohr.
Von oben kommt der Regen, Regen, Regen. *Von oben kommt der Regen, Regen, Regen.*	Arme ganz nach oben strecken, dann mit den Fingern Regen von oben nach unten am Körper entlang laufen lassen.
Meine Schuhe sind schon ganz nass. *Meine Schuhe sind schon ganz nass.*	Erst in die Luft springen, dann in die Hocke gehen und mit den Händen die Schuhe berühren.
Ich will heut' nicht zur Arbeit, ich bleibe heut' im Bett. *Ich will heut' nicht zur Arbeit, ich bleibe heut' im Bett.*	Mit den Füßen auf den Boden stampfen, Gehbewegung, Arme angwinkelt nach hinten und vorne bewegen.
E-ro-tik-tag, E-ro-tik-tag!	Hände in die Hüften, Hüfte nach links, vorne, rechts und hinten bewegen.
Hey Du, komm mal her, *Hey Du, komm mal her!*	Gegenüberstehende Person mit Fingerbewegung „komm her" signalisieren (wie die Hexe locken) und mit ihr die Plätze tauschen.
Ich bin von Kopf bis Fuß auf Liebe eingestellt. *(gesungen – Marlene Dietrich)*	Rechten Fuß in Richtung rechter Nachbar stellen, Bein anwinkeln, rechte Hand auf rechtes Bein abstützen, linke Hand in den Nacken.
Denn das ist meine Welt – und sonst gar nichts.	Linken Fuß in Richtung linker Nachbar stellen, linkes Bein anwinkeln, linke Hand auf linkes Bein, rechte Hand in den Nacken.
Schau mal her, wie schön ich bin.	Rechten Fuß nach vorne stellen, das hintere Bein gestreckt, mit beiden Händen von vorne nach hinten über den Kopf streichen.
Schau mal her, wie schön ich bin.	Rechten Fuß nach vorne stellen, das hintere Bein gestreckt, mit beiden Händen von vorne nach hinten über den Kopf streichen.

Brückenschlag Anders als bei Spielen wie „Wischi-Waschi" (Seite 134) oder „Besuch im Zoo" (Seite 196) macht es hier keinen Sinn, den Text zu verändern, um damit Seminarinhalte zu thematisieren. Denn dieses Spiel lebt ja von dem blödsinnigen Text.

Also bleibt nur, die Einführung so zu gestalten, dass eine Beziehung zum Seminarthema ersichtlich wird. Was könnte das sein?

An einem Regentag

Im Grunde kommen fast nur Nonsens-Einstiege in Frage, aber vielleicht können diese dennoch eine Brücke schlagen. Wenn es sich abzeichnet, dass die Teilnehmer keine Spielfreude haben und sich nicht darauf einlassen würden, setzen Sie das Spiel besser nicht ein.

Thema: Work-Life-Balance
Einführung: *„Es gibt vielleicht Tage oder Situationen, da ist ein Rückzug angesagt, eine Atempause, um sich auf die wirklich wichtigen und wesentlichen Dinge des Lebens zu konzentrieren. Eine Unterbrechung, um aus dem Hamsterrad herauszukommen.*

So nehme ich mir beispielsweise am Jahresende immer vier Tage Zeit für eine ausführliche Jahresinventur und Jahresplanung, wobei ich auch Kreativ-Techniken wie die Walt-Disney-Strategie einsetze.

Nun habe ich neulich von einer ganz provokativen Erfahrung gehört: Ein erfolgreicher kanadischer Coach, Dan Sullivan, nimmt sich zusätzlich zum Wochenende noch einen komplett freien Tag in der Woche. Das Ergebnis: er ist produktiver, effektiver und damit auch erfolgreicher als zuvor! Dabei geht es nicht darum, sich mit dem freien Tag für die viele Arbeit zu belohnen oder sich zu erholen, weil man so erschöpft ist. Er sagt, der freie Tag sei der wichtigste für das Unternehmen, da er hier am kreativsten ist.

Wir verschaffen uns nun selbst einmal eine Atempause. Im folgenden Spiel erleben Sie ein Beispiel für einen kurzen Rückzug …"

Abb.: An einem Regentag

Film

www.managerseminare.de/kamelfilm

Login mit:
kamelspiele
zamyat

Teil V: Ohne Sinn und Verstand

Besuch im Zoo

Ziel/Wirkung: *Bewegung, Konzentration, Lachen*
Material: –
Vorbereitung: –
Teilnehmerzahl: *ab 10 Personen*
Form: *im Raum verteilt/stehend*
Dauer: *10 Minuten*

Zur Methode

Dieses Spiel ist für mich das ultimativ alberne Spiel. Aber wie so oft, ist es nicht nur albern. Es erfordert in der Tat auch hohe Konzentration (wäre somit auch unter Konzentrationsspiele einzuordnen) und noch mehr. Es erfordert nämlich Mut, einmal etwas Ungewohntes zu tun, Grenzen zu überschreiten. Somit ist das Spiel auch gut bei allen Themen einsetzbar, die mit Veränderung zu tun haben. Change Management, Führung, Kreativität etc.

Verlauf

Alle stehen im Kreis. Nacheinander werden erst einmal die verschiedenen Rollen (Tiere und Kinder) vorgestellt und mit allen eingeübt.

Bären
„Tanzen, wir wollen tanzen, das macht mich soo dschubbi dubbi duaa, chachacha."
(Mit Hüften schwingen und angewinkelten Armen)

Perlhühner
Die sind etwas schlichter und einfallsloser, und daher ganz einfach:
„Gock, gock, goook – gock, gock, goook."
(Hände in Brusthöhe vor sich halten, Handflächen nach unten, im Rhythmus nach oben bewegen)

Besuch im Zoo

Abb.: Besuch im Zoo – „Perlhühner"

Schlangen
„Hach, die vielen Leute – hach, was woll'n die heute ..."
(Hände vor der Mund schlagen, dabei mit so einer etwas gekünstelten hohen oder tuntigen Stimme sprechen)
„... husch, husch, geht doch alle fort von mir."
(Mit Handbewegung wegscheuchen)

Kinder
„Wir wollen Eis und Pommes Frites!"
(Stampfend gehen, mit angewinkelten Armen und dazu laut den Text rufen)

Dann teilen sich die Teilnehmer in vier Gruppen auf, ordnen sich den Bären, Schlangen etc. zu, je nachdem, was ihnen am besten gefällt. Die Gruppen sollten allerdings in etwa gleich groß sein, vor allem nicht zu viele Kinder, da diese sehr laut sind und sonst die anderen übertönen.

Der Trainer gibt wie ein Dirigent den jeweiligen Einsatz: Erst die Bären, dann kommen in der zweiten Runde die Perlhühner hinzu, dann die Schlangen und zuletzt die Kinder. Wenn alle gleichzeitig ihre Sprüche im Rhythmus sagen, gehen auf ein Zeichen alle kreuz und quer durch den Raum.

Teil V: Ohne Sinn und Verstand

Abb.: Besuch im Zoo – alle laufen durcheinander

Die Konzentrationsleistung besteht darin, bei seiner Rolle zu bleiben und dies vor allem im richtigen Rhythmus. Die Teilnehmer sollten sich nicht von den anderen aus dem Konzept bringen lassen.

Nach einer Weile schlägt der Trainer auf einen Gong und alle gehen sprechend in ihre Ecken zurück, immer noch ihre Rolle beibehaltend. Dann bringt der „Dirigent" in umgekehrter Reihenfolge zuerst die Kinder zum Verstummen, dann die Schlangen, dann die Perlhühner und schließlich die Bären.

Bemerkungen   Dieses Spiel sollte man nicht am ersten Tag eines Seminars einsetzen, sondern erst, wenn die Telnehmer schon locker sind und man eine spielfreudige Gruppe hat. Wer unsicher ist, kann auch vorher fragen: *„Habt ihr Lust, mal was ganz Albernes kennenzulernen?"* Wenn dann ein *„Au ja!"* kommt, haben Sie die Erlaubnis der Gruppe.

Ein positives Beispiel
Auf einem Workshop auf der Didacta in Köln konnte ich den Erfolg eines „Tricks" erleben, den ich mal bei Michael Grinder kennenlernte, aber gar nicht bewusst anwenden wollte. Es war ein Workshop mit dem Thema „Lernen in Bewegung", wo ich verschiedene Spiele und Bewegungsübungen für Seminare vorstellte – auch ein paar alberne.

Zwischendurch erwähnte ich einige Male: *„Es gibt ein noch viel alberneres Spiel – aber das machen wir hier nicht."* Ich erwähnte dies eigentlich nur zur Beruhigung und Ermutigung, sich doch auf ein eher harmloses Spiel einzulassen, das ich gerade vorstellte. Die Reaktion der Teilnehmer war dann aber: *„Och, können wir nicht auch das ganz alberne Spiel machen?"* Ich hatte (in diesem Fall ohne es zu wollen) heftige Neugierde unter den Teilnehmern geweckt, so dass sie schließlich ganz heiß drauf waren, auch dieses ultimativ alberne Spiel kennenzulernen.

Nachhaltige Wirkung von Perlhühner und Co.

Bei einer Trainer-Ausbildung im Sommer 2007 traf das Spiel auf eine solche Zustimmung, dass ich später von den Teilnehmern ein T-Shirt erhielt, zusammen mit einem Gruppenfoto der Teilnehmer, auf dem alle das selbe T- Shirt mit dem Aufdruck *www.perlhuhn-consulting.com* trugen. Sie haben sogar eine Webseite gleichen Namens eingerichtet, um auch nach der Ausbildung Kontakt zu halten und sich weiter zu unterstützen. Wenn das nicht ermutigend ist!

Thema: Motivation

Brückenschlag

Dieses Spiel habe ich einmal in einem Seminar zum Thema „Motivation" eingesetzt. Dort hatte ich ganz spontan und mehr im Scherz Folgendes erwähnt: *„Wir haben uns ja heute mit dem Thema ‚Ziele' beschäftigt. Oft begegnen wir Hindernissen und Ablenkungen auf unserem Weg zum Ziel. Bei diesem Spiel könnt ihr üben, euch nicht beirren zu lassen und weiter bei eurer Aufgabe zu bleiben."*

Dann haben wir das Spiel wie oben beschrieben durchgeführt. Bei der Auswertung am Ende des Seminars meinte ein Teilnehmer: *„Bei diesem Spiel sind mir die wichtigsten Erkenntnisse gekommen"* (im Zusammenhang mit meiner einleitenden Bemerkung vor dem Spiel).

Thema: Zeitmanagement

Im Zusammenhang mit diesem Thema bekommen die Tiere und Kinder noch eine andere Bedeutung:
- Bären: B-Aufgaben in Ruhe und Muße
- Perlhühner: C- und D-Aufgaben – sie tun ganz wichtig und hektisch

- Schlangen: sie verjagen Zeitfresser und Störfaktoren
- Kinder: A-Aufgaben, laut und dringend

Das Spiel kann dabei genauso wie beschrieben ablaufen (der Trainer erklärt vorher die andere Bedeutung der Rollen), oder Sie legen den Figuren andere Texte in den Mund. Ich finde es aber witziger, wenn es sich reimt – und dazu etwas Passendes zu finden, ist nicht immer ganz so einfach. Eine Möglichkeit:

Bären
„Langfristig, wir denken langfristig, das macht uns so dschubbi dubbi duaa, chachacha."

Schlangen
„Ach, die vielen Störer, machts Arbeiten nur schwörer,
husch husch, geht doch alle fort von mir.
Huch, wieder ein Zeitdieb, huch, den hab ich nicht lieb,
husch, husch, geht doch alle fort von mir."

Perlhühner
„Gock, gock, gook – gock, gock, gook" (im Sinne von viel Geschrei um Nichts)
(oder) *„Ich will draaan, ich will draaan!"*

Kinder
„Das muss ganz ei-lig sofort, das muss ganz drin-gend sofort!"

Thema: Veränderung (im Betrieb, in der Organisation)
Bären
„Ändern, wir wollen ändern, das macht uns so dschubbi dubbi duaa, chachacha."

Schlangen
„Hach, bin ich ein Feigling, nein da will ich nicht hin,
husch husch geht doch alle fort von mir."

Perlhühner
(Sträuben sich natürlich auch gegen Veränderungen und benehmen sich wie „aufgescheuchte Hühner"), entweder das klassische:
„Gock, gock, gook – gock, gock, gook." oder
„Das will ich niiicht – ich hab so Aaangst."

Kinder
(Mutig und offen für Neues, voller Tatendrang) *"Wir packen's gleiiich richtig an."*
Oder *"Wir legen gleiiiich richtig los!"*
Oder was auch immer Ihnen an aufmunternden Appellen einfällt und was man in diesem Rhythmus rufen kann.

Das doppelte Lottchen

Ziel/Wirkung: *Konzentration, Lachen*
Material: –
Vorbereitung: –
Teilnehmerzahl: *ab 10 Personen*
Form: *im Kreis/sitzend/zwei vorne*
Dauer: *5-10 Minuten*

Zur Methode Hier agieren zwei Teilnehmer zusammen zur Gaudi der Zuschauenden.

Verlauf Zwei Teilnehmer sitzen nebeneinander und haben eine Decke oder einen Mantel so umgehängt, dass nur ihre beiden Köpfe darüber hinausschauen. (Wir haben es auch schon bei einer Zugfahrt gespielt, wo die zwei Köpfe über die Rückbank schauten.) Die anderen Teilnehmer stellen nun nacheinander Fragen an die beiden. Diese müssen gleichzeitig – und möglichst das Gleiche – antworten. Dazu ist es erforderlich, dass sich die beiden anschauen und aus der Mundbewegung des anderen zu erraten versuchen, was dieser wohl sagen will. Dadurch entstehen eine sehr schleppende Art zu sprechen und viel Komik, vor allem, wenn sie dann doch mit unterschiedlichen Antworten rausplatzen.

Beispielsfragen:
- Was ist euer Lieblingsessen?
- Wohin fahrt ihr gerne in Urlaub?
- Wo wohnt ihr?
- Welchen Beruf habt ihr?
- Was macht ihr heute Abend?

Drache Prinz Prinzessin

Ziel/Wirkung: *Bewegung, Strategie*
Material: –
Vorbereitung: –
Teilnehmerzahl: *ab 10 Personen*
Form: *2 Reihen gegenüber/stehend*
Dauer: *5 Minuten*

Zur Methode

Dieses Spiel verkaufe ich immer als „Strategie-Spiel", was es auch ist. Daher erlebe ich dabei immer eine große Akzeptanz. Die Teilnehmer lassen sich darauf ein und es macht ihnen offensichtlich Spaß, denn es ertönt immer ein *„Oh, wie schade"*, wenn ich das Spiel beende.

Drei Runden sind das Mindeste, damit man einen Sieger ermitteln kann, ansonsten können Sie auch fünf spielen. Zu lange sollten Sie es nicht spielen, irgendwann geht der Spaß verloren ...

Abb.: Prinz und Drache treffen aufeinander
(Foto von Dagmar von Consolati)

Verlauf   Das Prinzip ist das Gleiche wie bei „Schere Stein Papier". Sie stellen zunächst einmal die drei Rollen vor.

- Der Prinz: macht einen Schritt nach vorne, führt mit dem rechten Arm einen Schwertschlag aus, und ruft dabei *„Ha!"*
- Der Drache: reißt beide Arme nach oben, formt die Hände zu Krallen und faucht bedrohlich (siehe Foto).
- Die Prinzessin: stemmt einen Arm in die Hüfte, die andere Hand hält sie als Krönchen auf dem Kopf. Sie dreht sich mit Trippelschrittchen um sich selber und zwitschert dabei mit hoher Stimme *„Huuuuu"*.

Nun werden zwei Gruppen gebildet. Jede Gruppe berät sich heimlich, welche der drei Figuren sie wählt. Dann stellen sich die Gruppen in zwei Reihen gegenüber. Nach der Ansage des Trainers: *„Eins-zwei-drei"* – machen bei drei alle gleichzeitig ihre vorher abgestimmte Figur.

Wer gewonnen hat, bestimmen die Regeln, die nun vom Trainer verkündet werden:
- Wenn der Prinz und Drachen aufeinanderstoßen, gewinnt der Prinz, weil er dem Drachen den Kopf abschlägt.
- Kommen Drachen und Prinzessin zusammen, gewinnt der Drache, weil er die Prinzessin raubt.
- Bei Prinz und Prinzessin gewinnt letztere, weil sie den Prinzen bezaubert.

Die Punkte werden gezählt. Bei wenig Zeit machen Sie drei Runden, dann wird der Gewinner belohnt. Bei mehr Zeit und Spaß können auch mehr Runden gespielt werden, vor allem, falls ein Patt auszuspielen ist.

Bemerkungen   Die Beratungen nach der ersten Runde sind das Spannende an diesem Spiel. In der ersten Runde werden die Rollen noch beliebig eingenommen, aber danach wird überlegt: *„Denken jetzt die anderen, wir machen wieder das Gleiche oder nicht? Oder denken sie, dass wir das denken ... und deshalb machen sie ..."*

Mir sind später noch andere Varianten begegnet, beispielsweise mit Samurai, Tiger und Oma.

Erbsen rollen über die Straße

Ziel/Wirkung: *Lachen*
Material: –
Vorbereitung: –
Teilnehmerzahl: *ab 7 Personen*
Form: *Stuhlkreis/sitzend*
Dauer: *5 Minuten*

Zur Methode

Die Methode stammt aus dem Kindergartenbereich (Portmann-Schneider), ist für Erwachsene ebenso aufmunternd. Wenn die richtige Stimmung da ist, kann es sehr schön nach einer Pause oder zwischen eher theoretischen oder anstrengenden Einheiten eingeschoben werden. Die Teilnehmer haben Spaß, lachen eine Runde – und sind anschließend wieder fit für die Arbeit.

Verlauf

Alle sitzen im Kreis. Sie machen als Trainer die Bewegungen einmal vor und sprechen dazu folgenden Text:
„Erbsen rollen über die Straße – und dann sind sie platt.
Oh, wie schade. Jammer, jammer schade!"

Die Bewegungen dazu:

„Erbsen rollen über die Straße" – dabei lassen Sie die Finger von oben nach unten über die Oberschenkel bis zu den Knien laufen.

„… und dann sind sie platt" – dabei schlagen Sie die flachen Hände auf die Oberschenkel.

„Oh, wie schade" – bei *„Oh"* die linke Hand vor den Mund schlagen, bei *„schade"* mit der rechten Hand sanft auf den Kopf schlagen.

„Jammer, jammer schade" – bei *„Jammer, jammer"* zweimal die linke Hand vor den Mund schlagen, bei *„schade"* die rechte Hand wieder auf den Kopf.

Weiterer Verlauf
Das war jetzt nur das Grundgerüst. Das Spiel lebt von den Varianten, die Sie nach und nach ankündigen und einfach loslegen, die Teilnehmer steigen dann auf ihre Weise ein. Sie als Trainer sollten die Stimmungen sehr übertrieben darstellen, dann trauen sich auch die Teilnehmer eher.

▶ Traurig
„Das ist ja eine sehr traurige Geschichte und daher sagen wir das jetzt ganz traurig."
(Mit weinerlicher zittriger Stimme, heulend)

▶ Lustig
„Manche Menschen finden das hingegen wieder lustig."
(Ausschütten vor Lachen, kichern usw.)

▶ Als Krimi
„Jetzt machen wir das Ganze als Krimi."
(Geheimnisvolle leise Stimme, plötzlicher Aufschrei bei *„Platt"* wie ein Pistolenschuss)

▶ Eingebildet, arrogant
(Mit hochnäsiger Stimme und Mimik)

▶ Verliebt
(Verliebt über die Beine streichen, die Augen zum Himmel drehen etc. Diese Variante wirkt oft leicht schwachsinnig :))

▶ Betrunken
(Lallend sprechen, bei den Bewegungen nicht richtig treffen, daneben hauen)

- Als Oper
(Arien schmetternd den Text singen, das trauen sich nicht alle, aber wenn Sie hemmungslos singen, steigen einige mit ein, der Rest lacht sich schlapp)

- Als Opa
(Mit einem Krückstock unter dem Arm und ohne Zähne sprechen)

- Als Oma
(Mit zwei Stricknadeln rechts und links unter dem Arm)

Teil V: Ohne Sinn und Verstand

Gefrohrene Schuhe

Ziel/ Wirkung: *Bewegung, Geschicklichkeit*
Material: *Musik, jeder Teilnehmer ein Schuh*
Vorbereitung: –
Teilnehmerzahl: *ab 7 Personen*
Form: *im Raum verteilt/sich bewegend*
Dauer: *5 Minuten*

Zur Methode Manche Teilnehmer haben vielleicht Schwierigkeiten damit, einen Schuh auszuziehen und sich auf den Kopf zu stellen. Unempfindlichere Gemüter finden dieses Spiel nett. Es sieht witzig aus – manche Schuh-Kopf-Kombinationen sehen wie mittelalterliche Hut-Varianten aus. Außerdem kann man sehen, wer anderen hilft und sich über die steife Bewegungsart amüsieren.

Verlauf Alle laufen (zur Musik) durch den Raum, jeder balanciert einen Schuh auf seinem Kopf. Immer wenn ein Schuh herunterfällt, muss der entsprechende Teilnehmer seine Bewegungen solange „einfrieren", bis ein anderer Teilnehmer sich erbarmt, den Schuh aufhebt und ihm diesen wieder auf den Kopf stellt oder legt. Dabei muss der Helfer natürlich aufpassen, dass der eigene Schuh nicht herunterfällt. Er muss sich mit äußerst aufrechtem Oberköper bücken, was sehr steif – und dadurch sehr lustig – aussieht.

Abb.: Gefrohrene Schuhe (Foto von Lisa Wülbeck)

Hochstapelei

Ziel/Wirkung: *Bewegung, Körperkontakt*
Material: *–*
Vorbereitung: *–*
Teilnehmerzahl: *10 Personen*
Form: *Stuhlkreis/sitzend*
Dauer: *5 Minuten*

Zur Methode

Da hier intensiver Körperkontakt entsteht, kann man es nicht mit jeder Gruppe spielen.

Verlauf

Alle sitzen in einem Stuhlkreis. Nun stellt einer nach dem anderen eine Frage an die Gruppe, die mit „Ja" oder „Nein" beantwortet werden kann (Beispiele: *„Bist Du Linkshänder?"* – *„Bist Du am Rhein geboren?"* – *„Magst Du Schokolade?"* – *„Hast Du eine Schwester?"*).

Wer auf diese Frage mit „Ja" antworten kann, rückt auf den Stuhl zur rechten Seite, wer mit „Nein" antwortet, rückt auf den linken Stuhl. Wenn auf dem Stuhl schon jemand sitzt, setzt man sich einfach auf den Schoß. Das Spiel kann so lange gespielt werden, bis alle auf einem Stuhl landen …

Teil V: Ohne Sinn und Verstand

Leipziger Messe

Ziel/Wirkung: *Bewegung, Lachen*
Material: –
Vorbereitung: –
Teilnehmerzahl: *ab 10 Personen*
Form: *Stuhlkreis/sitzend*
Dauer: *5-10 Minuten*

Zur Methode

Vorsicht: Die Übung ist höchst albern und bringt die gesamte Gruppe an den Rand des Lach-Wahnsinns und der körperlichen Anstrengung! Mir selber tut jedes Mal der Hinterkopf weh vor Lachen. Warum gerade der Hinterkopf, weiß ich auch nicht, vielleicht durch die spezielle Kombination der Bewegungen.

Verlauf

1. Runde

Alle sitzen im Kreis. Als Trainer (A) beginnen Sie und sagen zu Ihrem linken Nachbarn (B):
„Ich war gestern auf der Leipziger Messe."

B: *„Und, hast Du mir was mitgebracht?"*
Trainer (A): *„Ja, eine Säge"* – und führen dazu eine Sägebewegung mit dem rechten Arm aus, den Sie vor und zurück bewegen. Das behalten Sie nun die ganze Zeit bei.

B wendet sich an seinen linken Nachbarn C:
B: *„Ich war gestern auf der Leipziger Messe."*
C: *„Und, hast Du mir was mitgebracht?"*
B: *„Ja, eine Säge"* – B macht die Sägebewegung mit dem rechten Arm usw.

Leipziger Messe

Es pflanzt sich also durch die ganze Runde fort, bis alle sägen und der Letzte wieder beim Trainer landet.

2. Runde
Trainer (A) sagt zu B:
„Ich war gestern wieder auf der Leipziger Messe."
B: *„Und, hast Du mir wieder was mitgebracht?"*
A: *„Ja, einen Fächer"* – und macht fächelnde Bewegungen mit der linken Hand.

Das in Kombination mit dem rechten sägenden Arm wird schon schwierig und sieht ungeheuer komisch bis dämlich aus. Auf diese Weise geht es wieder den ganzen Kreis herum.

3. Runde
„... eine Nähmaschine" – dazu Bewegungen mit dem rechten Bein, als ob man auf den Fuß einer alten Nähmaschine tritt.

4. Runde
„... einen Schaukelstuhl" – mit dem ganzen Oberköper gleichzeitig vor und zurück schaukeln.

Inzwischen sind alle schon völlig fertig vor Anstrengung und vor Lachen ...

5. und letzte Runde
„... einen Papagei" – der die ganze Zeit mir krächzender Stimme *„Lore, Lore"* ruft.

Abb.: Leipziger Messe

Meine Biber

Ziel/Wirkung: *Rhythmus, Bewegung, Singen*
Material: –
Vorbereitung: –
Teilnehmerzahl: *ab 10 Personen*
Form: *Stuhlkreis/sitzend*
Dauer: *5 Minuten*

Zur Methode Es wird im Rhythmus ein Text gesungen (oder gesprochen) und dazu verschiedene Klatschbewegungen mit den Händen durchgeführt – wie wir es vom Kindergarten her kennen. Dennoch (oder gerade deshalb?) ist es nicht so einfach, fordert und fördert die Konzentration – und es könnte auch dabei gelacht werden.

Verlauf Alle sitzen im Kreis (oder auch in Reihen), singen und klatschen dabei im Rhythmus des Gesangs in die Hände.

Möglichkeiten
- ▶ Erst in die Hände klatschen und dann auf die Oberschenkel.
- ▶ Abwechselnd in die Hände klatschen, dann seitlich an die Hände des Nachbarn.
- ▶ Erste Zeile in die eigenen Hände und auf die Oberschenkel, zweite Zeile in die eigenen Hände und dann an die Hände des Nachbarn, dritte Zeile wie die erste usw.
- ▶ In Paaren gegenüber: erst auf die eigenen Oberschenkel, dann in die eigenen Hände klatschen, dann überkreuz mit der rechten Hand gegen die rechte Hand des Gegenüber klatschen, dann von vorne und mit der linken Hand.

- Händchen-Öhrchen (bekannt von Stan Laurel und Oliver Hardy). Zuerst auf die eigenen Oberschenkel, dann mit der rechten Hand an die eigene Nase fassen und mit der linken Hand an das rechte Ohr, dann spiegelverkehrt, also mit der linken Hand an die Nase und mit der rechten ans Ohr, – immer schnell im Rhythmus wechselnd.

Der (sehr sinnige) Text

Meine Biber haben Fieber, diese armen
kann sich keiner dieser Biber denn erbarmen?
Meine Biber haben Fieber, sprach der alte Meister Sieber,
hätt ich selber lieber Fieber
oder Alkohol im Haus?

Teil V: Ohne Sinn und Verstand

Pinguine und Reiher

Ziel/Wirkung: *Bewegung, Lachen*
Material: *–*
Vorbereitung: *–*
Teilnehmerzahl: *ab 10 Personen*
Form: *im Raum verteilt/stehend*
Dauer: *5 Minuten*

Zur Methode   Ein Fangen-Spiel, bei dem sich alle durch den Raum bewegen. Kennengelernt habe ich das Spiel bei Spieletrainer Axel Rachow.

Verlauf   Die Teilnehmer sind als „Pinguine" auf der Flucht vor dem „Reiher". Alle Teilnehmer bis auf den Reiher nehmen die Haltung von Pinguinen ein: kerzengerade, die Arme eng am Körper und die Hände abstehend. Sie können sich nur mit kleinen Trippelschrittchen in ihrem Käfig (eine vorher abgegrenzte Fläche im Raum) bewegen.

In diesen Käfig hinein gerät der Reiher: er bewegt sich mit steifen Beinen und großen Stelzenschritten. Mit seinem Schnabel (steife, zum Schnabel geformte Arme), pickt er nach den Pinguinen. Sobald ein Pinguin gepackt wurde, wird er auch zum Reiher und macht sich mit diesem über die flüchtenden Pinguine her.

Brückenschlag   Beim Thema „Kreative Ideenfindung und Problemlösungstechniken" werden anfangs die Brainstorming-Regeln eingeführt. „Alles ist erlaubt", „keine Kritik an dieser Stelle" usw. Dabei wird auch auf die so genannten Killerphrasen eingegangen, die sehr häufig bei gemeinsamen Brainstormings im Team geäußert werden und jegliche Kreativität im Ansatz ersticken. Daher sind Killerphrasen verboten! Das Spiel lässt sich wunderbar in diesem Zusammenhang als Aktivierung einsetzen.

Seminar zu Kreativität: Killerphrasenfresser

Die Pinguine fungieren nun als Killerphrasen: jeder Teilnehmer wählt eine Killerphrase aus, die er ständig laut vor sich hersagt (*„Das haben wir noch nie so gemacht. Das haben wir noch nie so gemacht ..."*), während er in der oben beschriebenen Weise durch den Raum trippelt und vor dem Killerphrasenfresser flieht. Der Reiher ist nun der Killerphrasenfresser. Das Spiel verläuft wie oben beschrieben, bis alle Killerphrasen verschwunden sind. Nun steht der freien Kreativität nichts mehr im Wege.

Selbstcoaching: Glaubenssatzfresser

Glaubenssätze sind Überzeugungen, die wir uns aus bestimmten Erfahrungen gebildet oder von anderen übernommen haben. Damit machen wir uns das Leben oft schwer, denn wir verschließen uns vor der Möglichkeit, andere, vielleicht viel positivere Erfahrungen zu machen.

Die Pinguine sind nun die Glaubenssätze (auch hier kann jeder Pinguin einen Satz sagen: *„Mein Vorgesetzter hat was gegen mich"* oder: *„Ich bin immer etwas langsamer als die anderen"*), die Reiher vernichten diese Störfaktoren, sind also die Glaubensatzfresser.

Teil V: Ohne Sinn und Verstand

Schuhsalat

Ziel/Wirkung: *Bewegung, Körperkontakt*
Material: *Schuhe der Teilnehmer*
Vorbereitung: *–*
Teilnehmerzahl: *ab 10 Personen*
Form: *im Raum verteilt/stehend*
Dauer: *5 Minuten*

Zur Methode Das ist kein Spiel für (geruchs-)empfindliche Gemüter – wir haben es trotzdem jahrelang mit Vergnügen in unseren Seminaren gespielt.

Abb.: Schuhsalat – die Schuhe stehen als Paar nebeneinander

Verlauf Jeder Teilnehmer zieht seine Schuhe aus. Alle werden in der Mitte aufgetürmt. Dann geht jeder hin und sucht sich zwei Schuhe aus, die nicht zusammengehören und die nicht die eigenen Schuhe sind. Erst danach geben Sie als Trainer die weiteren Anweisungen:

Schuhsalat

„Jeder zieht nun die ausgesuchten Schuhe an, schlurft herum und sucht nach den Partnern, die den jeweils anderen Schuh haben. Wenn ihr euch gefunden habt, stellt euch so hin, dass die Schuhe als Paar nebeneinander stehen."

Das kann zu größeren Verrenkungen bis hin zum Spagat führen, da die beiden Partner vielleicht an ganz unterschiedlichen Stellen schon verbunden sind. Manchmal muss man sich auch an Nachbarn festhalten, um bei der Verdrehung nicht umzufallen.

Siamesische Zwillinge

Ziel/Wirkung: *Lachen*
Material: –
Vorbereitung: –
Teilnehmerzahl: *ab 10 Personen*
Form: *Stuhlkreis/sitzend*
Dauer: *5 Minuten*

Zur Methode

Ein albernes Spiel, bei dem vor allem die Zuschauer Spaß haben, aber auch die beiden Akteure, die nach einiger Zeit gewechselt werden.

Verlauf

Zwei Teilnehmer stehen dicht hintereinander, der hintere hat seine Arme in eine Jacke gesteckt, die verkehrt herum vor dem ersten Teilnehmer hängt, also mit dem Jackenrücken nach vorne. Der vordere Teilnehmer hält eine Rede (seine Arme sind nicht sichtbar), während der hintere passend dazu mit Händen und Armen gestikuliert. Das sieht sehr komisch aus!

Brückenschlag

Setzen Sie das Spiel doch einmal im nächsten Kommunikations- oder Rhetorik-Seminar ein. Man kann auch damit auf lebendige Weise „Freies Sprechen" im Sprachunterricht üben, da der Fokus von dem inhaltlichen Aspekt der „Rede" abgelenkt wird und sich der Sprecher durch das alberne Moment etwas entlastet fühlt.

Teil VI

Spielend lernen –
Lernspiele

Dieses Kapitel fällt auf den ersten Blick etwas aus dem Rahmen. In allen anderen Kapiteln werden Spiele vorgestellt, die eine positive Wirkung auf das Lernen entfalten, indem sie die Teilnehmer wieder munter und konzentriert machen. Hier erhalten Sie eine vielfältige Sammlung an Spielen, die ausdrücklich dem Lernen dienen.

In Fachtrainings müssen in erster Linie Inhalte vermittelt werden, oft sogar sehr trockene und sperrige. Da sind Lernspiele eine große Erleichterung für Trainer und Teilnehmer. Sie müssen sich nicht durch Folien voller Listen, Statistiken, Gesetze und Tabellen quälen, sondern können sich den Lernstoff spielerisch aneignen. Viele der dafür erforderlichen Materialien (beispielsweise Karten) können von den Teilnehmern selbst hergestellt werden, wobei sie bereits beim Anfertigen das meiste des Lernstoffs lernen. Das bringt Ihnen als Lehrender einen enormen Zeitvorteil.

Die Spiele sind ihrem Niveau nach geordnet: Im ersten Teil finden Sie Spiele, die dem reinen „Einschleifen" von Fachinhalten dienen. Hier werden Begriffe oder Vokabeln einfach nur „gelernt", ohne tiefergehende Erkenntnisse oder deren selbstständige Anwendung. Im zweiten Teil finden Sie Spiele, die von den Teilnehmern das Bilden eigener Variationen des Gelernten erfordern, und bei denen es schon um selbstständige Anwendung geht. Im „Suggestopädischen Kreislauf" werden diese beiden Phasen als „Erste Aktivierung" (auch Primäre Aktivierung) und „Zweite Aktivierung" (auch Sekundäre Aktivierung) bezeichnet. Die „Primäre Aktivierung" ist die Übungsphase, die „Sekundäre Aktivierung" dann die Anwendungsphase.

Der dritte Teil behandelt eine spezielle Form der Lernspiele, nämlich das Brettspiel. Wir alle kennen Brettspiele. Sie sind jedem vertraut und daher wie geschaffen, um Teilnehmer auf spielerische Art dazu zu bringen, das Gelernte anzuwenden und zu erproben. Ein Spielbrett mit allem Drum und Dran vorzubereiten, bedeutet für den Trainer zunächst Aufwand. Dafür kann ein einmal angefertigtes Spielbrett wiederholt eingesetzt werden und macht auf jeden Fall optisch etwas her.

Auf einen Blick

1. Aktivierung

Ball-ade 221
Bewegungs-Lernen 222
Bingo...226
Chef-Vize mit Fachbegriffen...............227
Domino..228
Früchtekorb.......................................230
Handy-Spiele 232
Heißer Ball 234
Karten legen......................................236
Karten stellen....................................237
Kartenspiel 240
Lernstraße..241
Memory...243
Partnersuche....................................245
Perlen-Kette 246
Puzzle..247
Quiz 249
Wörter suchen 251
Wort-Geschichte...............................252

2. Aktivierung

Auf der Couch...................................253
Bild und Wort 255
Die Kündigung...................................258
Domino-Fragen 260
Domino zur Integration
des ganzen Seminars 262
Dosen schießen................................265
Es macht Sinn...................................268
Hop oder Top 270
Klatschmohn 272
Koffer packen 275
Kreativ-AGs 277
Kreuzworträtsel 280
Mind Map auf dem Boden 284
Passt 287
Rundfunk...289
Songline-Lernstraße 291
Versteigern.......................................293
Wer bin ich? 295
Wirf mal die Spaghetti rüber.............296
Würfelspiel auf dem Boden...............298

Brettspiele

Motivations-Bingo 301
Praxisspiel-Erfahrungsaustausch.........304
Türkeireise-Spiel 307
Fremdsprachen oder Fachbegriffe lernen.311
Ziele-Lotto 313

1. Aktivierung: Übungsphase

Ball-ade

Ziel/Wirkung: *Sprachunterricht, Kreativität, Rhetorik*
Material: *Ball*
Vorbereitung: *–*
Teilnehmerzahl: *ab 5 Personen*
Form: *Stuhlkreis/sitzend*
Dauer: *5 Minuten*

Zur Methode

Eine Übung nach dem suggestopädischen Trainer Tony Stockwell – etwas verändert und ergänzt. Sie ist für den Sprachunterricht oder als kleine Kreativ-Übung für zwischendurch geeignet (dann sollte auf Tempo gespielt werden).

Verlauf

Sie werfen einem Teilnehmer einen Ball zu und beginnen einen Satz. Der Teilnehmer setzt den Satz fort und wirft Ihnen den Ball zurück. Sie können dann den Satz noch einmal wiederholen oder den Satz weiterführen und einem anderen Teilnehmer den Ball zuwerfen.

Variante

▶ In einer fortgeschritteneren Phase können auch die Teilnehmer Satzanfänge bilden und den Ball einem anderen zuwerfen.
▶ Jeder sagt jeweils nur ein Wort.
▶ Im Sprachunterricht kann man hier auch Dialoge üben oder die Sätze zu einem bestimmten Thema auswählen.

Bewegungs-Lernen

Ziel/Wirkung: *Bewegung und Energieaufbau, Einführung oder Wiederholung von Listen, Abläufen, Reihenfolgen, Schlüsselworten*
Material: *Flipchart*
Vorbereitung: *Bewegungen ausdenken und aufs Flipchart notieren*
Teilnehmerzahl: *beliebig*
Form: *im Kreis/stehend*
Dauer: *5 Minuten*

Zur Methode

Eine ungewöhnliche, aber wirkungsvolle Methode. Sie kann helfen, trockene Fakten oder Listen auswendig zu lernen, gleichzeitig kann sie die Funktion einer Energieaufbauübung haben. Die Teilnehmer bewegen sich, haben Spaß und werden wach. Sie können sich anschließend wieder besser konzentrieren. Vor allem kinästhetische und auditive Lerner, die oft zu kurz kommen, profitieren von dieser Methode – sie bewegen sich und sprechen den Text selber. Sie können diese Methode nutzen, um in ein Thema einzuführen, als Vertiefung eines Themas oder zum Auswendiglernen.

Verlauf

Sie haben eine Liste von Begriffen, Handlungsabläufen, Arbeitsabläufen, Versicherungsbedingungen – oder was auch immer Ihre Teilnehmer lernen sollen. Statt ihnen nun abstrakte Wörter oder trockene Regeln vorzusetzen, verbinden Sie jeden Begriff mit einer ausdrucksstarken Körperbewegung, die alle gemeinsam ausführen. Gleichzeitig wird der entsprechende Begriff oder Satz gemeinsam gesprochen.

Die Bewegung kann den Begriff illustrieren, übertreiben oder verfremden: wichtig ist, dass sie dazu verhilft, sich den Sachverhalt leichter zu merken. Sie sollte witzig oder außergewöhnlich sein. Die einzelnen Bewegungen sollten auch sehr unterschiedlich sein, sonst gibt es ein Durcheinander in der Erinnerung.

Die Begriffe stehen für alle sichtbar auf einem Flipchart. Die Teilnehmer stehen im Kreis oder so im Raum verteilt, dass alle Sie sehen können. Nun sprechen Sie den ersten Begriff oder Satz vor und führen dazu gleichzeitig die Bewegung aus. Danach sprechen und bewegen die Teilnehmer die Sequenz nach. Dann kommt der zweite Begriff hinzu, der dritte usw.

Wenn es wirklich um richtiges „Auswendiglernen" geht und nicht nur um einen Energieaufbau, der in Verbindung zum Seminarthema steht, verfährt man nach folgendem Muster:

- ▶ Führen Sie die ersten drei Begriffe nacheinander ein.
- ▶ Dann wiederholen Sie von vorne.
- ▶ Führen Sie die nächsten drei Begriffe ein.
- ▶ Wiederholen Sie alles von vorne usw.

Bemerkungen

Damit die Bewegungen „merk"-würdig sind, sollten sie besser nicht einfach pantomimisch das darstellen, was gelernt werden soll. Das ist in den seltensten Fällen witzig und bringt auch keinen Erkenntniswert. Die Teilnehmer wissen in der Regel, wie ein Bewerbungsschreiben aussieht. Außerdem sind beispielsweise reine Schreibbewegungen nur dann verständlich, wenn man weiß, worum es geht. Das Bild als solches prägt sich nicht gut ein.

Die Gefahr der reinen Pantomime besteht allerdings nur bei konkreten praktischen Themen (*„Wie baue ich einen Schrank?"*). Abstrakte Themen eignen sich ohnehin meist besser für diese Methode, da sie ja nur dann eingesetzt wird, wenn es darum geht, sich schwierige Abläufe oder Begriffe zu merken. Die konkreten Bewegungen (und die damit verbundenen inneren Bilder) bilden dann eine gute Merkhilfe für die abstrakten Begriffe.

Ein besonderer Vorteil

Was ich an der Methode sehr schätze (außer, dass sie mir als Teil-Kinästhetin großen Spaß macht), und womit ich sie auch bei

Trainern und Lehrern immer anpreise: Sie erfordert so gut wie keine Vorbereitung. Wenn ich als Trainerin das Prinzip grundsätzlich verstanden habe, kann ich die Methode aus dem Stegreif einsetzen. Oder auf dem Weg zur Arbeit, im Auto, in der Bahn ... Die Lerninhalte (die Listen, Begriffe) kenne ich ja schon – schließlich handelt es sich um den Stoff, den ich vermitteln will. Ich muss mir nur entsprechende Bewegungen ausdenken und die Begriffe auf ein Flipchart schreiben. Es macht mir als Trainerin außerdem auch großen Spaß, mir solche Bewegungen auszudenken und meinen kreativen Drang ausleben zu können.

Brückenschlag **Thema Motivatoren (nach Alexander Christiani)**

Selbst in Aktion sein	Laufbewegungen mit angewinkelten Armen
Vorbildern zuschauen	Bilderrahmen mit Zeigefinger der rechten und linken Hand zeichnen
Vergangene Ereignisse	Sich nach hinten drehen und schauen, ohne die Füße zu verstellen
Zukunftsperspektive	Beide Arme nach vorne strecken mit offenen Händen
Identifikation mit dem Sinn der Aufgabe	Beide Hände auf den Kopf legen
Wohlgefühl während des Ereignisses	Sich selbst umarmen und hin und her wiegen
Wettkampf-/rekordorientiert handeln	Boxbewegungen
Allein arbeiten	Mit der einen Hand auf sich zeigen und einen Finger der anderen Hand hochhalten
Companionship	Sich bei Nachbarn einhaken
Herausforderung	Arme in die Hüfte stemmen, Bein vor, geschwellte Brust
...	...

1. Aktivierung: Übungsphase

Thema: Marketing

Kompetenzschwerpunkt	Muckis zeigen
Ziele formulieren	Schütze
Positionierung (USP)	Sich deutlich auf einen Platz stellen und mit dem Finger auf sich selber zeigen
Stallgeruch (ZG vertraut)	Nase zuhalten
Gefühle auslösen	Hand aufs Herz
Aktiv-Formulierungen	Joggen
Positive Inhalte	Sich auf die Schulter klopfen
...	...

Thema: Zeitmanagement

Pareto-Prinzip • 20% bewirken ... • 80% des Ergebnisses	- In die Knie gehen ... - Aufrichten
ALPEN-Methode • Aufgaben auflisten • Länge der Aktivität bestimmen • Pufferzeiten einplanen • Entscheidungen über Prioritäten • Nachkontrolle	Kletter-Bewegungen - 1., 2., 3. mit Finger - Arme weit auseinander - Boxbewegungen - Finger an Kopf, Denkposition einnehmen - Sich nach hinten drehen
Vier Quadranten	Arme überkreuzt
Störfaktoren beseitigen	Um sich schlagen, abwehren
Zeitdiebe stoppen	Gebückt schleichen, Uhr in einem imaginären Sack überm Rücken
Rollenhüte definieren	Hut aufsetzen
Werte	Hand aufs Herz
...	...

Teil VI: Spielend lernen

Bingo

Ziel/Wirkung: *Sprachunterricht, Fachunterricht*
Material: *Flipchart*
Vorbereitung: *Flipchart vorbereiten*
Teilnehmerzahl: *beliebig*
Form: *Stuhlkreis/an Tischen/sitzend*
Dauer: *5 Minuten*

Zur Methode

Dieses Spiel kann man als kleinen „Pausenfüller" einsetzen oder wenn die Teilnehmer wirklich schwierige Begriffe oder Vokabeln lernen müssen. Ansonsten ist es eher für Anfänger-Sprachunterricht mit (beispielsweise ausländischen) Schülern geeignet, die Schwierigkeiten mit der Rechtschreibung haben.

Verlauf

Auf der Tafel oder an einem Flipchart stehen zum Beispiel Fachbegriffe oder Schlüsselwörter zum Thema. Jeder Teilnehmer hat ein Blatt mit neun leeren Feldern. Die Aufgabe besteht darin, neun beliebige Begriffe vom Flipchart in die Felder zu übertragen. Anschließend lesen Sie als Trainer kreuz und quer einzelne Begriffe vor, und jeder, der diesen Begriff notiert hat, streicht ihn auf seinem Blatt durch. Wer als Erster alle neun Begriffe durchstreichen konnte, ruft „Bingo!" und hat gewonnen.

Ziel der Übung

Hier werden schwierige Begriffe wiederholt und gelernt. Es ist eine ruhigere, konzentrierte Übung, bei der auch das Schreiben mitgeübt wird.

1. Aktivierung: Übungsphase

Chef-Vize mit Fachbegriffen

Ziel/Wirkung: *Fachbegriffe oder Vokabeln einschleifen, Konzentration*
Material: *Flipchart*
Vorbereitung: *Flipchart vorbereiten*
Teilnehmerzahl: *ab 7 Personen*
Form: *Stuhlkreis/sitzend*
Dauer: *5 Minuten*

Zur Methode

Die Originalfassung dieser Übung ist im ersten Kapitel erläutert (s. Seite 40). Bei der Lernspiel-Variante haben die Teilnehmer nun keine Zahlen, sondern einen Fachbegriff. Im Raum steht ein vorbereitetes Flipchart, auf dem die Fachbegriffe stehen. Man kann das gleiche nehmen wie zum „Früchtekorb" (Seite 230).

Verlauf

Jeder Teilnehmer sucht sich einen Begriff vom Flipchart aus, so dass alle Begriffe verteilt sind. Jeder Begriff sollte nur einmal vergeben werden. Dann fängt A an: Klatsch – klatsch, beim linken Schnipsen nennt er seinen eigenen Begriff: „*Hammer*"; beim rechten Schnipsen ruft er einen anderen auf: „*Hobel*", der dann übernimmt. Bei längeren Worten scheint das schwierig bis unmöglich zu sein, aber es geht. Man muss einfach schneller sprechen.

Bemerkungen

Merkwürdigerweise fällt vielen Teilnehmern diese Variante leichter als die mit den Zahlen. Man könnte meinen, dass es schwerer ist, ein kompliziertes Wort zu sagen, doch das ist anscheinend nicht so. Auch wenn die Teilnehmer erst einmal entsetzt aufstöhnen, wenn sie die Aufgabenstellung hören …

Domino

Ziel/Wirkung: *Wiederholung*
Material: *beschriftete Karten*
Vorbereitung: *Karten beschriften*
Teilnehmerzahl: *beliebig*
Form: *Stuhlkreis/an Tischen/sitzend*
Dauer: *5 Minuten*

Zur Methode

Mit einem Domino kann man Lernstoff wiederholen. Man kann dieses Spiel als Einzelübung einsetzen, in kleinen Gruppen oder auch in der Gesamtgruppe.

Material

Verwendet werden Moderationskarten, die wie „Dominosteine" beschriftet sind, also in der Mitte durch einen Strich unterteilt sind. Auf der linken Seite steht eine Antwort (auf die Frage einer anderen Karte), auf der rechten Seite eine neue Frage.

Im Original-Dominospiel zieht jeder Teilnehmer Steine mit Punkten. Die Aufgabe besteht darin, seinen Stein an einen anderen Stein anzulegen, der die gleiche Punktzahl hat. Statt der Punkte stehen auf den Lern-Dominos Fragen und Antworten bzw. Fachbegriffe und Bilder bzw. Arbeitsschritte und Bilder bzw. Anfangs- und End-Sätze. Es ist auch möglich, zwischendurch einige offene Fragen zu stellen, auf der Antwortseite klebt dann ein leeres Post-it – der entsprechende Spieler muss frei antworten.

Verlauf

Alle Karten werden an die vorhandenen Teilnehmer verteilt. Einer beginnt und legt eine Karte ab. Alle Teilnehmer schauen nun, ob

1. Aktivierung: Übungsphase

sie eine Karte haben, die als Antwort dazu passt. Wer die richtige Karte hat, legt seine an.

Karten: Bild und Fachbegriff

Je nach Inhalt und Thema kann man die Aufgabenstellung etwas erweitern und von den Teilnehmern fordern, dass sie noch einen erläuternden Satz dazu sagen oder ein Beispiel nennen. Wir haben dieses Spiel beispielsweise in einem Seminar zum Thema „Kundenfreundlichkeit" durchgeführt, wobei es um „Zubehör" ging. Links auf der Karte war das Produkt abgebildet, auf der rechten Seite ein Zubehör.

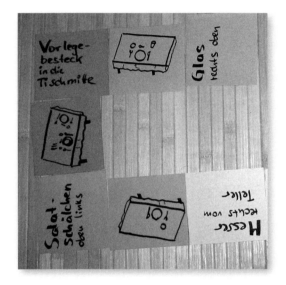

Abb.: Domino – Wort-Bild-Kombinationen. In diesem Beispiel rund ums Thema „ Tisch decken"

Karten: Fragen und Antworten

Spielform wie oben beschrieben. Hier können Sie von den Teilnehmern eine Begründung fordern, warum jemand meint, dass er die richtige Antwort abgelegt hat.

Karten: Satzanfänge und Satzenden

Diese Form ist vor allem für den Sprachunterricht geeignet, aber auch bei komplexem Lernstoff. Es können Gesetzesparagraphen sein, Arbeitsschutzbestimmungen oder andere anspruchsvolle Inhalte. Es können aber auch einfach anregende oder inspirierende Sprüche dargestellt werden.

Früchtekorb

Ziel/Wirkung: *Bewegung, Spaß, Sprachunterricht, Fachunterricht*
Material: *Flipchart mit Fachbegriffen oder Vokabeln*
Vorbereitung: *Flipchart schreiben*
Teilnehmerzahl: *beliebig*
Form: *Stuhlkreis/sitzend*
Dauer: *5 Minuten*

Zur Methode

Bei dem Spiel werden Fachbegriffe oder andere Lerninhalte eingeschliffen, vertraut, erinnert. Das geschieht eher nebenbei, da der Fokus auf dem Spiel und der Aktion liegt. Daher hat dieses Lernspiel zusätzlich noch den Effekt, die Teilnehmer wieder wach zu machen und ihre Konzentration für weiteres Lernen zu erhöhen.

Verlauf

Die Teilnehmer sitzen in einem Stuhlkreis, einer steht in der Mitte. Auf einem Flipchart oder an der Tafel stehen Fachbegriffe, die gelernt werden sollen, oder Schlüsselworte aus dem behandelten Seminarthema.

Hier ein Beispiel aus dem Thema: *„Zu guter Kommunikation gehört ..."*

Zuhören	*Dialog*	*Verstanden werden*	*Feedback*	*Toleranz*
Verstehen		*Ziele*	*Austausch*	*Ergebnis*
Sicherheit	*Klarheit*	*Respekt*	*Nachfragen*	

1. Aktivierung: Übungsphase

Ein anderes Beispiel:

Körner	Zange	Stahlhammer	Zirkel	Schutzbrille
Spiralbohrer	Gummihammer	Flachwinkel	Feilenbürste
Höhenreißer	Reißnadel	Schraubstock	Anschlagwinkel
Reifkloben	Handbügelsäge	Ringschlüssel
Gewindebohrer	Winkelmesser

Alle Begriffe stehen außerdem auf Kärtchen. Jeder Teilnehmer zieht eine Karte (damit die anderen nicht wissen, wer welchen Begriff hat).

Der Teilnehmer in der Mitte sagt nun zum Beispiel: *„In der Metallwerkstatt brauche ich: Zange, Reifkloben, Flachwinkel und Gummihammer. Das wär's!"*

Nach *„Das wär's"* müssen die Teilnehmer, die diese Begriffe haben, sofort aufstehen und ihre Plätze tauschen. Der Teilnehmer aus der Mitte versucht, einen der frei gewordenen Stühle zu erwischen. Wer übrig bleibt, macht nun weiter.

Bei dem Satz: *„In der Metallwerkstatt brauche ich alles"*, müssen alle die Plätze tauschen.

Abb.: Früchtekorb zum Thema Kreative Seminarmethoden

Teil VI: Spielend lernen

Handy-Spiele

Ziel/Wirkung: *mit allen Sinnen lernen*
Material: *Handys der Teilnehmer, Tücher*
Vorbereitung: *–*
Teilnehmerzahl: *ab 5 Personen*
Form: *Stuhlkreis/sitzend*
Dauer: *je nach Variante*

Zur Methode

Dies ist ein Beispiel, wie man die vorhandenen Interessen der Teilnehmer aufgreift und zum Lernen nutzt. Für Lehrer und Ausbilder, die mit Jugendlichen arbeiten, habe ich daher einmal ausgetüftelt, was man mit einem Handy spielerisch alles machen könnte. Ihnen fallen vielleicht noch mehr Varianten ein.

Verlauf und verschiedene Varianten

Bei den „Blinden-Varianten" reicht es entweder, dass die Teilnehmer die Augen schließen oder sie können sich Tücher um die Augen binden. Es gibt auch spezielle Stoffbrillen (ähnlich wie Schlafbrillen), aber das ist aufwendig und teuer.

Die unten vorgestellten Varianten sind zur Auswahl gedacht, Sie sollen sie nicht alle hintereinander spielen. Vor allem, wenn Sie die Variante „Klingeltöne" durchführen möchten, sollten Sie vorher nicht das Hör-Memory durchführen, sondern erst anschließend – denn sonst ist es zu einfach.

1. Aktivierung: Übungsphase

Tast-Kim

Alle Handys werden auf einen Haufen gelegt. Durch blindes Tasten muss jeder sein eigenes Handy erkennen. Entweder, indem alle gleichzeitig tasten oder einer nach dem anderen. Ein wirkliches Tast-Memory wäre es, wenn man von jedem Handy zwei Exemplare hätte. Dann bestünde die Aufgabe darin, blind tastend herauszufinden (und sich zu erinnern, wo sie liegen), welche zwei zusammengehören.

Klingeltöne

Ohne es sich vorher noch einmal anzuhören, soll jeder seinen Klingelton nachmachen: Die Teilnehmer pfeifen oder singen den Ton nacheinander. Anschließend spielt jeder seinen Ton vom Handy vor.

Hör-Memory

Lassen Sie alle Handys gleichzeitig klingeln. Daraufhin muss jeder (blind) heraushören, welches sein Handy ist und wo es sich befindet.

Verschärfte Variante: Sie lassen ein Handy klingeln, die Teilnehmer müssen das Handy dem richtigen Besitzer zuordnen (der dann natürlich nicht mitspielen darf).

SMS

Sie diktieren einen Satz aus dem Fachthema. Wer den Satz am schnellsten (und richtig) per SMS an Sie geschickt hat, hat gewonnen.

Zahlen lernen

Die Teilnehmer tauschen mit einem Partner ihre Handy-Nummer aus. Wer sie am schnellsten auswendig gelernt hat, bekommt einen Punkt. Sie können das Spiel auch zu dritt machen.

Wer bastelt die schönste Handy-Tasche?

Aus der handwerklichen Nonsens- oder Kreativ-Abteilung: Lassen Sie Ihre Teilnehmer eine Handy-Tasche basteln. Im Cowboy-Look mit Fransen, gehäkelt, aus Leder mit Perlen (Indianer-Look), Gold-Metallic – der Fantasie sind keine Grenzen gesetzt.

Heißer Ball

Ziel/Wirkung: *Bewegung, Konzentration, Vokabeln oder Fachbegriffe einschleifen*
Material: *Ball*
Vorbereitung: *–*
Teilnehmerzahl: *ab 5 Personen*
Form: *im Kreis/stehend*
Dauer: *5 Minuten*

Zur Methode Bei diesem Spiel geht es um bloßes Einschleifen von Fachbegriffen, Vokabeln oder anderem, das gelernt werden soll. Die Fachbegriffe stehen für alle sichtbar an der Tafel oder auf einem Flipchart und dürfen abgelesen werden.

Verlauf Die Teilnehmer stehen im Kreis. Sie werfen sich einen Ball zu, der ganz heiß ist und daher ganz schnell weitergeworfen werden muss. Dabei soll der Werfende einen der Fachbegriffe nennen, ganz gleich, welchen. Aber auch wenn ihm gerade keiner einfällt, soll er den Ball einfach schnell weiterwerfen. In diesem Fall sagt er einfach „Weiter".

Es geht darum, das Spiel mit viel Tempo durchzuführen, weil das dazu führt, dass die Konzentration von der bewussten Wiederholung abgelenkt wird und es mehr spielerisch wird. Gleichzeitig werden die gerade gelernten Begriffe häufig gehört und gesprochen, so dass sie sich einprägen.

1. Aktivierung: Übungsphase

Sie können als Trainer unterschiedliche Regeln formulieren. Beispielsweise, ob es erlaubt ist, einfach das Wort zu wiederholen, das der Vorherige gesagt hat oder ob immer mindestens einmal ein anderes Wort dazwischen gesagt werden muss.

Bemerkungen

Meine Beobachtung ist, dass es den meisten Teilnehmern sehr schwer fällt, einfach „weiter" zu sagen, wenn ihnen nichts einfällt. Man möchte nicht gerne zugeben, dass man gerade auf der Leitung steht. Die Übung ist daher ein wunderbarer Anlass, um anschließend über die Themen „sich Fehler eingestehen" oder „Perfektionismus" zu reflektieren.

Karten legen

Ziel/Wirkung: *Arbeitsabläufe oder andere Reihenfolgen lernen*
Material: *beschriftete Moderationskarten*
Vorbereitung: *Karten beschriften (lassen – von den Teilnehmern)*
Teilnehmerzahl: *ab 5 Personen bzw. ein einzelner Teilnehmer*
Form: *im Stuhlkreis oder am Tisch/sitzend*
Dauer: *5 Minuten*

Zur Methode Inhaltlich kann das Gleiche wiederholt werden wie bei der Variante „Karten stellen" (Seite 237). Es ist nur nicht so effektiv wie die nächste Variante. Denn es wird weniger diskutiert, außerdem entfällt die Wirkung der körperlichen Bewegung durch Aufstehen und Herumlaufen. Es kann aber dennoch Sinn machen, mit dieser Variante zu arbeiten, vor allem wenn man mit einer kleinen Gruppe arbeitet oder gar mit einzelnen Personen.

Verlauf Begriffe oder Arbeitsabläufe sind auf Karten geschrieben. Diese werden gemischt und an die oder den Teilnehmer verteilt. Die Aufgabe besteht nun darin, die Karten in der richtigen Reihenfolge nebeneinander auf den Tisch oder Boden zu legen. Das kann in Gruppen- oder in Einzelarbeit geschehen.

1. Aktivierung: Übungsphase

Karten stellen

Ziel/Wirkung: *Arbeitsabläufe oder andere Reihenfolgen lernen*
Material: *beschriftete Moderationskarten*
Vorbereitung: *Karten beschriften (lassen – von den Teilnehmern)*
Teilnehmerzahl: *ab 5 Personen*
Form: *im Raum verteilt/stehend*
Dauer: *5 Minuten*

Zur Methode

Diese Übung erscheint simpel, ist aber eine sehr wirkungsvolle und nützliche Methode, um sich Reihenfolgen von Arbeitsschritten oder Abläufen zu merken. Sie hilft den Teilnehmern, auch komplizierte Sachverhalte zu verstehen und sich einzuprägen. Vor allem kommen hier auch wieder die Kinästheten zum Zuge, einfach weil sie einmal aufstehen dürfen.

Sie erfordert nicht viel Aufwand und Vorbereitung für den Trainer oder Lehrer (Karten sind in fünf Minuten beschriftet – mit lesbarer Moderationsschrift!!) und lockert den Unterricht oder das Seminar auf.

Verlauf

Begriffe oder Arbeitsabläufe sind auf Karten geschrieben. Diese werden gemischt und an die Teilnehmer verteilt. Aufgabe ist es nun, sich in der richtigen Reihenfolge aufzustellen. Dazu soll jeder Teilnehmer die Karten für die anderen sichtbar vor sich halten. Die Teilnehmer diskutieren meist heftig miteinander. Dadurch wird der Stoff gemeinsam noch einmal wiederholt. Wenn alle in der (vermuteten) richtigen Reihenfolge stehen, liest jeder der Reihe nach noch einmal seine Karte vor. Danach die Frage: *„Ist das richtig?"*

Abb.: Karten stellen

Bemerkungen Je nach Thema und Gruppengröße bekommen nicht alle Teilnehmer eine Karte. Dann bitte ich die Teilnehmer ohne Karten, das Ganze still zu beobachten. Wenn die Kartengruppe schließlich fertig aufgestellt ist und vorgelesen hat, dürfen die anderen bewerten, ob die Reihenfolge richtig gewählt wurde. Zum einen, ob die Reihenfolge ihrer Meinung nach richtig gewählt wurde, aber auch, was sie beim Prozess des Stellens beobachtet haben.

Manchmal übernehmen beispielsweise einzelne Teilnehmer das Kommando, manche bleiben eher passiv. Auf bestimmte Diskussionsteile kann man auch noch einmal eingehen.

Ein Beispiel: Um ein strukturiertes Vorgehen im Verkaufsgespräch einzuüben, könnten die Karten folgende Inhalte haben.

Der erste Eindruck
- Ihre Wirkung auf andere
- Einstieg ins Verkaufsgespräch
- Beziehung aufbauen

1. Aktivierung: Übungsphase

Kunden analysieren

▶ Welche Informationen benötigen Sie vom Kunden?
▶ Verschiedene Fragearten einsetzen

Argumentation

▶ Kundenorientiert argumentieren
▶ Die eigenen Leistungen darstellen

Abschluss

▶ Kunden zur Entscheidung führen

In diesem Beispiel kann man die Oberpunkte auf andersfarbige Karten schreiben. Sinnvoll wäre es dann, wenn sich zuerst die Teilnehmer mit den Oberpunkten in die richtige Reihenfolge stellen und sich anschließend die anderen zuordnen.

Der Schwierigkeitsgrad wird erhöht, wenn alle Karten die gleiche Farbe haben, Sie keinerlei Vorgaben machen und die Teilnehmer sich selbst organisieren müssen.

Die Reihenfolge der „Unterpunkte" ist in diesem Beispiel nicht zwangsläufig festgelegt. Es ist also gleichgültig, ob unter „Argumentation" zuerst die Karte „Kundenorientiert argumentieren" steht oder „Die eigenen Leistungen darstellen".

Kartenspiel

Ziel/Wirkung: *Konzentration, Geschwindigkeit, Fachbegriffe oder Vokabeln einschleifen, wiederholen*
Material: *normales Kartenspiel*
Vorbereitung: *–*
Teilnehmerzahl: *ab 5 Personen*
Form: *auf dem Boden oder am Tisch/sitzend*
Dauer: *5 Minuten*

Zur Methode Neben der Wiederholung von Vokabeln oder Fachbegriffen geht es hier um höchste Konzentration und Geschwindigkeit. Hier wird die Spielernatur mancher Teilnehmer geweckt.

Verlauf Jeder Teilnehmer hat einen neuen Namen, nämlich einen der zu lernenden Fachbegriffe. Zu Beginn stellt sich jeder mit seinem „Namen" vor. Beispiele aus dem Bereich „Medizin", Thema „Herzklappen": *„Ich bin die ‚Pulmonalklappe'"*, *„Ich bin die ‚Trikuspidalklappe'"* usw.

Die Karten werden gemischt. Alle sitzen im Kreis und einer legt immer reihum offen eine Karte vor jeden Spieler. Immer, wenn eine gleiche Karte vor einem zweiten Spieler auftaucht (also zwei Buben oder zwei Sieben liegen auf dem Tisch), müssen die beiden Spieler, vor denen die gleiche Karte liegt, reagieren. Und zwar, indem sie den „Namen" des anderen Spielers nennen. Wer ihn zuerst gesagt hat, bekommt alle Karten des anderen. Dann geht es weiter – und das Blatt kann sich wenden, das heißt, man kann alle verlorenen Karten bei der nächsten Runde zurückgewinnen oder noch mehr.

1. Aktivierung: Übungsphase

Lernstraße

Ziel/Wirkung: *Wiederholung von Fachbegriffen oder Abläufen*
Material: *Karten mit Fachbegriffen, Bildern und Übersetzungen bzw. Erklärungen*
Vorbereitung: *Karten herstellen*
Teilnehmerzahl: *beliebig*
Form: *in einer Reihe/stehend*
Dauer: *5-10 Minuten*

Zur Methode

Die Lernstraße wird normalerweise zur Wiederholung eingesetzt, ich habe aber auch schon erlebt, dass Lehrer sie zum Lernen neuer Vokabeln einsetzten – und auch das hat funktioniert. Ein Beispiel dafür, wie Methoden den Bedürfnissen angepasst und variiert werden können und sollen.

Verlauf

Das Thema, das wiederholt werden soll, lautet zum Beispiel „Die Bilanz" oder „Fachbegriffe des Yoga". Sie haben Stichworte auf Karten geschrieben und legen diese in der Reihenfolge untereinander auf den Boden. Dazu gibt es eine zweite Reihe auf der rechten Seite (so dass man zwischen beiden Seiten hindurchgehen kann), wo Erläuterungen zu den Stichworten stehen. Es kann noch eine dritte Reihe mit Zeichnungen oder Bildern geben. Diese sollten dann innen rechts liegen und daneben die Erläuterungen und Erklärungen.

Teil VI: Spielend lernen

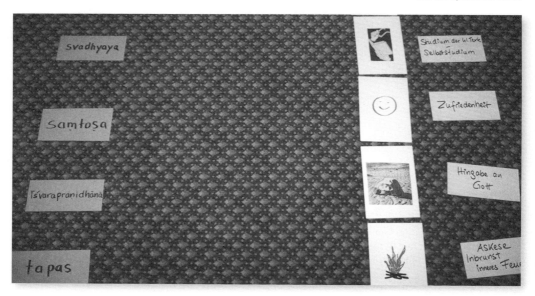

Abb.: Lernstraße – Beispiel: Fachbegriffe des Yoga (Sanskrit) erlernen

Als Wiederholung durchschreiten die Teilnehmer diese Reihen in ihrem eigenen Tempo. Sie schauen zuerst nach links auf den Begriff und überlegen, ob sie wissen, was das ist. Wenn sie es vergessen haben oder sich nicht klar sind, schauen sie nach rechts auf das entsprechende Bild. Wenn ihnen das auch nicht auf die Sprünge hilft, lesen sie die dazugehörige Erklärung. Diese Reihe (mit Übersetzungen oder Erklärungen) kann mit dem Gesicht nach unten gedreht werden, so dass man sie erst umdrehen muss, bevor man sie lesen kann.

1. Aktivierung: Übungsphase

Memory

Ziel/Wirkung: *Wiederholung von Lernstoff*
Material: *pro Gruppe ein Karten-Set: Bild- und Wort-Karten*
Vorbereitung: *Karten herstellen (lassen)*
Teilnehmerzahl: *ab 5 Personen*
Form: *kleine Gruppen an Tischen/sitzend*
Dauer: *10 Minuten*

Zur Methode

Ein altbekanntes Kinderspiel, das sich auf alle möglichen Inhalte übertragen lässt. Es ist gut geeignet für Kleingruppenarbeit oder Partnerarbeit, somit auch zur Binnendifferenzierung. Sie können es zwischendurch einsetzen, wenn ein Teil der Gruppe schon mit einer Arbeit fertig ist – oder mit allen gemeinsam (aber in verschiedenen Gruppen), um ein Thema zu wiederholen.

Material

Es empfiehlt sich, die Karten von den Teilnehmern selbst herstellen zu lassen. Das hat den Vorteil, dass die Teilnehmer beim Erstellen der Inhalte lernen. So können verschiedene Gruppen verschiedene Memorys herstellen und sie dann der anderen Gruppe zum Üben geben.

Sie brauchen pro Gruppe 20 Kärtchen: 10 Karten mit Wörtern oder Begriffen, die gelernt oder wiederholt werden sollen und 10 Karten, auf die Symbole zu den Begriffen gezeichnet oder Bilder aufgeklebt sind. Sie können dort auch Übersetzungen oder Erläuterungen draufschreiben (das hat dann weniger mit dem ursprünglichen Memory zu tun). Die Rückseiten sollten unterschiedlich gekennzeichnet sein, da jeweils eine Wort- und eine Bildkarte umgedreht werden soll.

Verlauf   Alle Karten werden gemischt und verdeckt auf den Tisch gelegt. Ein Teilnehmer beginnt und dreht zwei Karten um, beispielsweise eine gelbe Wortkarte und eine rote Bildkarte. Wichtig ist, die Karten offen auf den Platz zu legen, an dem sie lagen, damit sich alle die Position merken können.

Wenn beide Karten zusammengehören, darf sie der Teilnehmer an sich nehmen und eine zweite Runde starten. Wenn sie nicht zusammenpassen, werden die Karten wieder umgedreht auf dem gleichen Platz liegen gelassen. Dann ist der nächste Spieler an der Reihe. Das Spiel wird so lange gespielt, bis alle Karten abgeräumt sind. Der Teilnehmer, der die meisten Karten gesammelt hat, hat gewonnen.

Varianten

▶ Tast-Memory
Eine nette Variante ist ein Tast-Memory. Für den Bereich „Textil" habe ich Bierdeckel mit verschiedenen Stoffen beklebt (es gibt jeweils zwei gleiche). Die Teilnehmer müssen nun mit geschlossenen Augen ertasten, welche Paare zusammengehören. Dabei ist es notwendig, dass es einen sehenden Schiedsrichter gibt, der kontrolliert, ob das Paar wirklich richtig erkannt wurde.

▶ Am PC
Es gibt natürlich inzwischen auch Memorys, die man am PC spielen kann und diverse einfache Autorenprogramme, mit denen man Puzzles, Kreuzworträtsel, Schüttelsätze, Multiple Choice etc. selbst zu seinem Seminarthema herstellen kann. (Beispiel: Hot Potatoes, *www.hotpotatoes.de*) Dazu braucht man jedoch im Seminar PCs für alle Teilnehmer, was wohl nur bei EDV-Schulungen der Fall sein dürfte.

1. Aktivierung: Übungsphase

Partnersuche

Ziel/Wirkung: *Wiederholung*
Material: *Karten*
Vorbereitung: *Karten beschriften*
Teilnehmerzahl: *ab 10 Personen*
Form: *im Raum verteilt/stehend*
Dauer: *5-10 Minuten*

Ein Wiederholungsspiel, bei dem die Teilnehmer wieder einmal aufstehen, herumlaufen und miteinander reden dürfen.

Zur Methode

Material
Zwei Kartensätze: Auf dem einen steht jeweils ein Fachbegriff, eine Formel, eine Abkürzung oder eine Frage, auf dem anderen jeweils die Erklärung, Definition oder Antwort. Die Karten können auch von den Teilnehmern selbst hergestellt werden.

Die Teilnehmer ziehen je eine Karte und haben die Aufgabe, den jeweils passenden Partner zu finden. Anschließend stellen sich die Paare in der Gruppe vor und erläutern, warum sie zusammengehören und was sie über den Begriff wissen.

Verlauf

Beispiel

| Welcher Lerntyp braucht Bewegung? | Der Kinästhet |

Perlen-Kette

Ziel/Wirkung: *Einstieg in eine Thema oder Wiederholung von Arbeitsabläufen oder anderen Reihenfolgen*
Material: *–*
Vorbereitung: *–*
Teilnehmerzahl: *ab 7 Personen*
Form: *Stuhlkreis/sitzend*
Dauer: *je nach Gruppengröße 5-10 Minuten*

Zur Methode

Diese Methode erfordert keine Vorbereitung und ist daher jederzeit einsetzbar. Sie ist simpel, kann aber gleichzeitig große Erkenntnisse über das Wissen oder die Lücken der Teilnehmer bringen. Es geht um die Reihenfolge von Arbeitsschritten oder Abläufen. Sie können diese Methode als Einstieg in ein Thema nehmen, um zu sehen, was die Teilnehmer darüber schon wissen oder auch nicht. Sie können sie aber auch als Wiederholung einsetzen. Aus: Trainings- und Entwicklungsprogramm. MASTER-haft trainieren. Colin Rose, Mary Jane Jill, Claudia Monnet, Bd. 3 „Aktivierungen", S. 72.

Verlauf

Alle sitzen im Kreis. Das Thema wird genannt, etwa „Spaghetti kochen". Zu diesem Thema kann jeder etwas sagen – wobei ich dann manchmal die Spaghetti nicht essen würde, wenn sie auf beschriebene Weise gekocht würden. Der erste Teilnehmer benennt nun den ersten Arbeitsschritt, beispielsweise: *„Ich nehme den Topf aus dem Schrank."* Der nächste muss nun den folgenden Schritt beschreiben: *„Ich fülle Wasser in den Topf."* usw. Im Uhrzeigersinn soll jeder so schnell wie möglich den nächsten Schritt benennen. Wenn jemand nicht weiter weiß, kann er auch sagen: *„Ich passe"* – und gibt die Benennung des Arbeitsschritts an seinen Nachbarn weiter.

1. Aktivierung: Übungsphase

Puzzle

Ziel/Wirkung: *Wiederholung*
Material: *Puzzle-Sets*
Vorbereitung: *Puzzle herstellen*
Teilnehmerzahl: *beliebig (einzeln oder in kleinen Gruppen spielbar)*
Form: *an Tischen/sitzend*
Dauer: *5-10 Minuten*

Zur Methode

Puzzles können sehr unterschiedliche Inhalte und Schwierigkeitsgrade enthalten, ebenso können sie sehr vielfältig eingesetzt werden. Die Arbeit mit Puzzles ist meist eine Stillarbeit, die die Konzentration fördert. Hier können sich Teilnehmer entfalten, die gerne tüfteln.

Verlauf und Varianten

Textpuzzle
Texte oder Satzteile werden zerschnitten und müssen in die richtige Reihenfolge gebracht werden. Wenn die Texte auf gleich großen Karten geschrieben sind, dann kann man die Lösung nur über die Inhalte finden. Sind die Texte willkürlich in unterschiedliche Formen zerschnitten, bietet das Zusammenfügen der Formen eine Hilfe.

▶ Beispiel Wortpaare
Ein Beispiel ist ein großes Dreieck, das aus vielen kleinen Dreiecken zusammengesetzt werden muss. An allen drei Seiten sind Adjektive geschrieben, es müssen jeweils die Gegensatzpaare aneinandergelegt werden: dick-dünn, warm-kalt usw.

Teil VI: Spielend lernen

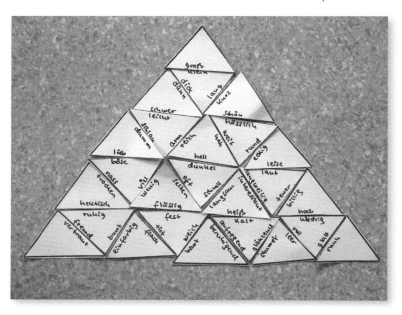

Abb.: Puzzle-Dreieck

Weitere Varianten

Es können ebenso Fragen und Antworten, Wortpaare, zusammengesetzte Substantive, Formeln und anderes zugeordnet werden.

Bemerkungen Puzzles können von einzelnen Teilnehmern erarbeitet werden, in Paararbeit oder in Kleingruppen. Sie können bei binnendifferenziertem Arbeiten mit heterogenen Gruppen helfen, indem eine Gruppe oder ein Teilnehmer ein Puzzle bekommt, während der Lehrer mit anderen arbeitet.

Tipp

Im Internet findet man zahlreiche Vorlagen, zum Beispiel bei der Tauschbörse Unterricht: *www.tb-u.de*.

1. Aktivierung: Übungsphase

Quiz

Ziel/Wirkung: *Wiederholungs-Wettspiel*
Material: *Quizkarten*
Vorbereitung: *Fragen ausdenken und Karten schreiben*
Teilnehmerzahl: *ab 8 Personen*
Form: *2 Gruppen/sitzend*
Dauer: *10-15 Minuten*

Zur Methode

Viele Quiz-Sendungen aus dem Fernsehen lassen sich gut in Seminare übertragen, wobei ich mir solche Sendungen nie angeschaut habe, bis ich dann schließlich doch mal „Wer wird Millionär" entdeckte. Die hier beschriebene Fassung ist eine ältere.

Material und Vorbereitung

Auf einer Pinwand hängen verdeckt Kartenreihen. Nur die Kategorie in der obersten Reihe ist lesbar. Wenn Sie Querbeet testen wollen, können Sie dort verschiedene Bereiche angeben oder eben Spezialisierungen innerhalb eines Themas. Darunter sind jeweils vier Karten, die von oben nach unten aufsteigende Werte haben. Die oberste Karte gibt bei richtiger Beantwortung 100 Punkte, die vierte Karte 400 Punkte.

Teil VI: Spielend lernen

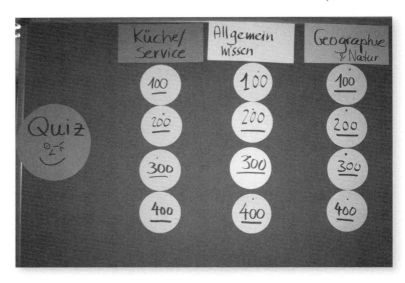

Abb.: Quiz

Verlauf — Die Teilnehmer bilden zwei Gruppen, die abwechselnd raten. Die erste Gruppe beginnt und entscheidet, welche Kategorie und welchen Schwierigkeitsgrad sie nehmen wollen, also beispielsweise „Küche/Service 300". Dann drehen Sie in Ihrer Eigenschaft als Trainer diese Karte um und lesen die Frage vor.

Die Gruppe hat zwei Minuten (je nach verfügbarer Zeit), um sich zu beraten und dann die Antwort zu geben. Ist die Antwort richtig, bekommt die Gruppe die Punkte – weiß sie es nicht, kann die andere Gruppe die Frage übernehmen und anschließend noch eine eigene Frage auswählen. Ansonsten geht es immer im Wechsel. Sie können sich natürlich andere Regeln ausdenken.

Bmerkungen — Obwohl es eigentlich ein reines Abfragen ist, ohne irgendwelchen Spaß oder Action, mögen viele Teilnehmer dieses Spiel. Ich persönlich finde das Spiel eher langweilig. Aber es hängt vom Engagement und den Voraussetzungen der Gruppe ab, wie unterhaltsam das Ergebnis ausfällt. Auf jeden Fall trifft dieses Spiel auf eine höhere Akzeptanz als manch andere Spiele, die ich viel spannender finde.

1. Aktivierung: Übungsphase

Wörter suchen

Ziel/Wirkung: *Konzentration, Wiederholung*
Material: *Bögen*
Vorbereitung: *Arbeitsblätter herstellen*
Teilnehmerzahl: *beliebig*
Form: *Stuhlkreis oder Tisch/sitzend*
Dauer: *5 Minuten*

Ein kleines Konzentrationsspiel, das man zur Auflockerung zwischendurch einsetzen kann. Erstaunlicherweise lieben auch Erwachsene dieses Spiel (es gibt schließlich auch genug, die gerne Kreuzworträtsel lösen oder Sudoku spielen). Man kann es auch als konstruktiven Pausenfüller einsetzen, wenn ein Teil der Gruppe noch an etwas arbeitet und andere schon fertig sind und sich zu langweilen beginnen.

Zur Methode

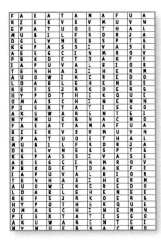

Jeder Teilnehmer erhält ein Blatt mit Buchstabenkästchen. Aus dieser Buchstabensammlung muss er nun Fachbegriffe zu einem bestimmten Thema finden und mit Textmarker markieren. Es ist ein Suchspiel, das vor allem visuelle Menschen anspricht, aber auch für Kinästheten interessant sein kann, da sie grundsätzlich gerne spielen und tüfteln. Man kann es auch als Wettspiel einsetzen: wer hat als Erster alle Wörter gefunden?

Verlauf

© managerSeminare

Teil VI: Spielend lernen

Wort-Geschichte

Ziel/Wirkung: *Sprachliche Kreativität fördern*
Material: –
Vorbereitung: –
Teilnehmerzahl: *ab 5 Personen*
Form: *alle/im Kreis sitzend*
Dauer: *5-10 Minuten*

Zur Methode Es wird gemeinsam und spontan eine Geschichte erzählt. Das erfordert Kreativität und kann sehr lustig werden. Manchmal geht bei zu verschachtelten Konstruktionen der Überblick verloren.

Verlauf Jeder Teilnehmer sagt reihum ein Wort, so dass nach und nach vollständige Sätze entstehen. Sie sollten vorher vereinbaren, dass ein Spieler statt eines neuen Wortes auch „*Punkt*" sagen kann, da sonst die Sätze endlos werden und man den Überblick über Inhalt und Grammatik verliert.

Spannend wird es, wenn man die Gedanken des anderen vorauszusehen glaubt, dieser aber einen ganz anderen Schlenker vornimmt. Es kann auch frustrierend sein, wenn man eine bestimmte Geschichte im Kopf hat und sie durch entsprechende Vokabeln in die gewünschte Richtung lenkt, die anderen aber etwas völlig anderes daraus machen. So lernen die Teilnehmer nebenbei noch den Umgang mit Offenheit und Flexibilität.

2. Aktivierung: Anwendungsphase

Auf der Couch

Ziel/Wirkung: *Fachbegriffe oder Vokabeln vertiefen*
Material: *–*
Vorbereitung: *–*
Teilnehmerzahl: *ab 2 Personen*
Form: *Paare/sitzend*
Dauer: *5-10 Minuten*

Zur Methode

Bei diesem Spiel nach Tony Stockwell wird ein bestimmtes Thema vertieft. Diese Vertiefung und Übung von Fachbegriffen oder Vokabeln wird in Paaren durchgeführt. Als Nebeneffekt werden Assoziatives Denken, Spontaneität, Hörverständnis und Kreativität geübt.

Verlauf

Ein Teilnehmer spielt den Psychologen, der andere den Patienten. Der Psychologe präsentiert nacheinander Worte und Fachbegriffe aus dem zu behandelnden Thema. Der Patient gibt jeweils Worte und Begriffe an, die in Zusammenhang mit den genannten Worten stehen. Zu jedem Zeitpunkt kann der Psychologe fragen: *„Warum haben Sie das gesagt?"*, worauf der Patient eine Erklärung abgeben muss.

Man kann das Spiel *„Freud als Psychotherapeut und Klient auf der Couch"* noch etwas drastischer und spielerischer gestalten, indem man einen entsprechenden Rahmen gestaltet: Der Klient legt sich über zwei Stühle oder legt zumindest auf einem zweiten Stuhl die Beine hoch, der Therapeut sitzt so an seinem Kopfende, dass der Klient ihn nicht sehen kann (so, wie das in der klassischen Psychoanalyse arrangiert wird).

Variante für Sprachanfänger

Wenn es um Sprachunterricht mit Sprachanfängern geht, kann man die Übung etwas vereinfachen und eingrenzen, indem nur Begriffe aus einem Thema verwendet werden, das vorher bearbeitet wurde. Beispielsweise das Thema „Essen und Trinken". In der vorausgehenden Lektion ging es um das Thema Restaurantbesuch, die verschiedenen Begriffe wurden gelernt. Hierzu kann der Psychologe das Spiel so einleiten: *„Was fällt Ihnen zum Begriff Kellner ein?"* – und die Teilnehmer können auf ihr gelerntes Repertoire zurückgreifen.

2. Aktivierung: Anwendungsphase

Bild und Wort

Ziel/Wirkung: *Wiederholung oder Einstieg in ein Thema, Assoziationen*
Material: *2 Kartensätze mit Worten und Bildern*
Vorbereitung: *Karten herstellen, Namen der Teilnehmer aufschreiben*
Teilnehmerzahl: *ab 8 Personen*
Form: *Tisch/stehend*
Dauer: *5-10 Minuten*

Diese Methode von Axel Rachow können Sie sowohl einsetzen, um in ein Thema einzusteigen als auch zur Wiederholung. Beim Einstieg bekommen Sie so einen Eindruck, was die Teilnehmer zum Thema wissen oder denken oder welche Assoziationen sie dazu haben. Als Wiederholungsübung bietet es allen Teilnehmern noch einmal die Möglichkeit, einen Überblick über das Gelernte oder Erlebte zu erhalten. Als Trainer erkennen Sie, was bei den Teilnehmern hängengeblieben ist oder im Vordergrund steht.

Zur Methode

Material
Zwei Kartensätze mit unterschiedlicher Rückenmarkierung. Auf dem einen Satz stehen auf der Vorderseite Begriffe, zu denen die Teilnehmer etwas sagen sollen, die Vorderseiten des zweiten Kartensatz ist nicht beschriftet. Hier sollen die Namen der Teilnehmer eingetragen werden – jeder auf einer Karte.

Ich habe die Karten laminiert. So kann ich mit einem abwaschbaren Stift auf den einen Kartensatz die Namen der Teilnehmer schreiben. Inzwischen vereinfache ich mir die Prozedur, indem ich jeden Teilnehmer seinen Namen auf ein Post-it schreiben lasse und diese dann auf die Karten klebe.

Für die Rückseite der Karten verwerte ich Fotos aus meiner großen Sammlung: auf den Begriffskarten sind Bilder aus der Sahara zu sehen, für die Namenskarten nehme ich Fotos aus dem Bergischen Land.

Verlauf Auf einem Tisch liegen die vorbereiteten Karten. Auf der einen Seite liegen die Karten mit Stichworten zum Thema. Beispielsweise „Seminarmethoden". Auf der anderen Seite liegen die Karten mit den Namen der Teilnehmer. Beide Kartensätze liegen mit dem Text nach unten, so dass nur die Fotos zu sehen sind.

Abb.: Bild und Wort

Ein Teilnehmer deckt einen Begriff auf und dazu eine Namenskarte. Der Teilnehmer, dessen Name aufgedeckt wurde, soll nun zu dem aufgeschlagenen Begriff etwas sagen. Sei es etwas, das er dazu weiß oder eine Meinung hierzu oder auch nur eine Assoziation. Nach dieser kurzen Erläuterung deckt diese Person die nächsten Karten auf und so geht es immer weiter, bis jeder einmal an der Reihe war und alle Karten aufgedeckt sind.

2. Aktivierung: Anwendungsphase

Obwohl ich bei Trainerseminaren die „Regeln" dieses Spiels sehr großzügig halte und jedes Mal betone, dass die Teilnehmer nur einen Satz zu ihrem Begriff sagen müssen und selber wählen können, ob sie nun etwas zum Einsatz der Methode äußern oder nur eine Assoziation bringen, habe ich doch oft den Eindruck, dass das Spiel manchen Teilnehmer unter Stress setzt. Teilnehmer, die sonst im Seminar nicht auf den Mund gefallen sind, stottern hier plötzlich herum oder formulieren verschwommen. Offenbar werden Teilnehmer durch ihre Erinnerungen an Prüfungssituationen in ihrer Schulzeit gehemmt. Es ist Aufgabe des Trainers, eine Spielatmosphäre zu schaffen, in der solche Hemmungen rasch abgebaut werden können.

Bemerkungen

Teil VI: Spielend lernen

Die Kündigung

Ziel/Wirkung: *Wiederholung, Argumentation*
Material: –
Vorbereitung: –
Teilnehmerzahl: *ab 8 Personen*
Form: *Stuhlkreis/sitzend*
Dauer: *10 Minuten*

Zur Methode

Ein anspruchsvolleres Lernspiel, bei dem die Teilnehmer argumentieren müssen, warum gerade der Teil oder Aspekt, den sie vertreten, für das Thema besonders wichtig ist. Das Spiel habe ich bei meiner Kollegin Anita Hinke kennen gelernt.

Verlauf (am Beispiel des Themas „Suggestopädie")

Rahmenhandlung

Ein Theater, in dem das Stück „Suggestopädie" aufgeführt werden soll. Jeder Teilnehmer bekommt als Rolle ein Element der Suggestopädie. Beispiele: Lernkonzert, Raumatmosphäre, Rhythmisierung, Einsatz von Musik, multisensorisches Lernen, Lernlandschaft usw.

Die Situation

Der Direktor (= Trainer) des Theaters, an dem das Stück „Suggestopädie" gegeben wird, muss einem Schauspieler kündigen, weil der Etat gekürzt wurde. Er will das nicht alleine entscheiden, sondern demokratisch mit allen gemeinsam besprechen. Er sagt nun jeweils: *„Ich schlage vor, dass* (und nennt nun einen Namen, d.h. ein Element der Suggestopädie) *das ‚Lernkonzert' gehen muss."* Der Genannte antwortet: *„Das ist völlig unmöglich, weil ..."* – und muss nun argumentieren, warum gerade er unabkömmlich ist, warum er so wichtig für das Stück ist.

2. Aktivierung: Anwendungsphase

Das Spiel dient dazu, sich noch einmal über die Funktionen der einzelnen Elemente bewusst zu werden.

Bemerkungen

Das Spiel macht den Teilnehmern gewöhnlich großen Spaß. Ich habe erlebt, dass die Teilnehmer dabei sehr kreativ, solidarisch und völlig von ihrer Wichtigkeit eingenommen waren, so dass das Spiel damit endete, dass der Direktor sich noch einmal beim Rat der Stadt gegen die Mittelkürzung einsetzen wollte.

Sie können das Spiel zu allen möglichen Themen einsetzen – sowohl bei abstrakten (siehe Beispiel „Suggestopädie"), als auch bei ganz konkreten. Selbst bei einem Thema wie „Maschinenbau" könnte jeder Maschinenteil erläutern, was dessen Funktion ist und warum er wichtig ist, damit die ganze Maschine laufen kann.

Das Thema Kündigung kann, je nach Gruppe, angstbesetzt sein. Hier müssen Sie mit Fingerspitzengefühl entscheiden, ob und wann das Spiel zum Einsatz kommt.

Domino-Fragen

Ziel/Wirkung: *Wiederholung, offene Fragen klären*
Material: *Moderationskarten*
Vorbereitung: –
Teilnehmerzahl: *ab 8 Personen*
Form: *Stuhlkreis/sitzend*
Dauer: *10 Minuten*

Zur Methode

Diese Variante lernte ich bei meiner Kollegin Dagmar von Consolati kennen. Ich war zuerst sehr skeptisch – und anschließend sehr verblüfft, dass es tatsächlich funktioniert. Es funktioniert in dem Sinne, dass das Domino „aufgeht". Eine gelungene Form, um Gelerntes zu wiederholen und offene Fragen am Ende zu klären.

Verlauf

Jeder Teilnehmer nimmt eine Moderationskarte und teilt sie in der Mitte mit einem Strich. Auf die linke Seite der Karte notiert er nun einen Begriff oder einen Seminarinhalt, den er gelernt hat, der ihm klar geworden ist. Auf die rechte Seite der Karte notiert er einen Begriff, der ihm noch unklar geblieben ist oder wozu er noch Fragen hat.

Ein Teilnehmer beginnt und legt seine Karte auf den Boden. Die Karte wird zum besseren Verständnis kurz vom Teilnehmer kommentiert. Wer meint, dass er eine Antwort hat, die zu der formulierten Frage auf der rechten Kartenseite passt, legt sie dort an und erläutert sie. Nach und nach werden alle Karten abgelegt und zu den gewünschten Fragen die passenden Antworten und Erläuterungen geliefert.

2. Aktivierung: Anwendungsphase

Beispiel

Eine Spielsituation zum Thema „suggestopädische Seminarmethoden": Der erste Teilnehmer legt seine Karte ab mit den Begriffen „Lernkonzert/Rhythmisierung". Dieser Teilnehmer kann etwas zum Thema „Lernkonzert" sagen und wünscht sich noch genauere Informationen zum Begriff „Rhythmisierung".

Nun könnten Karten angelegt werden, die auf der linken Seite beispielsweise den Begriff „Energieaufbau" oder „Wechsel der Sozialformen" oder „Seminardramaturgie" tragen. Denn Rhythmisierung bedeutet, den Seminarverlauf so zu gestalten, dass ein Wechsel zwischen aktivem und passivem Verhalten, zwischen verschiedenen Sozialformen oder Methoden stattfindet. Dazu kann der Trainer den Einsatz von Energieaufbauübungen nutzen, indem er etwa nach einer konzentrierten Theoriephase ein lebhaftes Spiel einsetzt.

Der zweite Teilnehmer legt nun seine Karte „Energieaufbauübungen/Identitätswechsel" an, beantwortet Teilnehmer Eins seine Fragen und erwartet nun Hilfestellung zum Punkt „Identitätswechsel".

Hierzu könnte ein dritter Teilnehmer nun Begriffe wie „Sprachunterricht", „Fachunterricht", „Lozanov" usw. anlegen. Denn beim Identitätswechsel nimmt der Teilnehmer eine andere Rolle an, bekommt einen Namen in der zu lernenden Sprache, einen neuen Beruf etc. Oder im Fachunterricht wird jemand ein Teil einer Maschine oder der inneren Organe (je nach Fachgebiet) ...

Antwort	Frage	Erläuterung/Antwort	Frage
Lernkonzert	Rhythmisierung	**Energieaufbau**	Identitätswechsel
Sprachunterricht	Einsatz von Musik		

Abb.: Ein Beispiel-Aufbau

Domino zur Integration des ganzen Seminars

Ziel/Wirkung: *Wiederholung, Bewegung*
Material: *beschriftete Karten*
Vorbereitung: *Karten beschriften*
Teilnehmerzahl: *ab 8 Personen*
Form: *Stuhlkreis/sitzend*
Dauer: *10 Minuten*

Zur Methode

Dieses Spiel setze ich als Wiederholung am letzten Seminartag ein. Das Seminarthema heißt: „Einführung in die Suggestopädie – eine ganzheitliche Lehr- und Lernmethode". In diesem Zusammenhang nutze ich es als Integrationsübung, d.h. als eine kurze Rekapitulation darüber, was wir in den vergangenen Tagen gemacht haben. (Diese Seminare umfassten früher fünf Tage – heute leider unvorstellbar).

Sie können es dementsprechend auf Ihr eigenes Seminarthema übertragen, dieses Beispiel dient nur der Orientierung.

Verlauf

Sie sehen im Folgenden die Karten-Aufschriften. Auf der Rückseite mancher Karten stehen zusätzlich noch bestimmte Aufgaben, die derjenige Spieler erfüllen muss, der diese Karte zieht (und ablegt). So kommt auch ein bisschen Bewegung und Spaß ins Spiel.

Zu Beginn zieht jeder Teilnehmer eine verdeckte Karte, je nach Gruppengröße ziehen einige auch zwei Karten, bis alle Karten des Spiels verteilt sind. Dann schauen sich alle ihre Karten an. Der erste Spieler legt seine auf den Boden ab und liest sie vor. (Durch

2. Aktivierung: Anwendungsphase

die Aufschrift „Start" müsste eigentlich klar sein, wer beginnt, aber manchmal müsssen Sie als Trainer da auch nachhelfen.)

Im vorliegenden Spiel liest der Teilnehmer also die rechte Seite der Karte vor: *„Ein Kennenlern-Spiel von Montag"*. Alle schauen nach, wer auf seiner linken Seite ein Spiel stehen hat, das wir zu Beginn des Seminars am Montag zum Kennenlernen durchgeführt haben. Wer meint, dass seine Karte passt, legt sie daneben und liest erst die Antwort auf der linken Seite vor. Wenn alle damit einverstanden sind, dann liest er die rechte Seite vor, in diesem Fall die Frage: *„Was heißt V A K?"* usw.

Manche Antworten sind offen gehalten, da die Antwort nach Seminar und Situation unterschiedlich sein kann. Da steht dann nur ein Stichwort und Pünktchen …

Zum Beispiel bei der Frage: *„Zu welchem Thema haben wir die Methode ‚Früchtekorb' eingesetzt?"*

Start	ein Kennenlernspiel von Montag	Rasender Reporter	Was heißt VAK?
Visuell, auditiv, kinästhetisch**	Zu welchem Thema gab es eine Lernlandschaft?**	Der suggestopädische Kreislauf	Zu welchem Thema haben wir *Früchtekorb* gespielt?
Früchtekorb…	Ein Beispiel für *Bewegungs-Lernen*	Bewerbungsgespräch	Was gab es Dienstag zum Mittagessen?
Mittagessen am Dienstag war …	Welcher Lerntyp braucht Bewegung?	Der Kinästhetische	Wozu können Fantasiereisen dienen?

Abb.: Einige vorbereitete Domino-Karten. Auf der Rückseite des **-Dominos steht beispielsweise folgende Aufgabe an den Teilnehmer: *Mache eine Brücke, während 10 Teilnehmer unter Dir durchkrabbeln.*

Teil VI: Spielend lernen

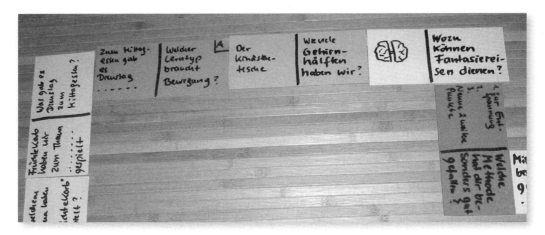

Abb.: Suggestopädisches Domino (Ausschnitt) – Beschriften Sie die Karten ruhig handschriftlich mit Filzschreiber

2. Aktivierung: Anwendungsphase

Dosen schießen

Ziel/Wirkung: *Wiederholung, Bewegung*
Material: *Konservendosen, Zettel, Ball*
Vorbereitung: *Dosen beschriften, Antworten auf Zettel schreiben*
Teilnehmerzahl: *ab 7 Personen*
Form: *Halbkreis/stehend*
Dauer: *10 Minuten*

Zur Methode

Kennen gelernt habe ich dieses Spiel während meiner Suggestopädieausbildung von meiner Kollegin Ann-Katrin Todd. Sie hatte den wunderbaren Titel „Wurfbude – umwerfende Fragen, treffende Antworten – Was Sie schon immer über Suggestopädie wissen wollten" dazu entwickelt. Die Fragen zu dieser Übung und einige Regeln habe ich dann für meine Trainer-Seminare selbst entwickelt.

Verlauf

Abb.: Dosen schießen –
auf einem Tisch werden Dosen aufgestapelt

Auf einem Tisch werden Konservendosen aufgestapelt. Auf den Dosen stehen Fragen zum Seminarthema. Die Teilnehmer stellen sich in einigen Metern Abstand davor und müssen mit einem Ball eine Dose treffen. Dann wählen sie von den umgeworfenen Dosen eine aus, deren Frage sie beantworten wollen oder können. Anschließend – oder wenn ihnen gar nichts als Antwort einfällt – können sie der Dose einen Zettel entnehmen, auf dem die Antwort steht.

Es werden von einem Spielleiter (Trainer) die Punkte notiert:
- die Punkte für die umgeworfenen Dosen
- die Punkte für die beantwortete Frage (2 Punkte für ganz richtig, 1 Punkt für zum Teil richtig)

Jeder Spieler hat drei Würfe (oder nur einen – je nach Zeit, Gruppengröße und Erfolg beim Werfen).

Preisverleihung
Anschließend gibt es eine feierliche Preisverleihung: Die ersten drei Sieger bekommen unter Beifall einen Preis überreicht. Sie können sich zuvor auch auf einem Siegertreppchen aufstellen, beispielsweise die Nr. 1 in die Mitte auf einen Stuhl.

Abb.: Dosen schießen – Preisverleihung

2. Aktivierung: Anwendungsphase

Wenn Sie selbst ein Buch veröffentlicht haben, können Sie das als ersten Preis vergeben.

Es ist auch eine gute Gelegenheit, Ihren Bücherschrank auszumisten oder ungeliebte Geschenke weiterzugeben. Andere Menschen können vielleicht etwas damit anfangen. Außerdem geht es hier mehr um den Spaß und die Symbolik, als um wertvolle Geschenke.

Seit ich das hervorragende und empfehlenswerte Buch „Feng Shui gegen das Gerümpel des Alltags" von Karen Kingston gelesen habe, habe ich keine Skrupel mehr, Geschenke weiterzugeben, mit denen ich nichts anfangen kann. Was bei mir nur Platz wegnimmt, kann anderen Freude machen. Das Entrümpeln macht nicht nur die Wohnung frei: Es befreit von Ballast und macht Platz für neue Energien und Entwicklungen. Probieren Sie es aus – ich kann es nur empfehlen.

Bemerkungen

Teil VI: Spielend lernen

Es macht Sinn

Ziel/Wirkung: *Lernstoff vertiefen und anders betrachten*
Material: *–*
Vorbereitung: *–*
Teilnehmerzahl: *ab 6 Personen*
Form: *Paare/sitzend*
Dauer: *10 Minuten*

Zur Methode Eine völlig neue Sicht auf den Lernstoff und eine ungewöhnliche Herangehensweise bietet diese bei Kathleen Brandhofer-Bryan aufgegriffene Übung. Ich setze sie gerne für abstraktere Lernthemen ein (siehe Bemerkungen).

Verlauf Der neue Lernstoff steht für alle sichtbar auf der Tafel oder einem Flipchart, beispielsweise die Gruppen des Periodensystems in Chemie. Jeder Teilnehmer sucht sich stumm einen Begriff aus und notiert dann Antworten auf folgende Fragen:
- ▶ Wenn Sie Ihren Begriff riechen könnten, wie würde er riechen? (z.B. metallisch)
- ▶ Wenn Sie ihn schmecken könnten, wie würde er schmecken? (z.B. metallisch)
- ▶ Wenn Sie ihn hören könnten, was würden Sie hören? (z.B. einen lauten Knall)
- ▶ Wenn er ein Bild wäre, was würden Sie sehen? (z.B. eine Explosion)
- ▶ Wenn Sie ihn fühlen könnten, wie würde er sich anfühlen? (z.B. weich)

2. Aktivierung: Anwendungsphase

Danach werden Paare gebildet und A liest B seine Antworten auf die Frage vor. B rät nun, welcher Begriff wohl gemeint ist (in diesem Fall Alkalimetalle). Ein kurzes Gespräch über die Gründe für die Antworten kann sich anschließen. Dann sucht sich jeder einen neuen Partner und lässt diesen raten.

Zum Abschluss fragen Sie im Plenum nach, welche besonders interessanten, faszinierenden oder absurden Sinneswahrnehmungen vorgekommen sind.

Bemerkungen

Sie können dieses Spiel mit konkreten Begriffen durchführen (beispielsweise in der Berufsausbildung in Hauswirtschaft, Metall, Elektro usw.), aber spannend wird es sicher auch bei abstrakten Themen. Auch dort kann man sich einen Geschmack oder Geruch „vorstellen", das Raten wird natürlich etwas schwerer.

Damit Sie das selber einmal testen können, gebe ich Ihnen hier ein kleines Testbeispiel zu dem Thema „Motivatoren". Schauen Sie sich zuerst die Liste der „Motivatoren" auf Seite 224 (in der Übung „Bewegungs-Lernen") an. Von diesen habe ich einen ausgewählt. Hier meine Antworten:

- ▶ Riechen: Er riecht nach Schweiß
- ▶ Schmecken: Er schmeckt süßlich
- ▶ Hören: Beifall-Klatschen
- ▶ Sehen: Einen Jogger
- ▶ Fühlen: lebendig, warm, pulsierend

Und, wissen Sie welchen „Motivator" ich meine?
Die Auflösung lautet: *„Selbst in Aktion sein."*

© managerSeminare

Teil VI: Spielend lernen

Hop oder Top

Ziel/Wirkung: *Wiederholung und Integration des Gelernten; Wettspiel*
Material: *–*
Vorbereitung: *–*
Teilnehmerzahl: *ab 8 Personen*
Form: *zwei Gruppen/sitzend/stehend*
Dauer: *Arbeitsgruppen: 15-20 Minuten/Plenum: 10 Minuten*

Zur Methode

Diese ursprünglich bei TEP (MASTER-haft trainieren. Colin Rose, Meary Jane Jill, Claudia Monnet) aufgegriffene und abgewandelte Methode setze ich gerne gegen Ende eines Seminars ein, zur Integration des Gelernten. Die Teilnehmer werden abschließend aktiviert und durchlaufen gedanklich noch einmal den gesamten Ablauf des Seminars. Das Wettspiel ist nur noch das Pünktchen auf dem i. Das, worauf es ankommt, passiert bereits vorher in den Arbeitsgruppen.

Verlauf

Es werden zwei Gruppen gebildet. Ihre Aufgabe besteht darin, zehn Aussagen zu den Seminarinhalten und dem Lernstoff zu formulieren und aufzuschreiben. Davon sollen einige Aussagen falsch sein.

Nach einer vereinbarten Zeit (10-20 Minuten) kommen die Gruppen wieder zusammen und setzen sich in zwei Reihen gegenüber.

Gruppe A beginnt. Alle Teilnehmer der Gruppe A stehen auf und vereinbaren vor Spielbeginn ein Zeichen. Dann liest Gruppe B die erste Aussage vor und die Gruppe A muss in 30 Sekunden entscheiden, ob diese Aussage richtig oder falsch ist. Ist sie richtig, werden

2. Aktivierung: Anwendungsphase

beide Arme nach oben gestreckt, ist sie falsch, werden die Arme vor der Brust gekreuzt.

Wichtig ist, dass die Gruppe einheitlich agiert: wenn einer die Arme kreuzt und alle anderen sie nach oben werfen, bekommt die Gruppe einen Punktabzug. Daher müssen sie sich vorher blitzschnell vereinbaren und abstimmen. Am besten über ein Zeichen: beispielsweise Daumen nach unten (*falsch*), Daumen nach oben (*richtig*). Am Ende werden die Punkte zusammengezählt, danach ist die andere Gruppe an der Reihe.

Abb.: Hop oder Top

Klatschmohn

Ziel/Wirkung: *Assoziationen und Bewegung, Spaß*
Material: *für die Variante werden vorbereitete Kärtchen benötigt*
Vorbereitung: *–*
Teilnehmerzahl: *ab 8 Personen*
Form: *Stuhlhalbkreis/sitzend – vorne drei Stühle*
Dauer: *5-10 Minuten*

Zur Methode

„Klatschmohn" ist eine Assoziationsübung, die das Gehirn „warm"-laufen lässt. Gleichzeitig bringt es auch ein wenig Bewegung, zumindest für die Teilnehmer, die sich aktiv beteiligen. Oft wird dabei viel gelacht, wenn die Gruppe entsprechend offen ist und sich traut, verrückte Assoziationen zu nennen.

Es ist auf jeden Fall ein Spiel, das man auch mit weniger spielfreudigen Gruppen wagen kann, da es nicht ganz so albern ist wie manche anderen Spiele. Es lässt jedem Teilnehmer die Wahl, ob er sich am Spiel beteiligt oder nur zuschaut.

Verlauf

Die Teilnehmer sitzen im Halbkreis auf Stühlen, vorne stehen drei Stühle. A setzt sich auf den mittleren Stuhl und sagt: *„Ich bin der Klatschmohn."* Die anderen überlegen nun, welche Assoziationen ihnen zu dem Wort „Klatschmohn" einfallen. Das kann zum Beispiel „Wiese" oder „Sonne" oder „rot" sein. Die ersten, denen eine Assoziation einfällt, laufen nach vorne und setzen sich auf die zwei freien Stühle (Wer der Schnellste ist, nimmt Platz, die anderen müssen wieder auf ihre Plätze zurück).

2. Aktivierung: Anwendungsphase

Nun fragt A seinen Nachbarn B: *„Und wer bist du?"* B antwortet: *„Ich bin ..."*, also z.B. *„Ich bin der Frühling."* Die gleiche Frage geht an C: *„Und wer bist du?"* C antwortet vielleicht: *„Ich bin rot."*

Dann wählt A aus, welche Antwort ihm am besten gefällt (B: *„der Frühling"*) und nimmt B an die Hand. Die beiden verlassen die Stühle und setzen sich wieder in den Halbkreis. Nun setzt sich C in die Mitte und sagt noch einmal *„Ich bin rot."* Nun wird zu dem neuen Begriff assoziiert und die nächsten laufen auf die freien Stühle und nennen ihre Assoziationen: *„Ich bin eine rote Fahne"*, *„Ich bin die Liebe"* usw.

Das Spiel kann sehr unterhaltsam werden. Es ist allerdings wichtig darauf zu achten, dass die Teilnehmer nicht einfach ihren Assoziationen freien Lauf lassen, sondern immer mit dem Satz *„Ich bin ..."* antworten. Dadurch wird manche Antwort noch komischer. Man sollte das Spiel beenden, solange es noch lustig ist, also nach 5-10 Minuten, je nach Spielfreude.

Von meinem Kollegen Albert Glossner (ABB), mit dem ich in einer Trainerausbildung zusammenarbeite, habe ich noch eine sehr schöne Variante kennen gelernt, wie man bei diesem Spiel einen Bezug zum Seminarthema herstellen kann.

Brückenschlag

Dazu braucht man vorbereitete Kärtchen. Darauf stehen beispielsweise Stichworte zum Thema oder Fachbegriffe. Der Teilnehmer, der auf dem mittleren Stuhl sitzt, zieht eine Karte und liest sie vor. Zwei Teilnehmer, denen dazu etwas einfällt, setzen sich rechts und links von ihm hin und geben ihre Antworten, der mittlere Teilnehmer wählt die Person aus, deren Antwort ihm am besten gefällt.

Das kann in unterschiedlichen Formen und mit unterschiedlich schwierigem Niveau gespielt werden. Die einfachste Variante: Zu dem Fachbegriff werden einfach nur Assoziationen genannt.

Anspruchsvoller ist es beispielsweise beim Thema „Seminarmethoden", inhaltliche Antworten zu geben und eigene Ideen zu entwickeln. So kann auf einer Karte stehen: *„Wie kann ich in ein trockenes Thema einführen?"* Die Teilnehmer machen sich dazu Gedanken und stellen ihre Ideen vor.

Bei einer NLP-Ausbildung kann die „Milton-Sprache" geübt werden. Auf den Kärtchen stehen klassische Teilnehmerphrasen wie: *„Das geht sowieso nicht."* Dann kann einer der antwortenden Teilnehmer eines der Milton-Sprachmuster anwenden: *„Möglicherweise werden Sie überrascht sein, wie viel das mit ihren Erwartungen an das Thema zu tun hat."*

Bei Seminaren zum Thema „Kreativitätstechniken" können Sie die berühmten „Killerphrasen" auf Kärtchen notieren, die dann vom Teilnehmer vorgelesen werden. Die hinzukommenden Teilnehmer formulieren dazu passende Antworten.

2. Aktivierung: Anwendungsphase

Koffer packen

Ziel/Wirkung: *Einführung in ein Thema oder Wiederholung*
Material: *einen kleinen Koffer voller Gegenstände*
Vorbereitung: *–*
Teilnehmerzahl: *ab 5 Personen*
Form: *um einen Tisch herum/stehend*
Dauer: *5-10 Minuten*

Zur Methode

Eine nette Methode nach Axel Rachow, bei der ich mal aus dem Vollen meiner Kisten mit Requisiten schöpfen kann. Und die Teilnehmer können (stress-)frei zum jeweiligen Seminarthema assoziieren, denn es gibt kein Richtig oder Falsch. Als Trainer gewinnen Sie mit dem Spiel einen Eindruck über den Stand der Gruppe.

Sie können die Übung zur Einführung in ein Thema einsetzen (was denken oder wissen die Teilnehmer schon zum Thema?) oder zur Wiederholung.

Als Material benötigen Sie hierfür einen netten Koffer (ich habe einen schönen beschlagenen kleinen Holzkoffer) voller Gegenstände, kunterbunt gemischt, Spielzeug, Alltagsgegenstände – es ist völlig gleich.

Abb.: Koffer packen

Verlauf Vor den Augen der Teilnehmer packen Sie alle Gegenstände aus dem Koffer und legen Sie auf den Tisch. Die Teilnehmer stehen drum herum. Sie sollen nun zu einer konkreten Fragestellung antworten, indem sie zu einem Gegenstand eine Assoziation bilden und ihn dann in den Koffer zurücklegen.

In einem Seminar zum Thema „Motivation" könnte Ihre Eingangsfrage lauten: *„Was kann ich tun, um meine Motivation zu stärken?"* Oder: *„Wie können Sie die Motivation Ihrer Mitarbeiter erhöhen?"*

Ein Teilnehmer nimmt dann vielleicht die Schildkröte und sagt: *„Langsam, aber beharrlich jeden Tag einen Schritt auf mein Ziel zugehen."* Oder er nimmt den Geldschein (1.000 türkische Lira) und sagt: *„Höhere Honorare verlangen."*

Wenn alle Gegenstände wieder im Koffer sind, ist die Übung beendet.

2. Aktivierung: Anwendungsphase

Kreativ-AGs

Ziel/Wirkung: *Erarbeitung und Präsentation von Themen; Wiederholung, Zusammenfassung*
Material: –
Vorbereitung: –
Teilnehmerzahl: *ab 8 Personen*
Form: –
Dauer: *15-20 Minuten für die Arbeitsgruppen/10 Minuten im Plenum*

Zur Methode

Eine Variante der klassischen Form, bei der Teilnehmer in Arbeitsgruppen über ein Thema diskutieren – oder zuerst einen Stapel Informationen lesen – und dann daraus zu bestimmten Aufgabenstellungen Ergebnisse erarbeiten. Diese werden anschließend im Plenum meist auf Flipcharts oder Beamer präsentiert. Das Verfahren ist selten besonders spannend, schon gar nicht für die AG-Teilnehmer, die nun zum zweiten Mal das Gleiche wiederkäuen.

Eine sehr viel amüsantere Alternative stellen die Kreativ-AGs dar.

Verlauf

Zur Arbeitsgruppenbildung können Sie schon gleich eine spielerische Variante einsetzen: Sie bitten die Teilnehmer, sich nach Vorlieben in drei oder vier Ecken zu verteilen (je nach Größe der Gruppe). Sie fragen: „Wer mag gerne Musik, Theater, Technik, Kunst (Grafik)?"

Die Teilnehmer ordnen sich ihren Vorlieben zu und stellen sich in die jeweils ausgewiesene Ecke. Wenn sie sich nicht ausgewogen verteilen, müssen Sie ein bisschen nachhelfen, damit die Gruppen gleich groß sind. Wer was auswählt, ist im Grunde vollkommen gleichgültig – es ist bloß ein spielerischer Einstieg, der Ihnen die Aufteilung in Gruppen leichter macht, als wenn Sie bereits zu Beginn die Aufgabenstellungen der AGs mitteilen würden.

Nun teilen Sie den Gruppen ihre Aufgaben zu. Bearbeitet werden soll ein bestimmtes gemeinsames Thema, nur jeweils mit unterschiedlichen methodischen Schwerpunkten (Musik, Theater, Technik und Kunst). Ich nutze diese Übung gerne, um eine Zusammenfassung des bisher Gelernten entwickeln zu lassen.

Brückenschlag

Das Thema lautet: „Was ist Suggestopädie?". Es könnte ebenso gut „Was sind die Grundlagen der Motivation?" oder „Was zeichnet einen erfolgreichen Verkäufer aus?" oder „Die Führungsstile" heißen.

Die Musik-AG hat nun die Aufgabe, zu diesem vorgegebenen Thema einen Rap zu texten und zu „komponieren" – und natürlich anschließend in der Gesamtgruppe aufzuführen.

Bei einer Trainer-Ausbildung entstand einmal folgender Rap der **Musik-AG**:

Der Suggestopädie-Rap

1. Strophe:	Wischi-waschi, gebt fein acht Zamyat hat was mitgebracht
Refrain:	Kreative Seminarmethoden sind abgehoben
2. Strophe:	VAK das sind die Typen, die das Seminar vergüten
Refrain:	Kreative Seminarmethoden sind abgehoben

2. Aktivierung: Anwendungsphase

3. Strophe:	Visuell trifft auditiv – hoffentlich geht das nicht schief
Refrain:	Kreative Seminarmethoden sind abgehoben
4. Strophe:	Dann auch noch die Kinästheten, wenn die sich nicht mal verspäten
Refrain:	Kreative Seminarmethoden sind abgehoben
Abschluss:	... gehör'n verboten!

Parallel entwickelt die **Theater-AG** zum Thema einen Sketch.

Die **Technik-AG** soll zum Thema eine Maschine bauen – und zwar aus den beteiligten Menschen. Diese stellen die Teile einer Maschine dar. So hatten Gruppen schon mal den Verdauungsapparat oder die Informationsverarbeitung im Gehirn als Maschine präsentiert. Bei sehr kleinen Gruppen mit wenigen Teilnehmern werden auch schon einmal Hilfsmittel hinzugenommen. So hat eine Zweiergruppe die Aufgabe gelöst, indem der eine als eine Art Roboter auf dem Flipchart das aufschrieb, was ihm der andere per Befehl eingab – eine sehr gelungene Darbietung.

Die **Grafik-AG** gestaltet ein Lernposter oder ein Flipchart zum Thema.

Die Arbeitsgruppen bekommen ca. 15-20 Minuten Zeit, anschließend führen sie ihre Ergebnisse im Plenum vor.

Das macht allen großen Spaß, Zuschauern wie Akteuren. Und auch, wenn es vielleicht nur wie eine Alberei wirkt: In den Arbeitsgruppen wird sehr wohl noch einmal über das Thema und das bisherige Seminar diskutiert. Was war für uns besonders wesentlich? Woran erinnern wir uns besonders? Zudem werden kreative Potenziale geweckt und können sich entfalten.

Teil VI: Spielend lernen

Kreuzworträtsel

Ziel/Wirkung: *Wiederholung, Zusammenfassung*
Material: *Arbeitsblätter mit Kreuzworträtsel oder PCs. Es kann dazu kostenlose Autoren-Software verwendet werden, zum Beispiel „Hot Potatoes"*
Vorbereitung: *–*
Teilnehmerzahl: *ab 2 Personen*
Form: *am Tisch/sitzend*
Dauer: *10-15 Minuten*

Zur Methode

Es gibt ja Menschen, die gerne Kreuzworträtsel lösen oder überhaupt gerne tüfteln. Dieses Kreuzworträtsel macht allerdings noch mehr Spaß, wenn Sie es interaktiv an einem PC bearbeiten, da Sie dann durch das Programm unmittelbare Hilfen und Rückmeldungen bekommen. Aber Sie können es natürlich auch einfach ausdrucken und die Teilnehmer per Hand ausfüllen lassen.

Ich habe dieses Kreuzworträtsel mit der kostenfreien Autoren-Software „Hot Potatoes" erstellt, Sie finden aber auch andere geeignete Programme im Internet. In früheren Zeiten habe ich mühselig per Hand versucht, selbst Kreuzworträtsel herzustellen, wobei sich nur alle Schaltjahre mal zwei Wörter kreuzten. Hinzu kam noch die grafische Arbeit und das Schwarzmalen der Kästchen – nicht sehr angenehm! Das ist bei Hot Potatoes dagegen sehr einfach umzusetzen. Sie geben einfach Ihre Begriffe, die geraten werden sollen, in einer Liste ein – und das Programm kreuzt diese dann automatisch für Sie.

2. Aktivierung: Anwendungsphase

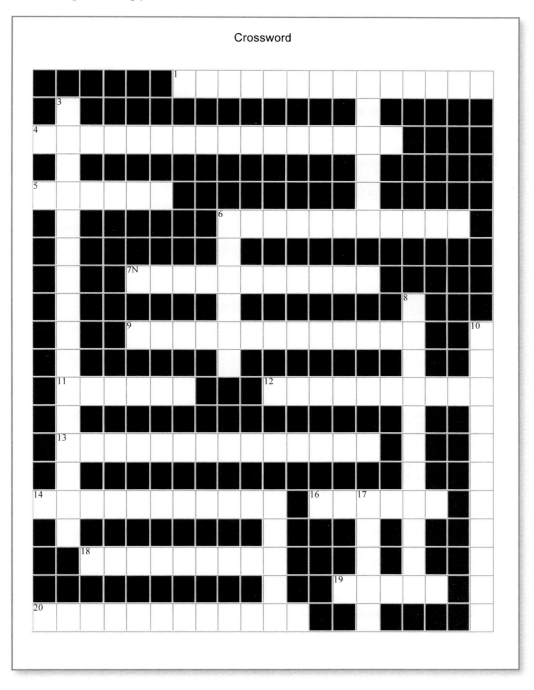

Abb.: Kreuzworträtsel

Across:

1 Einführung in ein Thema – Karten und Gegenstände werden auf den Boden gelegt

4 ein Prinzip, das dem Lernen zugrunde liegen sollte

5 Methode zu Wiederholung mit Karten auf dem Tisch

6 Einschleifen von z.B. Fachbegriffen – bewegtes Spiel im Stuhlkreis

7 zum Namen lernen

9 morgens praktiziert, bereiten sie gut auf das Lernen vor

11 viele Einzelheiten führen zum Ganzen

12 eine Form der Visualisierung

13 sinnvoller Wechsel der Methoden und Sozialformen

14 Einführung in ein Thema – mit Musik und einer Geschichte

16 Wiederholung mit Karten, die zusammen-gelegt werden müssen

18 bevorzugte Lernkanäle drücken sich aus in ...

19 Fachbegriffe wiederholen und schreiben

20 Fachbegriffe vertraut machen durch suchen

Down:

2 sie fördern die Effektivität des Lernens und machen Spaß

3 ein Spiel zum Kennenlernen und zur Wiederholung

6 ein rhythmisches Konzentrationsspiel mit Fachbegriffen – nicht ganz einfach

8 eine wichtige Grundlage für mentales Training und grundsätzlich gesund

10 Wiederholungsübung für Kinästheten

15 Bewegung und Musik mit einer Gruppe

17 kann manchmal im Hintergrund laufen

2. Aktivierung: Anwendungsphase

Wenn Ihre Teilnehmer mit Hot Potatoes im Seminar arbeiten können, dann gibt es die Möglichkeit, sich Hilfe geben zu lassen. Man kann sich den ersten Buchstaben des gesuchten Wortes anzeigen lassen; wenn einem das noch nicht weiterhilft, den nächsten Buchstaben usw. Das Programm zählt anschließend die Punkte zusammen, so dass Sie es auch als Wettspiel einsetzen können.

Verlauf

Jeder Teilnehmer erhält das Arbeitsblatt und versucht, das Rätsel zu lösen. Sie können die Teilnehmer auch in Paaren oder kleinen Gruppen daran arbeiten lassen. Im vorliegenden Beispiel diente das Kreuzworträtsel noch einmal als Wiederholung und Zusammenfassung am Ende eines Seminars zum Thema „Suggestopädie". Umlaute wie „Ü" bilden nur einen Buchstaben. (Die Auflösung können Sie bei mir per E-Mail anfordern.)

Bemerkungen

Mit Hot Potatoes können Sie auch Lückentexte erstellen, Schüttelsätze und Multiple-Choice-Aufgaben. Diese machen am PC besonders viel Spaß, denn Sie können witzige Antworten eingeben, wenn Teilnehmer die falsche Antwort ankreuzen. Etwa nach dem Motto: *„Paris ist zwar auch eine schöne Stadt, aber nicht die Hauptstadt von Italien!"*

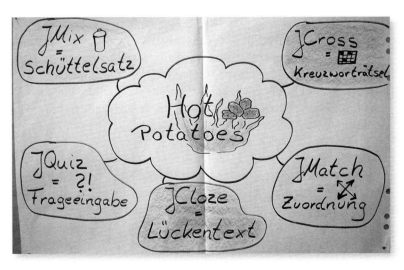

Abb.: Überblick über Hot Potatoes

Mind Map auf dem Boden

Ziel/Wirkung: *Wiederholung, Zusammenfassung; zeichnen und bewegen*
Material: *beschriftete Moderationskarten*
Vorbereitung: –
Teilnehmerzahl: *ab 7 Personen*
Form: *im Kreis/stehend*
Dauer: *10 Minuten*

Zur Methode

Mit dieser Methode können Inhalte des Seminarthemas aktiv wiederholt werden, nachdem sie vorher vielleicht eher passiv eingeführt wurden, beispielsweise mit einem Trainer-Sketch und einem Lernkonzert.

Material

Sie benötigen beschriftete Moderationskarten, auf denen Stichworte stehen: Alle Stichworte auf orangefarbigen Karten, dann noch einmal die gleichen Stichworte, thematisch verteilt auf rote, gelbe, grüne und blaue Karten. Als Beispiel nehme ich hier das Thema „Das Unbewusste" (im Zusammenhang mit dem Thema „Mentale Arbeit").

Verlauf

In der Mitte liegt eine Moderationswolke, worauf steht: *„Das Unbewusste"*. Als Hauptäste eines Mind Maps® liegen daneben (in allen vier Ecken) vier große runde Moderationskarten in vier Farben.

- ▶ Auf der grünen Karte steht „Erinnerung"
- ▶ Auf der roten Karte „Gefühle"
- ▶ Auf der blauen Karte „Vorstellungskraft"
- ▶ Auf der gelben Karte „Vegetatives Nervensystem"

2. Aktivierung: Anwendungsphase

Zuordnung

Jeder Teilnehmer zieht blind eine orangefarbene Moderationskarte mit folgenden Stichworten:

Herzschlag, Begeisterung, Fantasie, Gelerntes, Intuition, Ärger, Pupillen, Trauer, Innere Bilder, Erlebtes, Angst, Ideen, Gänsehaut, Kreislauf, Verdauung, Freude

Sie sollen nun ihr Stichwort einem der vier angebotenen Oberbegriffen zuordnen, so dass am Ende ein großes Mind Map auf dem Boden liegt.

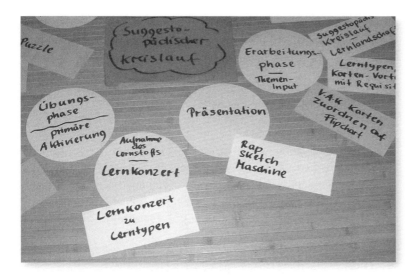

Abb.: Mind Map auf dem Boden

Kontrolle

Nun werden die einzelnen Karten überprüft, ob sie richtig liegen. Das ist bei dem Thema und der Zielgruppe meist kein Problem, aber es geht mir bei Trainer-Seminaren auch hauptsächlich darum, die Methode und das Verfahren an einem Beispiel deutlich zu machen. Das Verfahren: Alle Stichworte stehen noch einmal auf farbigen Karten, die nun gegen die orangefarbenen ausgetauscht werden. Daran kann man dann erkennen, ob die Karte richtig zugeordnet wurde oder nicht. Wenn die Karte „Freude" (rot) ausgetauscht wird, sie jedoch neben dem Vegetativen Nervensystem (gelb) gelegen hat, dann war es falsch. Die Teilnehmer nehmen dann die entsprechende orangefarbige Karte wieder an sich.

Nachdem alle Karten ausgetauscht sind und richtig zusortiert liegen, bekommt jeder zwei weitere Aufgaben: Zu seinem Stichwort soll jeder auf einer weiteren Moderationskarte eine Zeichnung oder ein Symbol anfertigen und sich eine Bewegung dazu ausdenken. Die anderen sollen das Stichwort nicht sehen.

Danach kommen alle im Kreis zusammen. Ein Teilnehmer zeigt seine Zeichnung. Die anderen raten – stumm – was sie bedeuten mag. Dann macht der Teilnehmer seine Bewegung vor – und alle machen die Bewegung mit. Erst danach darf laut geraten werden. Nachdem drei bis vier Teilnehmer ihre Vermutungen und Interpretationen mitgeteilt haben, bestätigt oder korrigiert der Teilnehmer seine Äußerungen.

Variante: Zum Seminarabschluss
Diese Methode eignet sich auch wunderbar zur Integration des gesamten Verlaufs und Inhalts am Ende eines Seminars.

Beim Seminar „Kreative Seminarmethoden" oder bei der Trainer-Ausbildung werden die Oberpunkte (auf blauen runden Moderationsscheiben) ebenfalls vorgegeben. Diese bezeichnen die verschiedenen Seminarphasen: Einstieg (Kennenlernen), Hinführung zum Thema, Input, Einführung in eine Thema, Erarbeitung von Themen, Wiederholung und Übung, Integration, Abschluss.

Die einzelnen Methoden sind auf grüne Moderationskarten geschrieben. Jeder Teilnehmer zieht eine oder zwei Karten (je nach Gruppengröße). Die Aufgabe besteht darin, die Karte (= Methode) der richtigen Seminarphase zuzuordnen. Nun soll aber nicht einfach jeder seine Karte dahin legen, wo sie hinzupassen scheint, sondern muss sich vorher mit einem anderen Teilnehmer darüber austauschen und sich einigen. Erst dann darf die Karte abgelegt werden.

Wenn alle Karten abgelegt sind, wird gemeinsam überprüft, ob alles richtig liegt. Sie als Trainer korrigieren oder beantworten Fragen, wenn sich Teilnehmer nicht ganz sicher oder einig waren, wozu die Karte gehört.

2. Aktivierung: Anwendungsphase

Passt

Ziel/Wirkung: *Wiederholung, Herstellen von Zusammenhängen, Begründungen*
Material: *beschriftete Moderationskarten*
Vorbereitung: *–*
Teilnehmerzahl: *ab 8 Personen*
Form: *Stuhlkreis/sitzend*
Dauer: *10 Minuten*

Zur Methode

Hier müssen die Teilnehmer Zusammenhänge zwischen Lerninhalten herstellen und frei erläutern. Für das Spiel werden Karten mit entsprechenden Stichworten vorbereitet. Beispiele zum Thema „Seminarmethoden" sind: *Entspannung – ganzheitlich – Lerntypen – Mind Map – Visualisierung – Energieaufbau – Spiele.*

Verlauf

Jeder Teilnehmer zieht eine Karte. Einer (A) beginnt und hält seine Karte so schnell wie möglich hoch, nennt seinen Begriff und erläutert ihn. Der nächste Teilnehmer, der meint, er habe eine dazu passende Karte (B), hält diese hoch, ruft *„Passt"* und erläutert den Zusammenhang. Das heißt, er sagt als erstes einen Satz, warum er meint, dass seine Karte „Entspannung" zu der Karte „Lernkonzert" passt. Danach beschreibt er sein Stichwort noch mit einem weiteren Satz.

Teilnehmer A nimmt nun seine Karte herunter, B behält seine oben, damit C nun eine Karte hochheben kann, die zu B passt.

Ein Beispiel

A hält die Karte „Entspannung" hoch. Seine Erläuterung: *„Entspannung ist ein wichtiges Element bei suggestopädischem Lernen, weil sie hilft, Inhalte ins Langzeitgedächtnis zu transportieren."* Daraufhin hält B seine Karte „Lernkonzert" hoch und ruft: *„Passt! – Bei einem Lernkonzert wird der Inhalt wiederholt, wobei die Teilnehmer entspannt liegen."* Dann fügt er eine Erläuterung zu seinem Begriff an. *„In einem Lernkonzert wird ein trockener Fachinhalt in eine interessante Geschichte verpackt."* C hält seine Karte „Musik" hoch und verkündet: *„Passt! – Zu einem Lernkonzert läuft im Hintergrund Musik, daher der Name* Lernkonzert.*"* Dann ergänzt er noch: *„Musik kann man außerdem bei rhythmischen Spielen einsetzen."*

Bemerkungen Das ist nicht so einfach, wie es vielleicht zunächst klingt. Manche Teilnehmer geraten ganz schön ans Rudern, ihre Karte im rechten Moment anzubringen und zu erläutern, in welchem Zusammenhang ihr Stichwort zu dem vorherigen steht.

2. Aktivierung: Anwendungsphase

Rundfunk

Ziel/Wirkung: *Bearbeitung, Zusammenfassung*
Material: –
Vorbereitung: –
Teilnehmerzahl: *ab 4 Personen*
Form: *Paare/sitzend*
Dauer: *15 Minuten*

Zur Methode

Kreative Bearbeitung und Vertiefung eines Seminarthemas, nach Tony Stockwell.

Verlauf

Die Teilnehmer erarbeiten zu zweit oder zu dritt eine Radiosendung. Dies kann in Form eines Kommentars, eines Interviews, einer Berichterstattung oder Talkshow erfolgen.

Varianten
Lebendiger wird die anschließende Darbietung, wenn man mit Stühlen und Requisiten ein Studio aufbaut, ein Mikrophon hinzunimmt, ein umgedrehter Tisch – was auch immer den Teilnehmern einfällt, um sich in die entsprechende Stimmung zu bringen.

Bei größeren Gruppen kann man erst einmal gemeinsam an einem Flipchart Themen sammeln, die als „Radioformat" bearbeitet werden sollen. Jede Gruppe wählt dann ein Thema aus und teilt mit, welche Form der Sendung sie wählt.

Tageszeitung

Statt einer Radiosendung kann man auch eine Tageszeitung erstellen: Hier können die Gruppen zwischen Ressorts (Wirtschaft, Politik, Gesellschaft, Kultur, Vermischtes) und der Textform (Nachricht, Reportage, Krimi, Reisebericht, Interview, Glosse, Kommentar usw.) wählen.

Plakatwerbung

Das Thema kann natürlich auch als Werbung bearbeitet werden: In diesem Fall erstellt die Gruppe eine Plakatwand, Wurfzettel, Flyer, Busbeschriftungen oder Ähnliches.

2. Aktivierung: Anwendungsphase

Songline-Lernstraße

Ziel/Wirkung: *Wiederholung*
Material: *Karten mit Inhalten*
Vorbereitung: *Karten herstellen*
Teilnehmerzahl: *ab 6 Personen*
Form: *Reihe/gehend*
Dauer: *5-10 Minuten*

Zur Methode

Diese Übung ist als Variante der „Lernstraße" gedacht, wie ich sie weiter vorne (siehe Seite 241) für die Phase der ersten Aktivierung vorgestellt habe. Bei der ursprünglichen Variante liegen Karten mit Fachbegriffen oder Vokabeln auf dem Boden. In einem Abstand davon liegen rechts entsprechende Bildkarten und in einer dritten Reihe verdeckt die Übersetzung oder Erklärung der Begriffe. Die Teilnehmer durchschreiten diese Lernstraße, schauen links zum Fachbegriff und prüfen, ob sie ihn kennen. Wenn nicht, schauen sie nach rechts zum Bild – wenn auch das als Erinnerungshilfe nicht genügt, drehen sie die Karte mit der Übersetzung um. Soweit die normale Lernstraße.

Verlauf

Die Begriffe oder Stationen der Lernstraße können ebenfalls hintereinander in einer Reihe auf dem Boden liegen. Die Aufgabe besteht nun darin, diese in der richtigen Reihenfolge in einem Lied oder gar in einem Tanz zusammenzufassen, so dass man die Lernstraße „absingen" oder „abtanzen" kann.

Wenn Sie oder die Teilnehmer sich nicht berufen fühlen, selbst ein Lied zu erfinden, so können Sie auf ein Bekanntes zurückgreifen und es entsprechend umtexten. Das erfordert natürlich ein wenig

Arbeit, aber ich bin mir sicher, wenn eine Arbeitsgruppe eine solche „Songline" entwickelt, dann sitzt der Stoff.

Tipp

Es empfiehlt sich, die entwickelten Melodien zur Erinnerung aufzuzeichnen, auf einer Kassette, per MP3-Recorder oder aufs Handy – der Möglichkeiten gibt es heute ja viele. Mir persönlich fällt es zwar recht leicht, aus dem Stegreif Melodien zu entwickeln, aber sie exakt zu behalten, ist viel schwerer. Es dürfen auch nicht zu komplizierte Melodien sein, sondern am besten kurze rhythmische, so wie bei Indianerliedern oder -tänzen. Denn die Melodien sollen ja von allen gelernt und nachgesungen werden können. Passende Bewegungen ergeben sich dann fast von selbst.

Bemerkungen

„Songline" ist ein Begriff aus der Welt der Aborigines. In Wikipedia lesen wir: „Die Songlines der Aborigines ergeben eine unsichtbare, mythische Landkarte Australiens, die per Gesang von Generation zu Generation weiter getragen wird, und Grundlage der Wanderungen (Walkabouts) der Australischen Urbevölkerung sind. Diese Landkarte wird von der Zivilisation durch Baumaßnahmen verändert, so dass die kulturellen Wurzeln der Urbevölkerung zerstört werden und verloren gehen."

2. Aktivierung: Anwendungsphase

Versteigern

Ziel/Wirkung: *Wiederholung, Zusammenfassung*
Material: *Gegenstände der Teilnehmer*
Vorbereitung: –
Teilnehmerzahl: *ab 7 Personen*
Form: *Stuhlkreis/sitzend*
Dauer: *5-10 Minuten*

Zur Methode

Eine nette und außergewöhnliche Methode, um noch einmal einen bestimmten Lernstoff zusammenzufassen oder zu erinnern, stammt von Kathleen Brandhofer-Bryan.

Verlauf

Der Trainer sammelt von jedem Teilnehmer einen persönlichen Gegenstand ein, z.B. eine Uhr, einen Ohrring, einen Gürtel, das Handy. Diese Gegenstände sollen versteigert werden. Geboten werden kann jeweils eine wertvolle Definition, eine Formel, ein Satz oder anderes aus dem gerade bearbeiteten Thema oder dem Lernstoff. „Ich biete die ALPEN-Methode!" – „Die ALPEN-Methode zum Ersten, zum Zweiten ..." – „Ich biete das Pareto-Prinzip!" – „Das Pareto-Prinzip zum Ersten, zum Zweiten ..." usw.

Wenn ein Gebot gemacht wird, fangen Sie als Trainer und Auktionator sofort mit dem Versteigern an: „Zum Ersten ...". Die anderen Teilnehmer, die ihre Gegenstände zurückhaben wollen, müssen daher sehr schnell reagieren und ein „höheres" Gebot machen. Es geht also auf Tempo und es wird ein ziemliches Geschrei ausbrechen. In Ihrer Rolle als Auktionator entscheiden Sie, wann Sie „... zum Dritten" rufen und wer den Zuschlag erhält.

Wenn alle Gegenstände versteigert sind, sind diese nicht unbedingt wieder beim ursprünglichen Besitzer gelandet. Jeder kann sein Geschmeide wieder zurückbekommen, indem er vorher eine kleine Aufgabe erfüllt, die der momentane Besitzer ihm zuweist. Beispielsweise: *„Sing mir ein Lied, dann bekommst Du Deine Uhr zurück."*
– *„Ich gebe Dir Deinen Gürtel wieder, wenn Du drei Kniebeugen machst."* usw.

Bemerkungen und Varianten

Sie können vorher die Kriterien festlegen und mitteilen, nach denen die Gebote bewertet werden. In der Ursprungsvariante erhält die Person den Zuschlag, die als erste ein Gebot abgibt.

Mögliche weitere Varianten sind:
▶ Wer den cleversten Satz sagt
▶ Wer den anspruchsvollsten, den schwierigsten Fachbegriff nennt
▶ Wer die meisten Begriffe bietet usw.

Abb.: Versteigern – wer eine kleine Aufgabe erfüllt, erhält das Pfand zurück

2. Aktivierung: Anwendungsphase

Wer bin ich?

Ziel/Wirkung: *Wiederholung*
Material: *Rückenschilder mit Fachbegriff oder Namen*
Vorbereitung: *–*
Teilnehmerzahl: *ab 8 Personen*
Form: *frei im Raum/gehend*
Dauer: *5-10 Minuten*

Zur Methode

Ein Wiederholungsspiel, mit dem noch einmal wichtige Inhalte, Fachbegriffe oder Schlüsselworte in Erinnerung gerufen werden. Beim Erlernen von Fremdsprachen wird hier zusätzlich freies Sprechen geübt.

Verlauf

Jeder Teilnehmer bekommt einen Zettel auf den Rücken geklebt, auf dem einer der behandelten Fachbegriffe oder eine Vokabel steht. Alle Teilnehmer laufen durch den Raum und stellen den anderen Fragen zu ihrem Begriff, die nur mit „Ja" oder „Nein" beantwortet werden dürfen. Für jede Frage müssen sie sich einen neuen Partner suchen. Wer seine Identität erraten hat, kann sich von Ihnen eine neue Karte abholen.

Variante
Die gesuchten Personen können auch berühmte Persönlichkeiten aus dem Bereich sein, mit dem sich die Teilnehmer gerade im Seminar beschäftigen.

Teil VI: Spielend lernen

Wirf mal die Spaghetti rüber

Ziel/Wirkung: *Wiederholung oder Auswertung*
Material: *Spaghetti-Frisbee*
Vorbereitung: *–*
Teilnehmerzahl: *ab 8 Personen*
Form: *Kreis/stehend*
Dauer: *5 Minuten*

Zur Methode

In der Kindergartenabteilung auf der Didacta werde ich immer fündig. Unter anderem habe ich dort ein Frisbee mit Spaghetti Bolognese erworben. Das setze ich gerne in einer Auswertungsrunde ein, wobei ich es überraschend hervorhole und dem ersten Teilnehmer zuwerfe. „Ihhh" ertönt es dann oft erst einmal überrascht, dann folgt Lachen.

Abb.: Wirf mal die Spaghetti rüber

2. Aktivierung: Anwendungsphase

Sie stellen eine Frage zum Seminar, beispielsweise: *„Was nehme ich aus dieser Übung mit?"* Oder: *„Welche Fragen sind noch offen?"*, *„Womit will ich weiterarbeiten?"*, *„Was setze ich als erstes um?"* Der Teilnehmer, der das Frisbee fängt, antwortet und wirft es dann an einen beliebigen Teilnehmenden mit der gleichen Frage weiter.

Verlauf

Variante

Die Teilnehmer können eigene Fragen zum Seminarinhalt entwickeln und stellen. Statt einer Frisbee-Scheibe können Sie natürlich auch einen Ball einsetzen oder einen „Wurfmatz" (ein mit Dinkelspreu gefülltes Baumwollsäckchen mit langem Schwanz und langsamen Flugeigenschaften) – oder, auch das gibt es, ein Pizza-Frisbee.

Würfelspiel auf dem Boden

Ziel/Wirkung: *Wiederholung*
Material: –
Vorbereitung: –
Teilnehmerzahl: *ab 8 Personen*
Form: *frei im Raum/gehend*
Dauer: *5-10 Minuten*

Zur Methode

Ein Wiederholungsspiel für Kinästheten, die dabei stehen und herumlaufen können, statt Figuren auf einem Spielbrett zu schieben.

Verlauf

Auf dem Boden liegen Karten mit Fragen zum Thema im Kreis angeordnet. Auf der Rückseite stehen die Antworten. Ein Teilnehmer würfelt (mit einem großen Schaumstoffwürfel) und zählt entsprechend seiner Punktzahl die Karten ab. Man kann eine große Figur als Spielfigur nehmen – oder der Teilnehmer selber ist die „Spielfigur" und schreitet die Karten ab. Er liest die entsprechende Karte vor und beantwortet sie. Dann schaut er auf der Rückseite nach und liest auch die Antwort. Die Karte wird dann mit der Antwort nach oben wieder auf den Boden gelegt. Kommt bei einem späteren Zug ein anderer Spieler auf diese Karte, so muss er anhand der Antwort die Frage herausfinden oder erinnern.

Variante
Man kann das Spiel von den Teilnehmern selbst entwickeln lassen.

Brettspiele

Zur Methode

Brettspiele kann man selbst herstellen – zu allen möglichen Themen, in vielfältigsten Formen und mit den unterschiedlichsten Regeln und Abläufen. Damit sie aber wirklichen Spiel-Charakter erhalten und sich nicht auf ein bloßes Abfragen reduzieren, sollten einige besondere spielerische Elemente eingebaut werden sowie Überraschungen und ein Glücksfaktor.

Benötigtes Material
Das Spielbrett können Sie auf einen festen Karton aufmalen oder aufkleben, weiterhin brauchen Sie noch Kärtchen (mit Fragen, Aufgaben, Aktionen etc.), Spielpüppchen und Würfel.

Abb.: Einige Spielbrett-Varianten

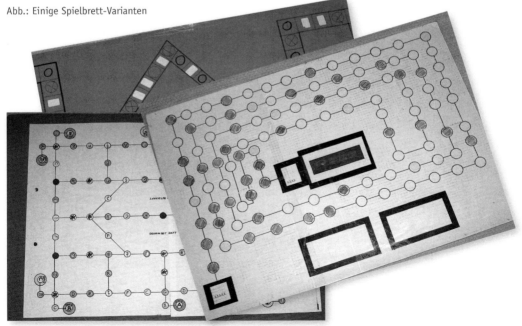

Selbst die Spielpüppchen können Sie selber herstellen. Bei einem Brettspiel zum Thema „Dreieck" haben die Ausbilder dreieckige Spielfiguren gebastelt, ebenso dreieckige Würfel, das Brett musste aus mehreren Dreiecken wie ein Puzzle zusammengelegt werden. Die Spielkarten waren ebenfalls dreieckig. Auch hatten alle Aktionskarten, die neben den Wissens-Fragekarten im Einsatz waren, mit dem Thema „Dreieck" zu tun: *„Bildet zu dritt ein rechtwinkliges Dreieck.", „Krabbele auf drei Beinen über den Boden und singe: mein Hut, der hat drei Ecken."* usw.

Abb.: Dreieck-Spiel

Der typische Verlauf von Brettspielen

Jeder Teilnehmer erhält eine Spielfigur. In der Regel gibt es einen Startpunkt, durch Würfeln bewegen sich die Spieler auf dem Brett weiter. Je nach Feld, auf das die Figuren kommen, wird eine Karte gezogen und die entsprechende Aufgabe gelöst oder Frage beantwortet.

3. Brettspiele

Motivations-Bingo

Ziel/Wirkung: *Motivation zu einem konkreten Vorhaben überprüfen*
Material: *Arbeitsblätter mit Bingo-Raster, Frage- und Glückskarten*
Vorbereitung: *Arbeitsblätter und Kärtchen kopieren*
Teilnehmerzahl: *ab 4 Personen*
Form: *Tische/sitzend*
Dauer: *30-50 Minuten*

Zur Methode

Mit diesem Spiel, entwickelt von Dorothea Driever-Fehl, können die Teilnehmer ihre Motivation für ein konkretes Vorhaben thematisieren und im Austausch mit den anderen Gruppenmitgliedern überprüfen. Durch das schriftliche und anschließend mündliche Formulieren werden Dinge klarer. Durch Fragen oder auch durch die Beispiele der anderen können noch hilfreiche Ideen hinzukommen, die den Einzelnen helfen, ihr Vorhaben umzusetzen.

Verlauf

Jeder Teilnehmer erhält ein Blatt mit dem Bingo-Raster (leere Kästchen mit Kreisen (siehe Abb. auf Seite 303), Fragen und Glückskarten liegen verdeckt auf dem Tisch. Jeder notiert sich sein Ziel, sein Vorhaben oben auf das Blatt und trägt in jeden Kreis eine beliebige Zahl zwischen 1 und 24 ein.

Der erste Teilnehmer deckt eine Karte auf, nennt die Nummer der Karte und liest die Frage vor, die auf der Karte steht. Alle Teilnehmer, die diese Nummer in ihren Kästchen notiert haben, schreiben nun drei Stichworte zu der Frage in ihr Kästchen. Wem nichts einfällt, kann auch für eine spätere Bearbeitung ein Fragezeichen eintragen.

Anschließend erzählt jeder kurz etwas zu seinen Stichworten. (Nennen Sie am besten eine Zeitvorgabe und verteilen Sie Stoppuhren oder Sanduhren, beispielsweise höchstens drei Minuten für jeden, je nachdem, wie viel Zeit im Seminar verfügbar ist. Die Teilnehmer werden sich ohnehin nicht sklavisch daran halten, es ist auch nicht notwendig. Es geht vielmehr darum, sich vertiefend mit dem Thema zu befassen und nicht um reines Abfragen in vorgegebener Zeit. Die Zeitangabe soll nur eine grobe Richtschnur sein, damit nicht einige ewig reden und andere nur zwei Stichworte aufzählen.)

Dann zieht die nächste Person (im Uhrzeigersinn) eine Karte. Wer eine Kästchenreihe waagerecht, senkrecht oder diagonal mit Stichworten gefüllt hat, ruft *"BINGO"*. Die Glückskarten zählen dabei mit. Sie können als Gesprächsanlass dienen oder einfach als Geschenk genommen werden. Diejenigen, die Fragezeichen in ihren Kästchen haben, können die anderen um Hilfe und Ideen bitten. Es können auch noch Ideen zu den Glückskarten geäußert werden.

Fragekarten und Glückskarten sind wild durcheinander gemischt. Die begünstigen Teilnehmer können sich entweder einfach über ihre Glückskarte freuen (*"Juhu, ich habe einen Helfer"*) oder die anderen Teilnehmer spontan Ideen äußern lassen, wie eine Hilfestellung aussehen könnte. Wenn jemandem etwas dazu einfällt, kann er dies aussprechen, muss aber nicht.

3. Brettspiele

Abb.: Bingo-Raster

Abb.: Einige beispielhafte Frage- und Glückskarten. Alle Kartentexte können bei der Spieleautorin Dr. Driever-Fehl angefordert werden (www.plus-motivation.de).

1 Was begeistert Dich an Deinem Ziel?

2 Was willst Du mit Deinem Ziel erreichen?

3 Warum hast Du dieses Ziel ausgewählt?

4 Stell Dir vor, Du hast Dein Ziel erreicht. Wie fühlst Du Dich?

5 Welche Fähigkeiten hast Du, Dein Ziel zu erreichen?

6 Traust Du Dir zu, Dein Ziel zu erreichen? Warum?

7 Was werden Deine nächsten Schritte sein?

8 Welchen Druck hast Du, Dein Ziel zu erreichen?

9 Was gefällt Dir an der augenblicklichen Situation nicht?

10 Glückskarte
Du hast einen unsichtbaren Helfer.

11 Glückskarte
Jemand räumt Dir ein Hindernis aus dem Weg.

12 Glückskarte
Geld spielt keine Rolle!

Praxisspiel-Erfahrungsaustausch

Ziel/Wirkung: *strukturierter Erfahrungsaustausch*
Material: *Spielbrett, Spielkarten, Figuren, Würfel*
Vorbereitung: *Spielbretter und Fragekarten herstellen*
Teilnehmerzahl: *ab 8 Personen*
Form: *Tische/sitzend*
Dauer: *30-50 Minuten*

Zur Methode

Dieses Spiel eignet sich für den Seminareinstieg, um einen strukturierten Erfahrungsaustausch anzuregen. Gleichzeitig kann dabei auch deutlich werden, wo der Bedarf der Teilnehmer liegt, welche Schwerpunkte vor allem bearbeitet werden sollten. Die Ursprungsvariante stammt meiner Erinnerung nach von Ulrich Baer, Akademie Remscheid.

Verlauf

Jeder Teilnehmer wählt eine bestimmte Farbe aus, die mit seiner Spielfigur und seinem Startfeld korrespondiert. Es wird reihum gewürfelt und die Punktzahl des Würfels gibt an, wie viele Felder man mit seiner Spielfigur weitersetzen kann.

Der Weg auf dem Spielfeld besteht aus verschiedenen bunten Punkten. Die Richtung, in die sich eine Spielfigur bewegt, ist gleichgültig, denn es gibt kein bestimmtes Ziel (auf dem Spielbrett), das sie erreichen muss. Entscheidend ist das Feld, auf dem sie nach dem Würfeln landet. Kommt sie auf einen blauen Punkt, so geht die Frage an den Teilnehmer, der die Farbe Blau gewählt hat.

3. Brettspiele

In der Mitte des Feldes liegen verdeckt die Fragekarten. Wer an der Reihe ist, zieht eine Karte und stellt die Frage an den Teilnehmer, auf dessen Farbfeld er steht.

Es bleibt den Teilnehmern überlassen, wie ausführlich sie auf ein Thema eingehen und wie sehr sie es vertiefen wollen. Sollte eine Fragestellung unangenehm oder zu persönlich sein, sollte sich niemand gezwungen fühlen, sich zu äußern.

Diese äußere Form und Struktur dient dazu, dass alle die Chance haben, zu Wort zu kommen, kann aber jederzeit nach Wunsch variiert werden. So kann ein Teilnehmer beispielsweise alle Teilnehmer auffordern, eine Stellungnahme oder Informationen zu einem konkreten Punkt abzugeben. Es geht ja vor allem darum, den Erfahrungsaustausch der Teilnehmer zu intensivieren und nicht darum, sich sklavisch an irgendwelche Regeln zu halten.

Bemerkungen

Spielbrett
Das Spielbrett ist neutral, das heißt themenunabhängig, und kann mit veränderten Karten zu beliebigen Themen eingesetzt werden. Da die Herstellung eines solchen Bretts etwas Zeit kostet, wird dies durch mehrfachen Einsatz lohnender. Wenn Sie es noch laminieren, hat das Spielbrett eine noch längere Lebensdauer.

Spielkarten
Auf den Karten stehen Fragen oder Aussagen, die zum Teil mit der Arbeit zu tun haben und so einen Einblick in die unterschiedlichen Organisationsformen und Probleme der Arbeit geben, zum Teil aber auch persönliche Bereiche ansprechen können. Sie können sehr präzise auf das Seminarthema abgestimmt sein oder auch eher allgemein gehalten werden, wie beim Beispiel unten.

Beispiele für Aussagen und Fragen auf beruflichen Karten
- Was macht Ihnen am meisten Spaß bei Ihrer Arbeit?
- *Ich habe mich in meinem Beruf noch nie gelangweilt!* – Trifft diese Aussage auf Sie zu?

- *Wegen des vielen täglichen Kleinkrams sehe ich oft gar keine Linie, keinen Zusammenhang in meiner Tätigkeit.* – Geht es Ihnen auch so?
- *Bei mir herrscht eine strikte Trennung zwischen Arbeit und Privatleben.* – Wie ist das bei Ihnen und wie stehen Sie dazu?
- Was ist Ihnen am unangenehmsten bei Ihrer Arbeit?
- Welche Perspektive sehen Sie für sich bei Ihrer Arbeit?
- *Mit meinem Kollegen/Mitarbeitern komme ich prima klar.* – Stimmt das?
- Wie sieht bei Ihnen die Zusammenarbeit zwischen den verschiedenen Abteilungen (Ebenen) aus? Wie sind Sie damit zufrieden?
- Wenn Sie drei Dinge am Arbeitsplatz verändern könnten, was wäre das?

Beispiele für persönliche Karten
- Was machen Sie am liebsten? Nennen Sie spontan drei Tätigkeiten.
- Wenn unsere Gruppe Sie an Ihrem Wohnort besuchen würde, wohin würden Sie mit uns „ausgehen" oder was würden Sie mit uns machen?
- Gesetzt den Fall, Sie hätten die Möglichkeit, sich Ihren Beruf völlig frei wählen zu können, was würden Sie am liebsten tun?
- Wie wohnen Sie? In der Stadt, auf dem Land, allein, mit anderen? Wie sind Sie damit zufrieden?
- Welche Musik mögen Sie?
- Wie alt sind Sie und wie stehen Sie zu Ihrem Alter? Wären Sie gerne jünger oder älter?
- Wohin würden Sie gerne verreisen, wenn es Sie überhaupt nichts kosten würde?
- Was machen Sie so in Ihrer Freizeit?
- Wo und wie verbringen Sie dieses Jahr Ihren Urlaub (oder haben ihn verbracht)?
- Was ist Ihre Lieblingsspeise?
- Können Sie uns ein interessantes Buch empfehlen, das Sie in letzter Zeit gelesen haben?

Türkeireise-Spiel

Ziel/Wirkung: *Einführung oder Vertiefung eines Fachthemas*
Material: *Spielbrett, Spielkarten, Figuren und Würfel*
Vorbereitung: *Spielbretter und Fragekarten herstellen*
Teilnehmerzahl: *ab 8 Personen*
Form: *Tische/sitzend*
Dauer: *30-50 Minuten*

Zur Methode

Stellvertretend für jedes beliebige Fach- oder Sachthema lernen Sie hier das Türkeireise-Spiel kennen, über das soziokulturelle Hintergründe eines Landes vermittelt werden. Statt einer Landkarte können auch eine Maschine, der Blutkreislauf oder die Aufbauanleitung eines Schranks auf dem Spielbrett abgebildet sein. Die Spielstationen können dann die jeweiligen Prozess- oder Arbeitsschritte sein. An diesem Beispiel kann man sehr schön erkennen, welche Möglichkeiten Brettspiele außer einer Wissensabfrage noch zu bieten haben.

Sie können auch ein Thema nehmen wie „Schritte zum erfolgreichen Verkaufen", als Spielbrett ein Autohaus oder eine Bank oder was auch immer abbilden, wofür Sie die Teilnehmer trainieren. Hier ebenfalls mischen: Verhaltenskarten, Wissenskarten, Aktionskarten etc. Lediglich die Spachkarten fallen weg. Es sei denn, Sie wollen die Mitarbeiter auch trainieren, im Sprachmuster ihrer Kunden zu kommunizieren – oder Sie wählen bestimmte Fachbegriffe aus, die zum Thema gehören.

Spielbrett
Auf dem Spielbrett ist der Landesumriss der Türkei abgebildet, die Städte und Orte sind die Punkte, auf denen sich die Spielfiguren

bewegen. Auf jedem Punkt ist ein Symbol abgebildet. Dazwischen sind einige Fotos aus der Region aufgeklebt (aus Reiseprospekten oder eigenen Urlauben). Der Start ist in Istanbul.

Spielkarten

Es gibt verschiedene Karten, die entsprechend auf der Rückseite gekennzeichnet sind.
- Wissenskarten
- Aktionskarten
- Sprachkarten
- Verstehenskarten
- Verhaltenskarten

Weiter unten finden Sie einige Beispiele für die Kartenbeschriftung.

Verlauf Alle Teilnehmer stehen am Start (Istanbul) und würfeln nacheinander. Die Würfelzahl bestimmt, wie weit sie ihre Figuren setzen.

Als erstes muss der Teilnehmer mithilfe einer Türkeikarte herausfinden, an welchem Ort er sich befindet. Dieser wird auf Tesa-Krepp geschrieben und neben den Würfelpunkt geklebt. Dann zieht er eine entsprechende Karte, je nachdem, welches Symbol auf dem Punkt abgebildet ist.

Bemerkungen Es geht in diesem Beispiel weniger darum, gelerntes Wissen abzufragen, sondern herauszufinden, was die Teilnehmer über die Türkei wissen und meinen – und ihnen entsprechende Informationen zu vermitteln. Daher ist es sinnvoll, wenn Sie sich als Trainer unterstützend am Spiel beteiligen, möglichst in jeder Gruppe. Falls in jeder Gruppe ein Teilnehmer dabei ist, der sich da auskennt, können diese Personen die Rolle von Co-Trainern einnehmen.

Bei kleinen Gruppen bis zu acht Teilnehmern können Sie das Spiel auch in der Gesamtgruppe spielen, so dass Sie als Trainer allen für Erklärungen und Hilfe zur Verfügung stehen.

3. Brettspiele

Diese Art von Informationsvermittlung ist sehr viel lebendiger als ein Vortrag oder Referat. So kommen auch die Teilnehmer viel häufiger miteinander ins Gespräch, außerdem werden ihr Wissensstand oder ihre Vorstellungen über das Land/das Fachthema deutlich.

Wissenskarten

Beispielkarten

Wenn die Frage richtig beantwortet wird, darf der Spieler einen Punkt weiter gehen. Das gilt auch für die anderen Kartentypen (also Verstehenskarten, Sprachkarten und Aktionskarten). Wenn es nicht um reines Wissens-Abfragen geht, wird honoriert, dass der Teilnehmer überhaupt etwas sagt oder macht – oder die Gruppe entscheidet, ob er einen Punkt weiter darf.

- Wie lange ist die Schulpflicht in der Türkei?
- Was wissen Sie über den Koran?
- Kennen Sie einen türkischen Feiertag? Erzählen Sie, was Sie darüber wissen.
- Was ist ein gecekondu?
- ...

Verstehenskarten

- Sie sehen zwei Männer Hand in Hand über die Straße gehen. Was denken Sie?
- Während Ihres Besuchs bei einer türkischen Familie stellen Sie fest, dass der Sohn öfter den Raum verlässt. Als Sie einmal zur gleichen Zeit herausgehen, stellen Sie fest, dass er draußen steht und raucht. Sie wussten gar nicht, dass die Anti-Rauch-Kampagne in der Türkei so erfolgreich ist – oder was könnte sonst der Grund sein?
- Sie sind bei einer türkischen Hochzeit eingeladen. Sie feiern mit den Männern in der Männergruppe, Ihre Frau zieht sich mit den Frauen zurück. Wie fühlen Sie sich dabei?

Verhaltenskarten

Die Verhaltenskarten liegen mit der Vorderseite nach oben. Hierauf stehen Fragen, die zum Teil richtig oder falsch beantwortet werden können. Die Lösung steht auf der Rückseite sowie die Konsequenz der Antwort (weiterrücken oder auf dem Feld stehenbleiben).

▶ Ein männlicher Kollege von Ihnen gibt in einem türkischen Dorf einer jungen Frau die Hand und schaut ihr dabei lange in die Augen. Könnte das jemanden stören?
Rückseite:
Antwort a) ja = ein Feld vorwärts
Antwort b) nein = ein Feld zurück (in einem Dorf ist so etwas anstößig)

▶ Sie gehen mit kurzen Shorts durch ein türkisches Dorf in Anatolien. Wie reagieren die Leute? Wie reagieren Sie?
Rückseite:
Antwort a) Den Leuten ist es egal = ein Feld zurück
Antwort b) Sie erkennen Ihren Fehler und ziehen schnell eine lange Hose an = ein Feld vorwärts

▶ ...

Sprachkarten

▶ Was heißt „Hallo" auf Türkisch?
(Merhaba)
▶ Was heißt „nasılsın" oder „nasılsınız"?
(Wie geht es Dir/Ihnen)
▶ ...

Aktionskarten

▶ Lesen Sie zwei türkische Sätze vor.
▶ Tanzen Sie eine Runde Bauchtanz (in der Türkei tanzen auch die Männer!).
▶ Üben Sie sich im Wassertragen: mit drei Büchern auf dem Kopf drei Meter weit.
▶ Geben Sie einem Teilnehmer den türkischen Handkuss.
▶ Tanzen Sie mit allen einen türkischen Volkstanz.
▶ Binden Sie sich ein Kopftuch um, wie eine türkische Frau in einem anatolischen Dorf.
▶ ...

3. Brettspiele

Fremdsprachen oder Fachbegriffe lernen

Ziel/Wirkung: *Vokabeln oder Fachbegriffe lernen*
Material: *Spielbrett, Spielkarten mit Bildern und Begriffen, Figuren und Würfel*
Vorbereitung: *Spielbretter und Spielkarten herstellen*
Teilnehmerzahl: *ab 5 Personen*
Form: *Tische/sitzend*
Dauer: *30 Minuten*

Zur Methode

Dieses Brettspiel dient vorrangig dem Auswendiglernen, beinhaltet aber auch andere Elemente als reines Abfragen.

Verlauf

Der erste Spieler würfelt und bewegt sich den Punkten nach auf dem Spielbrett. Die Spielfelder sind gekennzeichnet durch Farben oder Symbole. Je nach Farbe oder Symbol zieht er eine Karte vom Stapel.

Beispiel: Berufe lernen in einer Fremdsprache

1. Stapel: Bilder-Karten
Auf den Bildern sind Berufe abgebildet. Der Teilnehmer, der eine solche Karte zieht, muss den Beruf in der entsprechenden Sprache benennen.

2. Stapel: Begriffs-Karten (Berufsbezeichnungen)
Wer eine solche Karte zieht, muss den Beruf pantomimisch vormachen, die anderen müssen ihn (in der Fremdsprache) erraten.

3. Stapel: Aktions-Karten

Hier können Sie noch weitere Aufgaben und Aktionen einbauen: Der Teilnehmer muss einen Begriff zeichnen, die anderen müssen raten. Wer ihn als erster geraten hat, bekommt einen Punkt. Sie können hier auch Aktionen und Aufgaben einbauen (in der entsprechenden Sprache), die der Teilnehmer ausführen muss. Das können ganz einfache Handlungen sein. *„Öffnen Sie das Fenster."*, *„Sagen Sie Ihrem Nachbarn etwas Nettes in der Sprache."*

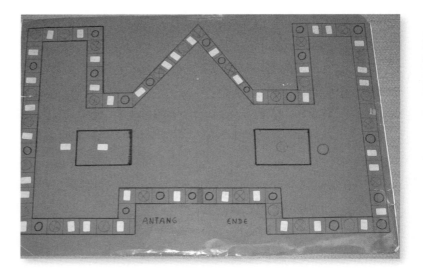

Abb.: Ein Beispielbrett

3. Brettspiele

Ziele-Lotto

Ziel/Wirkung: *sich spielerisch mit seinen Zielen beschäftigen*
Material: *Spielbrett, beschriftete Blanko-Karten und Würfel*
Vorbereitung: *Spielbretter und Karten herstellen*
Teilnehmerzahl: *ab 4 Personen (eine Gruppe)*
Form: *Tische/sitzend*
Dauer: *30-50 Minuten*

Zur Methode

Dieses Spiel nach Dorothea Driever-Fehl dient dazu, sich mit den eigenen Wünschen, Prioritäten und Zielen zu beschäftigen und sich mit anderen auszutauschen. Es kann für einen ungezwungenen, nicht immer ganz ernst gemeinten Einstieg in das Thema „Ziele" genutzt werden.

Material

Für jede Gruppe ein rundes Spielbrett (auf festem Karton), das in drei verschiedenfarbige Segmente unterteilt ist. Ein grünes Feld steht für „Fähigkeiten", ein rotes Feld für „Besitz" und ein gelbes Feld für „Sein". In jedem Segment sind nummerierte Felder von 1-6. (Man kann entweder die sechs Felder auf dem Brett beschriften oder dort beschriftete Karten hinlegen und mit Tesakrepp vorsichtig ankleben. Dann kann man die Themen flexibel austauschen.) Dazu erhält jede Gruppe beschriftete Karten, einige Blanko-Karten und Spielwürfel.

Verlauf

In jedes Segment werden sechs Karten neben die Zahlen gelegt. Der erste Spieler beginnt und würfelt vielleicht eine Drei. Nun schaut er sich an, welche Stichworte jeweils zur Nummer Drei auf dem

Spielfeld zu finden sind. Beispielsweise steht im „Haben"-Segment der Begriff „Wohnung", im „Können"-Segment steht „eine Fremdsprache sprechen" und im „Sein"-Segment steht das Stichwort „kreativ". Nun wählt er von den drei Bereichen den aus, der für sein Ziel oder seinen Wunsch am bedeutendsten oder sinnvollsten ist, was für ihn das Schönste oder Wichtigste ist und erläutert es kurz. Das entsprechende Wort notiert er auf einen Blanko-Zettel in der passenden Farbe, den er behalten kann.

Variante

Bevor der jeweilige Spieler seine Entscheidung mitteilt, raten die anderen Teilnehmer, wofür er sich entscheiden wird.

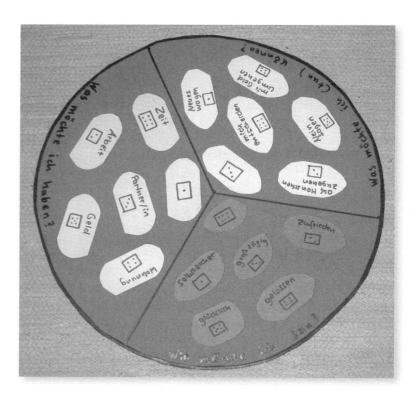

Abb.: Ein rundes Spielbrett

Teil VII

Exotischer Zauber –
Interkulturelle Begegnungen

Die meisten Spiele aus diesem Bereich sind ursprünglich für meine Orientalischen Trainer-Sommerfeste entwickelt worden, für Trainer-Netzwerktreffen, die aber vor allem unterhaltsame, fröhliche Feste mit Spielen, Musik, Essen und Trinken sein sollten – und auch waren.

Zu diesen Anlässen habe ich auch andere Kollegen eingeladen, spezielle Parts zu übernehmen und damit den geladenen Gästen sich selbst und ihre Arbeit vorzustellen. Die Spielregeln lauteten für jeden beteiligten Trainer: Alle Spiele sollten Methoden für Trainer und Trainings sein und außerdem mit dem Thema „Orient", dem Motto der Sommerfeste, zu tun haben. Von daher muten manche Spiele vielleicht erst einmal etwas speziell an, Sie werden jedoch an den Beispielen leicht erkennen, dass die hier vorgestellten Methoden tatsächlich alle auf „normale" Seminarthemen übertragbar sind.

Ich möchte Ihnen mit dieser Auswahl ein Gefühl dafür vermitteln, dass Sie sich mit ein wenig kreativem Nachdenken und Strukturieren rasch in die Lage bringen, Ihre Übungen sinnvoll in spezielle Settings einzubetten. Denn eine stimmige Rahmenhandlung oder -situation wirkt belebend auf den Seminarablauf. Sie schafft ein positives Lernklima und regt kreatives Denken an.

Wenn Sie Seminare zu Themen wie „Interkulturelles Training" anbieten, können Sie diese Spiele zum Teil auch unverändert einsetzen – oder mit Abwandlungen, die auf das entsprechende Land zutreffen. Sie können dazu auch eigene Spiele entwickeln, angeregt durch diese Beispiele und mit Hilfe des Spiele-Rasters im letzten Kapitel.

Auf einen Blick

Ballonreise 317
Eine Reise in den Orient (Variante) 323
Der Karawanen-Lockruf 325
Die Geschichte vom tanzenden Kamel . 329
Orientalischer Geschenk-Bazar 336
Partnersuche 338
Sahara oder Köln –
Sonne und Regen 340
Trainer-Erleuchtung 345

Ballonreise

Ziel/Wirkung: *Kennenlernen; interkulturelle Begrüßung*
Material: *Musik aus verschiedenen Ländern*
Vorbereitung: –
Teilnehmerzahl: *ab 10 Personen*
Form: *im Kreis/stehend*
Dauer: *15-30 Minuten (je nach Auswahl der Länder)*

Zur Methode

Die Ballonreise ist ein interkulturelles Begrüßungsspiel und außerdem wohl das erste Spiel, das ich vor langer Zeit komplett erfunden hatte. Es entstand bei meiner ersten Begegnung mit der Suggestopädie in den frühen 1980er-Jahren. Eine einfache Form ohne Musik hatte ich bereits vorher entwickelt, als Kennenlernspiel in Seminaren. Durch die Musik bekommt das Spiel noch einen ganz anderen Charakter. Auch die Zielsetzung verändert sich dadurch. Zuerst war es einfach nur ein Bewegungsspiel, bei dem sich die Teilnehmer auf andere Art näher kamen als durch herkömmliche Vorstellungsrunden an Tischen. Bei interkulturellen Themen kommen noch andere Aspekte hinzu. Man kann es als Ausgangspunkt nehmen, um mit fremden Sitten und Gebräuchen in Kontakt zu kommen. Auch kann die authentische Musik als Anlass genommen werden, darauf zu achten: was ist mir fremd, was gefällt mir, was gefällt mir nicht? Wozu habe ich spontan einen Zugang, wozu eher nicht?

Verlauf

Die Teilnehmer bilden einen großen Kreis. In Ihrer Rolle als Trainer erklären Sie, dass alle im Korb eines großen Zauberballons stehen, der gleich in die Luft aufsteigt und die Gruppe schnell zu den verschiedensten Ländern transportiert.

Während der Ballonfahrt wird stets die gleiche (eher ruhige) Musik gespielt, bei den Landungen ertönt dann Musik aus dem jeweiligen Land.

Sie geben nach der Landung kurze Informationen darüber, in welchem Land sich die Gruppe nun befindet und zeigen, wie man sich in diesem Land mit Worten und Gesten begrüßt.

Anschließend laufen alle mit der Landesmusik im Hintergrund los und begrüßen sich auf entsprechende Weise. Dazu bewegen sich alle kreuz und quer durch den Raum (also nicht im Kreis stehen bleiben) und jeder begrüßt so viele Menschen, wie er möchte. Danach können die Teilnehmer wieder in den Ballonkorb zurückkehren und noch etwas der Musik lauschen. Spätestens, wenn wieder die Ballonmusik ertönt, sollten alle in den Korb zurückeilen. Da das bei dem Lärm unter Umständen niemand hört, sollten Sie ein Aufbruchssignal geben. Ich verwende dafür ziemlich durchdringende Zimbeln oder schlage auf einen Gong.

Wir fahren los
Damit der Ballon überhaupt starten kann, müssen die Teilnehmer erst gemeinsam einige Sandsäcke (pantomimisch) aus dem Korb abwerfen – gemeinsames Bücken und Säcke herauswerfen.

Alle schauen nach unten (der Boden des Korbes ist aus Glas, so dass alle gut hindurchschauen können) und sehen, wie die Häuser und Straßen immer kleiner werden. Die Autos und Menschen werden zu Punkten, die Gruppe fliegt über Wiesen, Felder und Wälder, bis der Ballon irgendwann über dem Meer ist. In der Ferne taucht eine kleine Insel auf ...

1. Station: Die ewige Ferieninsel
Dies ist eine Insel, auf der die Menschen immer Ruhe und Muße haben. Es gibt aber einen Marktplatz, wo sich die Menschen als Erinnerung an ihr früheres hektisches Leben ganz schnell bewegen und ganz schnell die Hand geben und sagen: *„Guten Tag, wie gehts?"* So vielen Menschen wie möglich und so schnell wie möglich – und sich dabei Anteil nehmend in die Augen schauen.

(Ballonmusik) Wir fliegen weiter und merken, wie es immer wärmer wird.

2. Station: Indien

Wir sind in Indien gelandet und begrüßen die Menschen, denen wir begegnen, auf landesübliche Art. Dazu legen wir die Handflächen vor der Brust aneinander (wie zum Gebet) und sagen: *„Namasté"*, wobei die Betonung auf der letzten Silbe liegt. Das kann man übersetzen mit: *„Ich grüße das Licht in Dir."* Um die Station mit Leben und Inhalt zu füllen, ist es sinnvoll, wenn Sie vorher Hintergrundinformation über Herkunft und Bedeutung des Grußes zusammentragen, etwa aus Wikipedia (wenn es rasch gehen soll), und es nun präsentieren: *„Der Begriff Namasté kommt ursprünglich aus dem Sanskrit, der Gelehrtensprache des alten Indien, und bedeutet sinngemäß übersetzt: ‚Ich verbeuge mich vor Dir'. Als übliche Geste werden dabei die Innenhandflächen zusammengeführt, sie werden in Nähe des Herzens an die Brust gelegt und der Kopf wird leicht gebeugt. Manchmal wird eine noch tiefere Ehrbezeugung dadurch ausgedrückt, dass die gefalteten Hände angehoben und die Fingerspitzen beider Zeigefinger auf die Stelle zwischen den Augen gelegt werden."* Musik: indische Musik.

(Ballonmusik) Wir fliegen weiter und es wird merklich kälter ...

3. Station: Japan

Wir landen früh morgens um vier Uhr auf einem schneebedeckten Hügel in Japan, direkt neben einem Zen-Kloster. Die Mönche werden gerade mit Trommeln zur Frühmeditation gerufen, zum Zazen. Sie kommen mit ihren schwarzen Kimonos und geschorenen Köpfen schnell in den Zendo, den Meditationsraum, den sie nach bestimmten Ritualen betreten.

Sie haben nur wenig Zeit, sich auf ihre schwarzen runden Kissen, den Zafu, zu setzen und dann unbeweglich im Lotossitz sitzen zu bleiben, als der Gong ertönt. Dann beginnen sie ihre Morgen-Sutren zu rezitieren.

Wir setzen uns ebenso hin und hören eine Weile zu. Dann erheben wir uns leise und gehen hinunter in den nächsten Ort und grüßen die Menschen dort. Dazu legen wir die Hände flach auf die Oberschenkel oder an die Seiten, knicken in der Hüfte ein und verneigen uns mit geradem Oberkörper. Dabei lächeln wir und sagen: *„Sayonara Peter-san"*. Oder, wenn wir im alten Japan der Samurai-Krieger gelandet sind, sagen wir: *„Konishiwa"*. (Die Tiefe der Verneigung hängt von der Hierarchie ab, ein Untergebener verneigt sich tiefer als ein Höhergestellter – wahrscheinlich eine der vielen für Ausländer fast undurchschaubaren Regeln, bei der man in alle Fettnäpfe treten kann.) Musik: Verwenden Sie beispielsweise Aufnahmen von japanischen Zen-Mönchen, die das Herz-Sutra rezitieren, in der zweiten Phase kann man japanische Flötenmusik auflegen.

4. Station: Afrika (Kenia)

Während der Ballon nach unten schwebt, wird es merklich wärmer und wir hören schon rhythmisches Trommeln. Wir fühlen uns ermuntert, uns danach zu bewegen. Es ist ein mitreißender fröhlicher Rhythmus.

Wenn wir anderen Menschen begegnen, spielen wir mit ihnen ausgiebig das Begrüßungsritual, das sehr vielfältig und variabel ist: Wir nehmen die Hand des anderen, schütteln sie, und verhaken uns dann mit den Fingern, die zu einer Kralle geformt sind. Anschließend schlagen wir uns gegenseitig von der Seite gegen die Handflächen – und das Ganze etliche Male von vorne.

Wenn wir eine Frau begrüßen, sagen wir *„Jambo bibi"* und wenn wir einen Mann begrüßen *„Jambo bwana"*. (Jambo wird wie Djambo ausgesprochen). Musik: afrikanische Trommelmusik.

5. Station: Frankreich

Nun sind wir in Frankreich – und natürlich in Paris gelandet. Hier treffen wir die unterschiedlichsten Leute, die wir mit angedeuteten Küsschen und Umarmungen begrüßen. Küsse auf die Wange oder in die Luft – je nachdem, wie wir zueinander stehen oder wie uns zu Mute ist. Musik: französische Chansons.

6. Station: Arabien

Wir landen in der arabischen Wüste, offensichtlich nicht weit von einer Oase entfernt. Denn wir können in der Ferne den Ezan hören, den islamischen Gebetsruf, der fünf Mal am Tag ertönt und die Menschen zum Gebet auffordert oder in die Moschee ruft.

Wir hören eine Weile zu, gehen dann weiter bis zur Oase und grüßen die Menschen dort mit *„Salam aleikum"* (Der Friede sei mit Dir). Die Antwort lautet: *„Aleikum wa salam"* (auch mit Dir sei der Friede).

Wir können auch eine kleine Zeitreise machen und uns begrüßen, wie es im Film „Lawrence von Arabien" zu sehen ist: Wir führen unsere rechte Hand nacheinander an die Stirn, an die Lippen und an die Brust und dann den Arm in einer weit ausholenden Bewegung nach hinten. Dabei verneigen wir uns leicht und sagen *„Salam"*. Diese Geste besagt: *Ich grüße Deine Gedanken, Deine Worte und Deine Gefühle*. Musik: Beispielsweise Musik der Derwische, später arabische Musik oder Bauchtanzmusik.

7. Station: Amerika
Da die Menschen hier wenig Zeit haben, geht die Begrüßung sehr schnell ... nach freier Wahl: Wir klopfen uns gegenseitig auf die Schulter oder schlagen die Handflächen gegeneinander. Musik: Jazz oder anderes.

8. Station: Türkei
Nun kommen wir in ein Land, in dem viele Feste gefeiert werden, die sich oft über Tage hinziehen. Und wir haben Glück: Es findet gerade eine türkische Hochzeit statt, bei der natürlich lecker gegessen, getrunken und getanzt wird. Wir tanzen eine Weile mit, dann gehen wir weiter und schauen uns im Ort um.

Wir begrüßen die Menschen mit *„Merhaba"* (Hallo) – oder, wenn wir eine Autoritätsperson treffen (etwa ältere Verwandte oder Höhergestellte), mit dem türkischen Handkuss. Dabei wird die Hand des anderen an die Lippen geführt und dann an die Stirn. Dazu kann man ebenfalls *„Merhaba"* sagen oder, je nach Tageszeit, *„Günaydın"* (Guten Morgen) oder *„İyi akşamlar"* (Guten Abend). Musik: Es gibt CDs mit türkischen Hochzeitstänzen, in türkischen Geschäften nachfragen.

9. Station: Russland
Wir landen in der eiskalten russischen Steppe. Es ist gerade ein Feiertag und wir hören eine russisch-orthodoxe Liturgie. Anschließend

wird dann gefeiert, gesungen, getrunken und getanzt. Wir mischen uns auch hier wieder unter die Feiernden und tanzen den „Säbeltanz". Schon wird es uns warm und Sprachbarrieren spielen auch keine Rolle mehr ... Musik: Zum Beispiel „Säbeltanz" aus „Gayaneh" von Khatschaturian.

10. Station: Griechenland

Und wieder nähern wir uns einem Land, in dem gerne und viel gefeiert wird. Vielleicht haben wir wieder Glück und es ist auch hier ein Feiertag? Einerseits haben wir Glück, denn es ist tatsächlich ein Feiertag, und zwar Ostern. Andererseits sind wir aber auf dem Berg Athos gelandet, wo Touristen das Betreten des heiligen Berges verboten ist. Wir hören die Mönche gerade wunderschön die Vesper am Ostersonntag singen und schleichen uns ganz leise wieder in unseren Ballon, um einen zweiten Versuch zu starten.

Diesmal landen wir auf einer Insel, auf der gerade ein langtägiges Fest im Gange ist. Wir tanzen natürlich mit – und falls wir noch dazu kommen, grüßen wir die Menschen mit *„Jassu"* (mit langem „a"). Das heißt so viel wie „Hallo" und passt fast immer. Ansonsten mit *„Kalimera"* (Guten Morgen) oder *„Kalispera"* (Guten Abend). Und schließen diese Station mit einem griechischen Tanz ab. Musik: Ostern auf dem Berg Athos, Archiv-Produktion; griechische Tänze.

Bemerkungen   Natürlich können Sie sich einige Länder aussuchen und ganz andere hinzunehmen, als die hier vorgestellten. Das Schöne ist, dass Sie dieses Spiel ganz flexibel handhaben können, je nach Zeit und Intention.

Wie so häufig bei öffentlicher Nutzung von Musik sollten Sie vorab sicherstellen, dass Sie keine Urheberrechte verletzen. Viele Folkloristische Stücke sind frei, anderes ist dagegen genehmigungspflichtig. Für Details wenden Sie sich bitte an die GEMA, *www.gema.de*. Lassen Sie dort prüfen, ob der von Ihnen geplante Einsatz von Musik als öffentliche Nutzung gilt und damit einer Genehmigung bedarf.

Eine Reise in den Orient

Ziel/Wirkung: *Kennenlernen; interkulturelle Begrüßung*
Material: *Musik aus verschiedenen Ländern*
Vorbereitung: *–*
Teilnehmerzahl: *ab 10 Personen*
Form: *im Kreis/stehend*
Dauer: *15 Minuten*

Zur Methode

Die „Reise durch den Orient" ist als interkulturelles Begrüßungsspiel eine Variante der „Ballonreise (Seite 317). Je nach Kontext können Sie die Rahmengeschichte beliebig ändern. Es ist schließlich nicht notwendig, direkt um die ganze Welt zu reisen. Auch muss man dafür nicht zwangsläufig einen Ballon verwenden. Diese Reise hier geht, gemeinsam mit einer Schar von Trainerkollegen, ausschließlich durch den Orient. Die jeweilige Fortbewegungsart wird von allen Teilnehmenden pantomimisch dargestellt. Wie bereits bei der Ballonreise beschrieben, geben Sie als Trainer die Anleitung, wohin die Reise geht, welche Transportmittel dabei verwendet werden und was die Gruppe in den einzelnen Etappen so alles erlebt. Die Anleitung könnte dann so lauten:

Verlauf

1. Station: Start mit dem fliegenden Teppich

Da Trainer ja so viel zu tun haben und oft erschöpft sind, treten wir die Reise zuerst einmal mit einem fliegenden Teppich an. Wir können uns gemütlich darauf niederlassen und uns tragen lassen ... (Rücken an Rücken an einen Nachbarn lehnen).

Falls wir doch etwas schwindelig werden, können wir uns sicher mal kurz am Nachbarn festhalten (an den Schultern fassen) ...

Der Teppich steigt auf und ab (abwechselnd auf Zehenspitzen und in die Knie gehen), aber dann setzt er sanft zur Landung an.

2. Station: Ankunft in Tunesien

Wir sind glücklich in Tunesien gelandet, dort begrüßen uns alle Menschen, die wir treffen, mit den Worten: *„Aslema, la bâs?"* Wir antworten mit: *„Al-Hamdulillah! La bâs."* (Dank sei Gott, kein Übel). Dazu schütteln wir als Begrüßungsgeste die Hand und bringen die eigene Hand an die Lippen oder an die Brust. (Das habe ich tatsächlich so bei den Beduinen in der Sahara immer erlebt und fand diese Geste sehr schön und anrührend.)

3. Zu Fuß durch den Sand zu Lawrence von Arabien

Nun stapfen wir mühselig weiter durch die Sanddünen ... (pantomimisch ausführen). Der Sand ist tief, wir sinken immer mehr ein und machen dabei eine kleine Reise zurück in Raum und Zeit und landen auf diese Weise mitten in dem Film „Lawrence von Arabien". Dort begrüßen wir uns mit *„Salam"* und führen die Hand zur Stirn, zum Mund und zum Herzen – begleitet von einer leichten Verneigung. Mit dieser Geste drücken wir aus: „Ich grüße Deine Gedanken, Deine Worte und Deine Gefühle".

4. Mit dem Flugzeug in die Türkei

Mit dem Flugzeug geht es weiter in die Türkei (Arme zu Tragflächen ausbreiten und „fliegen"). Dort begrüßen wir erst einmal Freunde und Gleichaltrige mit einem fröhlichen *„Merhaba!"* Dann begegnen wir einer Autorität (dem Bürgermeister, dem Dorfmufti oder einem älteren Verwandten), den wir achtungsvoll mit dem türkischen Handkuss begrüßen: Dabei wird der Handrücken des anderen geküsst und dann an die eigene Stirn geführt.

In der Türkei und in anderen Ländern wird auf Festen und Feiern gerne und viel getanzt. Wir haben Glück und sind gerade rechtzeitig bei einer Hochzeit gelandet, die viele Tage lang gefeiert wird. Wir tanzen natürlich gerne mit, die beste Möglichkeit, mit den Menschen dieses Landes in Kontakt zu kommen, auch wenn wir die Sprache nicht beherrschen ...

Der Karawanen-Lockruf

Ziel/Wirkung: *Kennenlernen, Gruppenarbeit, Thema „Motivation" praktisch erproben*
Material: *–*
Vorbereitung: *–*
Teilnehmerzahl: *ab 10 Personen*
Form: *2 Gruppen/stehend*
Dauer: *15-30 Minuten*

Zur Methode

Dieses Spiel ist ursprünglich von meiner Kollegin Dorothea Driever-Fehl entwickelt worden. Lernen Sie zunächst die Ursprungsvariante (die Sie auch in anderen Zusammenhängen sicher mit viel Vergnügen einsetzen können!) kennen. Es folgen Hinweise, wie dieses Spiel für andere Seminarthemen verändert werden kann.

Verlauf

Wir sind in der Karawanserei. Neue Karawanen werden für die nächste, sehr gefährliche Reise zusammengestellt. Dabei kommt es auf verschiedene Dinge an, z.B. auf Gemeinsamkeiten, damit man sich während der Reise nicht zu sehr nervt – aber auch auf unterschiedliche Fähigkeiten, damit man sich gut ergänzt und für alle möglichen Situationen gewappnet ist. Ziel ist es, die beste Karawane zusammenzustellen.

Wir befinden uns jetzt in der Orientierungsphase: Schließlich wollen Sie wissen, mit wem Sie auf Leben und Tod zusammen sind. Daher dient die erste Phase dem Kennenlernen.

Aufgaben

Die Teilnehmer stellen sich zu Fünfergruppen zusammen (mit Personen, die sich nicht oder kaum kennen).

▶ Erste Aufgabe: Gemeinsamkeiten finden
Finden Sie möglichst viele Gemeinsamkeiten, damit die Truppe auch harmoniert. (ca. 2 Min.)

▶ Zweite Aufgabe: Einzigartige Talente aufspüren
Sammeln Sie von jedem mindestens eine einzigartige Fähigkeit, Erfahrung oder Wissen, die die anderen in der Gruppe nicht haben. Denn nur die Vielfalt ermöglicht den Erfolg. (2 Min.)

▶ Dritte Aufgabe: Lockruf festlegen
Danach sucht die Gruppe nach einem Namen, einem Motto, einem Lockruf, mit dem sie auf ihre Vorzüge aufmerksam macht und der weitere Teilnehmer in ihre Karawane locken soll, denn große Karawanen haben bessere Chancen, durch die Wüste zu kommen.

▶ Präsentation
Die Gruppen präsentieren ihren „Lockruf" nacheinander. Die anderen Teilnehmer lassen das auf sich wirken und überlegen, ob sie bei ihrer Karawane bleiben oder ob sie lieber zu einer anderen Karawane gehen ...

Abb.: Karawanen Lockruf – Die Siegergruppe

Der Karawanen-Lockruf

▶ Karawane aussuchen
Auf ein Signal hin dürfen sich die Teilnehmer „ihre" Karawane aussuchen. Die zahlenmäßig größte Karawane „gewinnt". Falls die Zeit reicht, kann die Siegergruppe mit einer kleinen „Karawanen-Polonaise" zu netter „Wüstenmusik" durch den Raum ziehen.

Brückenschlag

Sie haben ein Seminar zum Thema „Kreative Ideenfindung und Problemlösungstechniken" oder zum Thema „Verkauf" oder „Zeitmanagement". Wie könnte man das Spiel ohne großen Aufwand entsprechend passend machen? Sie brauchen dazu jeweils nur eine andere Rahmengeschichte entwickeln. Hier einige Alternativen.

Thema: „Kreative Ideenfindung" und „Verkauf"
Sie sind Händler auf einem Bazar, wo auch schon die ersten Fusionen stattfinden. Einige Händler tun sich zusammen, so können sie besser die Aufmerksamkeit der Marktbesucher auf sich ziehen und sich die Aufgaben untereinander aufteilen. Der eine ist ein talentierter „Marktschreier" und lockt die Kunden an, ein anderer ist besonders überzeugend im Kundengespräch, ein dritter packt die Ware liebe- und kunstvoll ein und ein vierter achtet auf die Finanzen. So geht die Abwicklung schneller – es können viele Kunden gleichzeitig bedient werden, niemand muss mehr warten. Nun geht es darum, möglichst viele Bazar-Händler für den eigenen Stand zu einer Kooperation zu bewegen.

▶ Erste Aufgabe: Gemeinsamkeiten finden
Finden Sie möglichst viele Gemeinsamkeiten, damit die Truppe auch harmoniert. (ca. 2 Min.)

▶ Zweite Aufgabe: Einzigartige Talente aufspüren
Sammeln Sie von jedem mindestens eine einzigartige Fähigkeit, Erfahrung oder Wissen, die die anderen in der Gruppe nicht haben. Denn nur die Vielfalt ermöglicht den Erfolg. (2 Min.)

▶ Dritte Aufgabe: Lockruf festlegen
Danach einigt sich die Gruppe auf einen Namen, ein Motto, einen Lockruf, mit dem sie auf ihre Vorzüge aufmerksam macht und der weitere Teilnehmer an ihren Verkaufsstand locken soll – denn eine große Anzahl an Verkäufern hat bessere Chancen, auf sich auf-

merksam zu machen und viele Kunden gleichzeitig zu bedienen. Vielleicht präsentieren Sie auch etwas ganz Besonderes, was die Kunden anlockt.

▶ Präsentation
Die Gruppen präsentieren nacheinander ihren „Lockruf". Die anderen Teilnehmer lassen die Präsentationen auf sich wirken und überlegen, ob sie bei ihrer Gruppe bleiben oder sich lieber einer anderen Gruppe anschließen.

▶ Bazar-Stand aussuchen
Auf ein Signal hin dürfen die Teilnehmer sich ihren Bazar-Stand aussuchen. Die zahlenmäßig größte Gruppe „gewinnt". Am Ende gehen die Gruppen mit einer kleinen „Bazar-Polonaise" zu netter Orientmusik durch den Raum.

Thema: Zeitmanagement
Damit Sie Ihre Arbeit zeitsparender und effektiver gestalten können, schließen Sie sich in Netzwerken oder Kooperationen zusammen. Auch hier wird die Arbeit sinnvoll nach den jeweiligen Fähigkeiten der Teilnehmer eingeteilt, die in der zweiten Phase erst einmal herausgefunden werden müssen. Der weitere Ablauf funktioniert nach dem gleichen Muster wie oben dargestellt.

Bemerkungen   Sie können diese Spiele spaßig anleiten, wobei der Inhalt eher spielerisch angegangen wird, obwohl die Rahmengeschichte mit dem Seminarthema zu tun hat. Sie können aber auch direkt eng am Thema bleiben. Beim Thema „Zeitmanagement" etwa wird dann sofort ernsthaft geschaut, wer welche Fähigkeiten hat, die man für ein gutes Zeitmanagement braucht.
▶ Wer kann gut Prioritäten setzen?
▶ Wer kann gut delegieren?
▶ Wer schafft es regelmäßig, sich eine stille Stunde ohne Telefon und Besucher zu organisieren?
▶ Wer hat einen aufgeräumten Schreibtisch?
▶ usw.

Die Geschichte vom tanzenden Kamel

Ziel/Wirkung: *Fachtexte in Bewegung umsetzen*
Material: *Geschichte*
Vorbereitung: *–*
Teilnehmerzahl: *ab 10 Personen*
Form: *im Raum verteilt/stehend*
Dauer: *15 Minuten*

Zur Methode

Eine Geschichte wird vorgetragen, die Teilnehmer bewegen sich zu bestimmten Schlüsselbegriffen pantomimisch im Raum. Die Methode kann zu jedem Seminarthema eingesetzt werden mit einer passenden (anderen) Geschichte. Sie darf ruhig etwas skurril und witzig sein. Ein trockener Fachtext, abgelesen aus einem Lehrbuch, hat sicher nicht den gleichen Effekt.

Verlauf

„Ich erzähle euch jetzt eine Geschichte, bei der ihr alle beteiligt seid. Vorher müsst ihr dementsprechend einige Rollen lernen. Wenn dann der jeweilige Begriff genannt wird, macht ihr alle blitzschnell die entsprechende Bewegung oder nehmt die entsprechende Haltung ein. Ihr könnt darüber hinaus auch andere Dinge pantomimisch nachmachen, manche laden geradezu dazu ein."

Die Schlüsselwörter

- *Sonne* – Arme nach schräg oben, mit den Fingern strahlen
- *Kamel* – Hände angewinkelt wie beim „Kameltanz" (rechte Hand abgewinkelt nach vorne halten in Kinnhöhe, die linke Hand mit

der Handfläche nach oben über die linke Schulter nach hinten halten – und einen entsprechenden wiegenden Gang)
- *Beduine* – Arme als Chech (=Turban) um den Kopf wickeln
- *Sandsturm* – mit den Armen wedeln, dazu kann man noch Windgeräusche machen
- *Skorpion* – ein Bein nach hinten anheben (gute Gleichgewichtsübung!)
- *Tee trinken* – Trinkgeste und schlürfen
- *In Burnus einwickeln* – zwei Teilnehmer nehmen sich in den Arm (wickeln sich umeinander)

Die Geschichte

In der Sahara scheint die SONNE stark, so dass sich der BEDUINE gegen die SONNE schützen muss, indem er sich seinen CHECH um den Kopf wickelt.

Wie jeden Morgen TRINKT er zuerst einmal seinen TEE und geht dann los, um die KAMELE zu suchen, die die ganze Nacht mit aneinander gebundenen Beinen auf Futtersuche waren (Mit kleinen Trippelschrittchen als Kamel bewegen).

Der BEDUINE geht also los, die SONNE scheint unerbittlich weiter, bis er müde wird und sich kurz hinsetzt. Dabei passt er auf, dass auf dem Platz nicht schon ein SKORPION sitzt. Nachdem er sich ausgeruht hat, geht der BEDUINE weiter, um die KAMELE zu suchen. Da hört er eines in der Ferne gurgeln (blubblllubb). Als er näher kommt, sieht er, wie das KAMEL vor einem SKORPION steht. Irgendwie hat er den Eindruck, dass die beiden sich unterhalten.

Doch es scheint noch mehr zu sein als eine Unterhaltung. Er beobachtet, wie der SKORPION hin und her läuft. Nicht so, als ob er nervös sei oder Angst hätte, sondern eher so, als ob er dem KAMEL etwas zeigen oder erklären will. Und plötzlich beginnt auch das KAMEL mit ganz eigenartigen Bewegungen. Es sieht fast aus, als ob es tanzt – mit kleinen graziösen Schritten, da seine Vorderbeine ja immer noch locker zusammengebunden sind.

Da kommt plötzlich ein SANDSTURM auf. Der BEDUINE kauert sich unter einen Strauch und wickelt sich in seinen BURNUS, um zu warten, dass der SANDSTURM aufhört. Und er hat Glück: Nach einer Weile wird der Wind schwächer und die Luft wieder klarer. Da sieht

Die Geschichte vom tanzenden Kamel

er, dass der SKORPION inzwischen dicht vor ihm steht, den Stachel in Abwehrhaltung hoch aufgerichtet. Doch der BEDUINE nimmt einen Stock und schleudert den SKORPION in den nächsten Strauch. Dann trinkt er erst einmal einen TEE. Schließlich nimmt er sein KAMEL und macht sich auf den Heimweg, während die SONNE langsam untergeht.

Vorneweg der BEDUINE, der das KAMEL führt, das hinter ihm her schreitet ... und siehe da, in einem kleinen Abstand folgt der SKORPION, der neue Freund des KAMELS ... und wenn sie nicht gestorben sind, so laufen sie noch heute ...

Dieses Spiel habe ich mir für mein Orientalisches Trainer-Sommerfest ausgedacht. Ok., werden Sie vielleicht sagen, da hat es seinen Platz. Aber was sollen wir damit in einem normalen Training anfangen? Hierzu gibt es verschiedene Möglichkeiten:

Brückenschlag

Setzen Sie es einfach als „albernes" Nonsens-Spiel zur Aktivierung ein. Just for fun! Auch das ist eine Möglichkeit, die ich häufig in Seminaren nutze. Ich schaue einfach auf die Stimmung der Gruppe: „Aha, jetzt ist mal wieder Zeit, dass alle aufstehen, sich bewegen und dabei vielleicht auch Spaß haben." Ob ich dann „Besuch im Zoo", „Wäscheklammern jagen" oder „Die Geschichte vom tanzenden Kamel" durchführe, ist in diesem Moment gleichgültig.

Wie aber können Sie eine Verbindung zu einem Seminarthema herstellen? Schauen wir uns dazu das Grundprinzip des Spiels an: Es wird eine Geschichte erzählt, die bestimmte Schlüsselwörter enthält. Damit die Teilnehmer sich diese besser einprägen, werden sie in ein pantomimisches Spiel gepackt und auf diese Weise mit der Methode „Bewegungs-Lernen" als Wiederholung bearbeitet. Das funktioniert mit Fremdsprachentexten ebenso wie mit Arbeitsabläufen, Handlungen, Listen von Werkzeugen usw.

Beispiel Bewerbung
Für die Methode „Bewegungs-Lernen" (Seite 222) hatte sich eine AG zu folgenden Stichworten Bewegungen ausgedacht:

- *Selbstsicheres Auftreten* – Aufrichten und Arme in die Hüften stellen
- *Eigene Vorstellungen von der Arbeit* – Finger an den Kopf legen
- *Outfit* – Weste/Jacke anfassen
- *Positive Ausstrahlung* – die Arme ausbreiten und strahlen
- *Fragen zur Arbeit stellen* – Fragezeichen in die Luft malen
- *Interesse zeigen* – Hände hinter die Ohren halten und Augen aufreißen
- *Augenkontakt halten* – „Peace"-Zeichen, erst auf die eigenen Augen, dann gegenüber
- *Zukunftsperspektive* – Hand über die Augenbrauen halten (Indianerblick) und einen Arm nach vorne strecken
- *Gehaltsvorstellungen* – Money-Zeichen

Sie können den Schwierigkeitsgrad etwas erhöhen, indem die Teilnehmer nicht nur dann die pantomimische Bewegung ausführen, wenn wortwörtlich der Begriff verwendet wird (zum Beispiel „Outfit"), sondern auch, wenn ein ähnliches Wort mit gleicher Bedeutung fällt (Beispiel „Kleidung").

Die Bewerbungs-Geschichte könnte dann folgendermaßen erzählt werden:

Fritz Müller begab sich nach der Beendigung seines Studiums zu seinem ersten Bewerbungsgespräch. Vorher hatte er in einer Broschüre gelesen, worauf er da besonders achten müsste. Dazu gehörte ein SELBTSICHERES AUFTRETEN, das er schon mal auf dem Weg dorthin übte. So ging er SELBSTSICHER zur U-Bahn und SELBSTSICHER die Treppe hinauf.

Schon zu Hause hatte er sich EIGENE VORSTELLUNGEN VON DER ARBEIT gemacht, die er vielleicht zukünftig ausüben würde. Was würde ihn an der Arbeit reizen, warum wollte er genau diese Arbeit machen? Ebenso sorgfältig hatte er sich seine KLEIDUNG ausgewählt, denn das richtige OUTFIT war absolut wichtig für den ersten Eindruck, der ja angeblich der Entscheidende sein soll.

Als er schließlich ankam, gab er allen Anwesenden SELBSTSICHER die Hand und schaute ihnen offen IN DIE AUGEN. Dabei LÄCHELTE er freundlich, um seine POSITIVE AUSSTRAHLUNG zu verstärken.

Die Geschichte vom tanzenden Kamel

Während des Gesprächs stellte er sich vor, erläuterte sein INTERESSE AN DER ARBEIT und stellte FRAGEN ZUM ARBEITSBEREICH sowie zum BETRIEB. Immer wieder zeigte er deutlich sein ehrliches INTERESSE an der angebotenen Arbeit. Denn sie INTERESSIERTE ihn wirklich, zumal sie eine gute ZUKUNFTSPERSPEKTIVE hatte. Nun mussten nur noch die GEHALTSVORSTELLUNGEN erläutert werden.

Zwei Tage später erhielt er einen Anruf: er wurde angenommen. Seine POSITIVE AUSSTRAHLUNG und seine INTERESSIERTE Art hatten die Vertreter der Firma angesprochen, ebenso seine inhaltlichen VORSTELLUNGEN VON DER ARBEIT. Dass er ihnen einfach auch von seinem ganzen AUFTRETEN und ERSCHEINUNGSBILD her sympathisch war, sagten sie zwar nicht, hatte aber sicher eine ebenso große, wenn nicht sogar die entscheidende Rolle gespielt.

Beispiel Arbeitssicherheit – Sicherheit beim Drehen

Im Text steht Folgendes:
*„Geeignete Spannzeuge auswählen, Werkzeuge und Werkstücke fest und sicher spannen, Spannschlüssel abziehen und sicher ablegen.
Eng anliegende Kleidung tragen, keine Handschuhe anziehen, Augen gegen abspritzende Späne durch Brille schützen.
Rundlauf bei niedriger Drehzahl überprüfen und Unwucht ausgleichen.
Vorschub und Drehzahl richtig einstellen.
Maschine vor Fertigungsbeginn probelaufen lassen.
Für geeigneten Spanablauf sorgen.
Keine Messungen an laufenden Werkstücken vornehmen.
Zur Beseitigung von Spänen Spanhaken verwenden.
Backenfutter nach Abschalten nicht mit der Hand abbremsen."*

Daraus kann man nun für das Spiel die Schlüsselwörter oder Erinnerungsanker herausfiltern:

- *Spannzeuge auswählen* – Hand über Augen (Indianerblick)
- *Werkzeuge und Werkstücke spannen* – Spannbewegung, wie mit Expander
- *Spannschlüssel abziehen* – Schlüssel- Abschließbewegung machen und übertrieben abziehen
- *... und sicher ablegen* – die zwei Handflächen zu einer Schale nach oben halten und hin und her wiegen

- *eng anliegende Kleidung* – Arme ganz eng an den Körper pressen
- *keine Handschuhe* – Bewegung, als ob man Handschuhe auszieht und wegwirft
- *Schutzbrille* – mit zwei Fingern Brille vor Augen formen
- *Rundlauf bei niedriger Drehzahl prüfen* – langsame Kurbelbewegung mit den Armen
- *Unwucht ausgleichen* – sich auf die Hüfte klopfen oder andere rundere Körperteile
- *Vorschub und Drehzahl richtig einstellen* – Hüfte vorschieben und sich einmal um sich selbst drehen
- *Maschine probelaufen lassen* – einmal im Kreis um sich selbst herumlaufen mit ausgestreckten Armen (damit es sich deutlich von der Bewegung vorher abhebt)
- *Für geeigneten Spanablauf sorgen* – Mund zu einer runden Schnute formen und mit beiden Händen davor eine Art Rohr bilden (als Ablauf)
- *Keine Messungen an laufenden Werkstücken vornehmen* – mit Daumen und Zeigefinger Messbewegungen am Arm oder Bein machen – und sich dann auf die Finger hauen, im Sinne von: Das sollst du nicht!
- *Zur Beseitigung von Spänen Spanhaken verwenden* – mit den Fingern Haken machen und wie eine Hexe locken
- *Backenfutter nach Abschalten nicht mit der Hand abbremsen* – mit den Händen erst an die eigenen aufgeblasenen Wangen fassen, dann die Hände unter die Achselhöhlen stecken (damit man sie nicht zum Abbremsen benutzt)

Diese Stichworte und Bewegungen werden nun wieder in eine Geschichte gepackt, bei diesem Thema kann es vielleicht auch eine spannende, nicht zu grausame Geschichte sein, dramatisch oder als Krimi aufbereitet. Es kann auch eine Nonsens-Geschichte sein wie die Folgende:

Willi Wuchtig betritt wie jeden Morgen pünktlich die Werkstatt. Er schaut sich erst einmal prüfend in der Werkstatt um, ob alles in Ordnung und an seinem Platz ist. Da ist er nämlich ein wenig zwanghaft. Dann sucht er die geeigneten SPANNWERKZEUGE aus. Zu seinem morgendlichen Fitnessprogramm (Expander-Bewegung) gehört das SPANNEN DER WERKZEUGE und Werkstücke. Ahhh – das tut gut.

Da er ein Sicherheitsfanatiker ist, ZIEHT er anschließend den SCHLÜSSEL ab und trägt ihn heimlich in den Tresor, wo er noch mal

abschließt. Er läuft in seinem HAUTENGEN TRIKOT (heute türkisfarben!) zurück zur Werkbank. Igitt – da liegen wieder diese klobigen ARBEITSHANDSCHUHE von seinem Kollegen. Weg damit! Und er schleudert sie angewidert über seine Schulter. Dafür hat er eine topmoderne, verrückt gestylte Sonnebrille aufgetrieben, die er sich nun aufsetzt.

Gaaanz vorsichtig beginnt er mit einem RUNDLAUF (mit gaaanz niedriger Drehzahl) die Überprüfung. Dabei tätschelt er verstohlen seine wieder etwas FÜLLIGER GEWORDENEN HÜFTEN und beschließt sofort ein neues Diätprogramm. Aber Bewegung ist ja genauso wichtig. Also stößt er einige Male seine Hüfte nach vorn und dreht anschließend eine Piourette.

Und dann lässt er die MASCHINE PROBELAUFEN, bevor er mit der eigentlichen Fertigung beginnt. Ohh, wie schön sie wieder schnurrt. Behaglich brummt er mit.

Damit die Späne auch schön und ORDENTLICH ABLAUFEN können, hat er ihnen eine besondere Vorrichtung gebaut und sie blank poliert. Dann MISST er liebevoll seine größer werdenden Bizeps. Sieht er nicht verlockend aus?

Zum Schluss schlägt er sich noch leicht auf die WANGEN, damit er noch eine leichte rote Farbe ins Gesicht bekommt. Danach ist er nicht mehr zu bremsen: wen kann er heute aufreißen?

Teil VII: Exotischer Zauber

Orientalischer Geschenk-Bazar

Ziel/Wirkung: *Kennenlernen; vernetzen; Kreativität entwickeln*
Material: *je 2 Visitenkarten aller Teilnehmer; einige Blanko-Karten; Gegenstände der Teilnehmer, Musik*
Vorbereitung: *–*
Teilnehmerzahl: *ab 10 Personen*
Form: *im Raum verteilt/stehend*
Dauer: *15 Minuten*

Zur Methode

Im Orient ist es ja durchaus üblich, etwas zu verschenken. So bekommt z.B. oft der Gast ein Geschenk (statt wie bei uns, wo der Besuch ein Geschenk mitbringt). Oder auf einem Bazar werden kleine Geschenke angeboten, natürlich in der Hoffnung, dass man dann später auch etwas bei ihnen kauft. Manchmal aber auch nur, weil man ein nettes Gespräch geführt hat und einem sein Gegenüber sympathisch war.

Das Spiel macht Sinn bei Netzwerktreffen oder Festen, wo ein Interesse der Teilnehmer darin besteht, andere kennenzulernen und sich zu vernetzen. Alle Teilnehmer sollten für dieses Spiel zwei Visitenkarten haben. Wer keine eigene dabei hat, kann sich am Eingangstisch welche schreiben – dort liegen Blanko-Karten, bunte dünne Filzstifte und Jaxon-Kreiden.

Verlauf

Jeder Teilnehmer sucht sich spontan etwas aus (aus seiner Tasche oder sonst woher), das er verschenken möchte. Es läuft Musik, alle bewegen sich durch den Raum. Wenn die Musik stoppt, sucht sich jeder einen Nachbarn aus, schenkt seinen Gegenstand und erklärt, was man damit Tolles machen kann. Nebenbei wird dadurch die

Kreativität des Einzelnen gefördert, um zu erklären, wieso ein Tempotaschentuch ein tolles Geschenk ist und was man Ungewöhnliches und Vielfältiges damit machen kann.

Gleichzeitig gibt man seine Visitenkarte weiter ...

Varianten

Jeder wirft eine Visitenkarte in einen Topf oder Hut. Anschließend zieht jeder wiederum blind eine Visitenkarte – sollte es die eigene sein, wirft man sie wieder zurück. Danach findet man den Menschen, dessen Visitenkarte man gezogen hat – und schenkt ihm seinen Gegenstand mit Erläuterungen, wie oben beschrieben. Und überreicht ihm die eigene Visitenkarte.

Ein erhöhter Schwierigkeitsgrad: Wenn das Treffen unter einem bestimmten Thema steht oder Sie das Spiel in einem Seminar einsetzen, können Sie die Aufgabe erteilen, dass die Teilnehmer einen Zusammenhang zwischen Gegenstand und Seminarthema herstellen. Was hat das Tempo-Taschentuch mit dem Thema „Motivation" zu tun? So ist damit gleich noch eine zusätzliche kreative Aufgabe verknüpft.

Partnersuche

Ziel/Wirkung: *Kennenlernen; Selbstdarstellung*
Material: –
Vorbereitung: –
Teilnehmerzahl: *ab 10 Personen*
Form: *im Kreis/stehend*
Dauer: *15-30 Minuten (je nach Variante)*

Zur Methode

Wer einmal orientalische Begrüßungen erlebt hat, weiß, dass die Prozedur ewig hin und her geht. Da wird x-mal gefragt, wie es einem geht und in allen möglichen Varianten geantwortet. Wir wollen uns hier auch Zeit nehmen, aber ganz europäisch direkt die wesentlichen Dinge abfragen und mitteilen. Gleichzeitig ist es eine gute Übung, sich darzustellen und anzupreisen, was ja jeder gute orientalische Marktschreier beherrscht. Wir machen es zur Übung erst mal auf dezentere Weise (d.h., wir reden erst mal nur mit einer Person – und das möglichst leise).

Verlauf

Jeder sucht sich einen Menschen, den er noch nicht kennt und der eine andere Haarfarbe hat, als man selber (oder kleiner oder größer ist oder ein anderes beliebiges Kriterium). Es ist hilfreich (und kann auch witzig sein), wenn Sie als Trainer ein solches Kriterium vorgeben. Das entlastet diejenigen Teilnehmer, die Probleme mit Entscheidungen haben.

Die so gebildeten Paare tauschen sich über fünf Punkte aus:
- Name
- welche Art von Trainer
- woher (Wohnort)

- eine Besonderheit von sich
- eine Sache, die man später zusammen machen will (auf dem Fest oder nachher)

Natürlich tauschen die Paare dann ihre Visitenkarten aus und notieren, was man sich gemeinsam vorgenommen hat (sich zu schreiben, anzurufen, zu treffen, gemeinsam essen zu gehen etc).

Wenn die Gruppe nicht zu groß ist, kann man das Vorhaben auch noch bekräftigen, indem jeder der Gesamtgruppe kurz mitteilt:
„Das ist Petra Sommerfeld und ich werde mit ihr gemeinsam eine Radtour machen."

Teil VII: Exotischer Zauber

Sahara oder Köln: Sonne und Regen

Ziel/Wirkung: *Kennenlernen; Bewegung, Kontakt*
Material: *Musik*
Vorbereitung: *–*
Teilnehmerzahl: *ab 10 Personen*
Form: *im Raum verteilt/stehend*
Dauer: *15 Minuten*

Zur Methode

Ich bin eine gebürtige Kölnerin, bin aber auch häufig mit Beduinen auf Kamelen in die Sahara gegangen, und fahre überhaupt gerne in den Orient. Das sind zwei Extreme: In Köln regnet es oft, in der Sahara scheint dagegen meist die Sonne. Wie so oft, wäre die goldene Mitte ideal.

Verlauf

Jeder entscheidet sich im Stillen für eine Alternative: für Sonne oder für Regen. Alle laufen nun zu Musik im Raum herum. Wenn die Musik stoppt, sucht sich jeder den Partner, der ihm am nächsten ist.
▶ Wer Regen gewählt hat, trommelt mit seinen Fingerspitzen dem Partner auf den Arm oder auf den Kopf.
▶ Wer sich für Sonne entschieden hat, wärmt den anderen – zum Beispiel, indem er seine Hände auf den Arm des Partners legt oder dies in einem Abstand vom Körper des anderen nur andeutet.

Aufgaben

Wenn zwei *Sonnen* oder zwei *Regen* aufeinander treffen, ist die Aufgabe an beide Personen, eine Gemeinsamkeit herauszufinden. Danach verwandeln sie sich in das Gegenteil. Wenn zwei unter-

schiedliche Zustände aufeinandertreffen, suchen sie etwas, worin
sie sich unterscheiden und bleiben in ihren Rollen.

Abb.: Sonne und Regen

Abschlussmöglichkeiten

Nach einigen Durchgängen teilt sich die Gruppe nach ihren momentanen Rollen auf: „Regen"-Menschen gehen zur einen Seite des Raums, auf die andere Seite bewegen sich die Sonnen zu. Daraus könnte man dann eine Wettervorhersage ableiten :).

Oder man endet mit einem gemeinsamen Regen- und Sonnentanz.

Trainer-Erleuchtung

Ziel/Wirkung: *Bewegung, Spaß*
Material: –
Vorbereitung: –
Teilnehmerzahl: *ab 10 Personen*
Form: *frei im Raum verteilt/stehend*
Dauer: *15-20 Minuten*

Zur Methode

Das folgende Spiel ist ein Beispiel, wie man bekannte Spiele als Grundlage nehmen kann, um sie entweder so zu verändern, dass sie zum aktuellen Seminarthema passen – oder um etwas ganz Neues daraus zu machen. Im vorliegenden Fall habe ich zwei Spiele verändert und miteinander kombiniert.

Die Ursprungsspiele sind „Schnick-Schnack-Schnuck" (oder „Stein-Schere-Papier" oder je nach Region: „Ching-Chang-Chong") sowie das Spiel „Evolution", die ich hier zunächst vorstelle.

Schnick-Schnack-Schnuck

Bei „Schnick-Schnack-Schnuck" ballen zwei Spieler eine Faust, schwingen sie im Rhythmus der Worte *„Schnick-Schnack-Schnuck"* und formen bei *„Schnuck"* eine von drei möglichen Gesten mit der Hand.

- Hand zur Faust ballen = *Stein*
- Zeige- und Ringfinger auseinander = *Schere*
- Hand flach ausstrecken = *Papier*

Einer von beiden gewinnt, falls sie nicht beide die gleiche Geste gewählt haben:

- Trifft Schere auf Papier, so gewinnt die Schere, da sie das Papier zerschneidet.
- Trifft Schere auf Stein, gewinnt der Stein, da er die Schere schleift.
- Trifft Stein auf Papier, gewinnt Papier, da es den Stein einwickeln kann.

Evolution

Die Gruppe bewegt sich durch den Raum und beginnt die gemeinsame Evolutionsgeschichte als Amöben. Dazu formen alle mit den Händen Brillen vor den Augen. Wenn zwei aufeinander treffen, spielen sie eine Runde „Schnick-Schnack-Schnuck" – und wer gewinnt, steigt in die nächste Evolutionsstufe, die der Krokodile, auf. Dazu wird mit ausgestreckten Armen das Krokodilmaul auf und zu geklappt. Nun sucht sich dieser Teilnehmer ein weiteres Krokodil, mit dem er „Schnick-Schnack-Schnuck" spielt usw.

Vom Krokodil geht es weiter zum Adler (mit den Armen die Flügel schwingen), zum Affen (sich auf der Brust trommeln) bis schließlich zum Menschen (mit Handy telefonieren). Danach kann er sich setzen. Jedesmal gilt: Man tritt immer nur mit einem Teilnehmer der gleichen Evolutionsstufe in Wettstreit.

Von jeder Evolutionsstufe bleibt am Ende einer übrig, der niemanden mehr findet. Entweder muss er sich setzen – oder man ändert die Spielregel und er darf in die nächste Stufe, weil er allein geblieben ist.

Retreat in der Sahara: Trainer-Erleuchtungsstufen

Dieses Spiel hat einen realen Hintergrund. Meine Liebe zum Orient führte mich zehn Mal in die Sahara, wo ich mit Beduinen und Kamelen in die Wüste ging. Sieben Mal davon habe ich dort eine Meditationsgruppe geleitet, deren Teilnehmer jeweils ein „Einzel-Retreat" machten. (Retreat bedeutet Rückzug; Meditation im Schweigen und ohne Kontakt).

Für das Orientalische Sommerfest habe ich natürlich Spiele entwickelt, die zum einen etwas mit dem Thema „Orient" zu tun hatten, zum anderen aber auch mit „Methoden für Trainer". Es soll andere Trainer dazu animieren, selbst solche Spiele zu entwickeln.

Verlauf Statt *„Schnick-Schnack-Schnuck"* sagen die Teilnehmer nun: *„OM-AUM-UM"*, da es ja um „Meditation" geht. Statt „Schere-Stein-Papier" gibt es hierfür die drei folgenden Gesten:
- *schweigen* – Hände auf den Mund legen
- *fasten* – Hände auf den Magen legen und sich zusammen krümmen
- *meditieren* – Hände mit den Handflächen zusammengelegt auf den Kopf stellen, Handspitzen zeigen nach oben

Bei
- *schweigen und fasten* gewinnt der Fastende (da der Magen laut knurrt und das Schweigen durchbricht)
- *meditieren und fasten* gewinnt der Meditierende (da er schon so abgehoben ist, dass er keinen Hunger mehr spürt)
- *meditieren und schweigen* gewinnt der Schweigende (Herumsitzen und Nichtstun kann jeder, aber Schweigen ist eine hohe Kunst).

Alle beginnen auf der 1. Stufe und laufen im Raum herum. Jeder sucht sich einen Partner. Dann die Fäuste schwingen und dabei *„OM-AUM-UM"* sagen – und jeder macht dann eine der drei Gesten. Wer gewinnt, erlangt die nächst höhere Trainer-Erleuchtungsstufe. Er sucht sich dann einen Partner, der auf der gleichen Stufe ist.

- Die 1. Stufe: Anfang einer Trainer-Karriere. Da er es nicht besser weiß, hält er Vorträge mit Overhead-Folien und muss daher nur einen kleinen Koffer mit in die Seminare nehmen (Geste: Koffer tragen).

- Die 2. Stufe: Eines Tages hört der Trainer etwas von Gruppendynamik. So baut er mutig so etwas wie Kennenlern-Spiele in die Seminare ein (mit der Hand winken – Hallo – oder wenn die Gruppe sich schon gut kennt, (freiwillige) Umarmung).

- Die 3. Stufe: So langsam bekommt unser Trainer Spaß an etwas anderen Methoden und er führt noch kleine Bewegungs-Übungen im Seminar durch (Arme seitlich anheben und sinken lassen).

Trainer-Erleuchtung

▶ Die 4. Stufe: Inzwischen ist er regelrecht tollkühn geworden und macht sogar Tänze in seinen Seminaren (durch den Raum tanzen und drehen).

▶ Die 5. Stufe: Schließlich ist unser Trainer ein waschechter suggestopädischer Trainer geworden, der nun leider statt eines handlichen Sets an Overhead-Folien Kisten voller Spielzeug und abstruser Gegenstände für Lernlandschaften mit sich schleppt (Sack über der Schulter tragen).

▶ Die 6. Stufe: Daher bricht er schließlich erschöpft zusammen und verlässt den Kreis. Er tritt als „Erleuchteter" ins Nirvana ein. Er setzt sich auf einen Stuhl und erhält die Belohnung für die anstrengende Entwicklung: Die Trainer, die schon an der Seite sitzen, massieren sich zu zweit abwechselnd die Schultern und den Rücken. Und die größte Belohnung sind natürlich die begeisterten Seminarteilnehmer und die vollen Auftragsbücher.

Bemerkungen

Die Anweisungen zum Spiel müssen zum einen genau erklärt werden – vor allem für alle sichtbar auf einem Flipchart stehen. Dann können sich die Spieler zwischendurch immer wieder orientieren und informieren, welche Bewegung nun dran ist und welche Erleuchtungsstufe sie erreicht haben.

Abb.: Flipchart mit Erläuterungen zu den „Erleuchtungsregeln"

Wahrscheinlich werden manche Teilnehmer das Spiel zu ernst nehmen und Sie besorgt fragen: *"Ist jetzt das oder das dran?"* Natürlich können Sie die Teilnehmer vorher beruhigen, dass es nicht soo tragisch ist, wenn sie mal etwas verwechseln. Wenn sie während des Spiels unter Druck geraten, ob sie auch alles richtig machen, ist es kein Spiel mehr.

Die Spielauswahl muss zur Gruppe und Situation passen. Wenn das unklar ist, weil man die Gruppe gar nicht kennt, empfiehlt es sich, entweder vorher eine kurze Begründung zu liefern, damit die Teilnehmer sich selbst die Erlaubnis geben können: *"Kreativität heißt auch, Ungewohntes tun, Grenzen überschreiten, mutig sein."* Oder – wenn die Stimmung entsprechend locker ist – fragen Sie: *"Haben Sie Lust, einmal etwas ganz anderes, albernes auszuprobieren?"* Auf diese Weise holen Sie sich bei Ihren Teilnehmern die Erlaubnis ein.

Auswertung

Ob Sie im Seminar anschließend ein solches Spiel auswerten, hängt von der Zielsetzung ab, mit der Sie dieses Spiel einsetzen. Wenn es einfach als Energieaufbauübung für zwischendurch dient, ist das nicht erforderlich. Wenn es allerdings für irgendjemand ein Problem gab, sollte dies natürlich anschließend thematisiert werden. Ist es ein Seminar für Trainer oder Lehrer, also Menschen, die auch auf der Meta-Ebene an dem Thema „Methodeneinsatz" interessiert sind, ist eine anschließende Auswertung sinnvoll.

Damit eine solche Auswertung kein ermüdendes Kreisgespräch wird, das die ganze Energie, die durch das Spiel aufgebaut wurde, wieder in den Keller sinken lässt, sollte sie kurz und strukturiert ausfallen.

Fragen, die Sie als Struktur vorgeben können:
▶ Wie hat Ihnen das Spiel gefallen?
▶ Was hat Ihnen daran gefallen – was nicht?
▶ Können Sie sich vorstellen, es in Ihren Seminaren (in Ihrem Unterricht) einzusetzen?
▶ Wie könnten Sie das Spiel thematisch für Ihre Seminare, Ihre Zielgruppe verändern? (Ideen notieren)

Die Teilnehmer können diese Fragen zu zweit oder in kleinen Murmelgruppen zu drei oder vier Teilnehmer besprechen. Zeitvorgabe geben! (5-7 Minuten)

Der Stabil-Baukasten
– Spiele selbst erfinden

Kennen Sie noch die alten „Stabil-Baukästen"? Der Stabil-Baukasten ist bekannt als das grundlegende Synonym für jeden Modell-Baukasten. Er ist gleichzeitig auch der Markenname für die wahrscheinlich ersten Baukastenserien aus Metall, die in Deutschland des beginnenden 20. Jahrhunderts gefertigt wurden. Das nostalgische Spielzeug für Kinder bestand aus ausgestanzten und gleichmäßig gelochten Blechteilen, die sich zu nahezu jedem beliebigen Gegenstand zusammenschrauben ließen und durch ihre Beschaffenheit sehr belastbar waren.

Mein Bruder hatte so einen! Ich habe nur noch verschwommene Erinnerungen daran, aber mir ist noch das Gefühl einer gewissen Ehrfurcht gegenwärtig. So tolle und interessante Einzelteile aus Metall, mit Löchern und Schrauben und Muttern. Aus diesen verschiedenen Teilen konnte man die tollsten Sachen zusammenstellen, basteln, schrauben.

Trotz der riesigen Anzahl vorgefertigter Spiele-Vorschläge gibt es immer wieder einmal Situationen, wo keines der Spiele so recht passen will. Oder Sie haben einfach Lust bekommen, Spiele selbst zu entwickeln, die Ihren ganz persönlichen Zuschnitt haben. Ein Spiel, das genau zu Ihrem Seminarthema passt, das Dinge aufgreift, die Sie in anderem Zusammenhang schon erarbeitet haben. Wie günstig wäre es, wenn Sie dafür auf so etwas wie den Stabil-Baukasten für Spiele und Übungen zurückgreifen könnten. Einen mit zahlreichen Einzelbauteilen und Bauanleitungen, mit denen Sie etwas ganz Neues entwickeln. Hier erhalten Sie ihn.

Der Stabil-Baukasten

Basteln Sie Ihre eigenen Spiele

Sie denken vielleicht, dass Sie selbst keine Spiele entwickeln können. Haben Sie es denn schon einmal ernsthaft versucht? Vielleicht hindert Sie nur ein innerer Glaubenssatz daran, der Ihnen sagt, dass Sie so etwas nicht können?

Nehmen Sie sich einfach das folgende Raster als Ideenhilfe. Wenn Sie es Schritt für Schritt durchgehen, dann kommen Sie sicher zu einem ganz eigenen Spiel. Und selbst wenn Ihnen plötzlich dadurch andere Spiele wieder in den Sinn kommen – auch das macht gar nichts.

Viele Ideen entstehen beiläufig und unbeabsichtigt

Bei mir entstehen Spiele oft unbeabsichtigt. Ich beschäftige mich mit einem konkreten Seminar, beginne mit der Planung, erarbeite einzelne Themenbereiche und erledige zwischendurch ganz andere Dinge. Und beiläufig kommt plötzlich eine erste Idee: *„Oh, das könnte ich doch als Aufhänger nehmen"* – oder: *„Ach, dieser Gegenstand passt doch wunderbar zu dem Thema, damit könnte ich doch ..."*

Oft reicht nämlich ein einziger Gedankenblitz, der aus dem üblichen Rahmen fällt – und schon läuft die Maschinerie der geistigen Spiele-Produktion. Sie brauchen dann nur noch einzelne Teile aus Ihrem persönlichen „Stabil-Baukasten" auszuwählen, dieses mit jenem zu kombinieren, vielleicht noch mal etwas anderes dazunehmen – und fertig ist ein neues Spiel.

Manchmal denke ich mir auch bewusst Spiele für bestimmte Situationen aus. Dazu ist es hilfreich, dass ich mir zunächst überhaupt erst mal klar mache, dass ich für diese oder jene Einheit ein Spiel einsetzen will. Und dann lasse ich es manchmal etwas länger „simmern". So, wie es auch bei vielen Kreativitätstechniken funktioniert. Sich erst einmal vom Problem entfernen, etwas ganz anderes

Basteln Sie Ihre eigenen Spiele

tun. Dann taucht manchmal über Nacht eine Idee auf, im Bad, auf dem Weg zum Zug oder beim Nordic Walking – durchaus auch schon mal direkt am Schreibtisch.

Das Wichtigste: Notieren Sie sofort alles, auch wenn es nur erste Gedankenfetzen sind. Ich habe in jedem Zimmer Stift und Papier bereit liegen, vor allem in der Küche. Denn oft kommt mir eine Idee, während ich koche oder warte, bis die Kochzeit herum ist. In diesen Momenten reicht die Zeit nicht, um ernsthaft zu lesen – aber immer, um ein paar Ideen zu notieren. Diese Zettel mit verschiedenen Ideenbruchstücken sammle ich in einer Mappe – und wenn ich dann am Thema weiterarbeite, hole ich sie hervor und füge sie zusammen.

Notieren Sie Ihre Ideen

Es funktioniert hier genauso wie bei anderen kreativen Prozessen: Man nimmt Vertrautes und bringt es in einen neuen Zusammenhang. Selten wird etwas von Grund auf ganz neu erfunden. Es sind immer schon bekannte Elemente enthalten, nur in neuen Kombinationen oder in einer anderen Verwendung.

1. Schritt – Erste Ideen sammeln

Wenn Sie in diesem Buch eine Spielbeschreibung lesen, tauchen vielleicht schon erste Gedanken auf wie: *„Das kann ich so nicht mit meiner Zielgruppe machen."* – oder: *„Für mein Seminarthema fehlt da noch etwas."* Möglicherweise steigt auch schon ein konkretes Bild auf: *„Man könnte das doch auch so und so machen."* Vielleicht mit mehr Bewegung oder in der ganzen Gruppe ...

Notieren Sie diese Ideen sofort! Manche Menschen haben eine innere Hemmschwelle, an dieser Stelle weiterzudenken, weil sie nicht auf die Idee kommen, dass sie die beschriebenen Spielvorschläge ja einfach etwas verändern und damit für sich passend machen können. Spiele sind keine Dogmen, sondern Angebote zu einem bestimmten Zweck. Wenn Sie diesen Zweck besser auf anderem Wege erreichen – voilà! Ob die Teilnehmer sich in vier Ecken aufteilen oder im Kreis aufstellen, ist gleichgültig, wenn es mir darum geht, dass sie zu Seminarbeginn aufstehen und ich von ihnen bestimmte Informationen erhalte. Entscheidend ist, dass ich selber vom Sinn des Spiels überzeugt bin, dann kann ich auch meine Teilnehmer dazu gewinnen, sich darauf einzulassen. Voraussetzung ist meine eigene Überzeugung, auch mein eigener Spaß dabei.

Manche Spiele sind mir schon in den unterschiedlichsten Varianten begegnet. Sie pflanzen sich von Trainer zu Trainer fort – jeder verändert oder modifiziert etwas. Mal bewusst, mal aus einem „Missverständnis" heraus oder weil er das Original vergessen hat. Das macht aber nichts, selbst wenn es ein ganz anderes Spiel wird. Solange es seinen Zweck erfüllt – beispielsweise auflockern, Spaß oder wach machen.

Der 2. Schritt – Spiele verändern

Sie finden beispielsweise in diesem oder einem anderen Buch ein Spiel, das Ihnen gut gefällt, aber irgendwie nicht so ganz passt, sodass Sie es nicht 1:1 übernehmen können oder wollen.

Was passt an dem vorgefertigten Spiel nicht?

Überlegen Sie, was genau nicht passt.
- Ist es die Einleitung, die Ankündigung und Erklärung des Spiels?
- Brauchen Sie eine andere Verknüpfung zum Seminarthema?
- Ist es zu lebhaft oder zu ruhig?

Wie können Sie das Spiel abändern?

Wenn Sie den Punkt gefunden haben, überlegen Sie weiter: *„Wie kann ich die Bedingungen soweit verändern, um es passend zu machen?"* Oft ist das ganz einfach, man muss nur überhaupt auf die Idee kommen oder sich die Erlaubnis geben, etwas verändern zu dürfen. Dann öffnen sich schlagartig die inneren Türen – es springt einen regelrecht an. Es geht nie um die Methode als solche. Sie ist nicht heilig. Vielmehr dient sie einem konkreten Ziel. Wenn Sie dieses Ziel auf anderem Wege erreichen – tun Sie es.

Der 3. Schritt – Während der Seminarplanung eigene Spiele erfinden

Sie planen ein Seminar und kommen an einen Punkt, an der eine Aktivierung, ein Spiel gut täte. Die Teilnehmer waren beispielsweise längere Zeit passiv oder kommen aus verschiedenen Arbeitsgruppen wieder im Plenum zusammen.

Als erstes müssen Sie also die Situation analysieren, in der Sie das Spiel einsetzen wollen. Waren die Teilnehmer lange passiv, ist sicher ein lebhafteres Spiel angesagt. Nach einer AG-Zeit geht es nun darum, die Gruppe zunächst wieder im Plenum zusammenzuführen. Dann sollten Sie besser kein Spiel einsetzen, in dem wieder alle einzeln oder zu zweit durcheinanderwuseln, sondern lieber eines, das verbindet. Ein Tanz wäre dazu eine schöne Metapher oder andere Spiele, die Sie im Kreis durchführen können. Es kann auch etwas Ruhigeres sein, damit sich die Konzentration wieder bündelt.

Wann wollen Sie das Spiel einsetzen?

Sie finden später noch eine Art „Raster" mit weiteren Punkten und Fragen, die Sie durchgehen können, wenn Sie ein eigenes Spiel kreieren wollen.

Der 4. Schritt – Spontan im Seminar

Oft merken Sie in der Seminarsituation ganz intuitiv: Jetzt wäre es nicht gut, gleich mit dem nächsten Thema weiterzumachen. Es ist beispielsweise eine leichte Unruhe entstanden an der Sie feststellen, dass die Teilnehmer nicht mehr so konzentriert sind. Oder Sie wollen mit einem neuen Seminarabschnitt beginnen und brauchen eine deutliche Zäsur, die nächste geplante Pause ist aber noch weit entfernt. Oder Sie sehen, wie einige Teilnehmer mit der Müdigkeit kämpfen bzw. Sie haben ein Gefühl, dass die gesamte Energie ziemlich unten ist, beispielsweise am Nachmittag.

Der Stabil-Baukasten

Legen Sie eine Spiele-Übersicht an

Da ich auch nicht immer alle hundert oder mehr Spiele, die ich kenne, sofort abrufen kann, habe ich mir irgendwann eine Übersicht angelegt. Auf Din-A4-Bögen klebte ich kleine Pits mit darauf notierten Stichworten. Pits sind Mini-Post-it-Streifen.

Später bastelte ich mir dann noch ein Poster, das ich offen im Seminar aufhänge. Auf diesem sind die verschiedenen Spiele ebenfalls auf Post-its notiert. Sie sind zur schnelleren Orientierung thematisch gruppiert – so sieht es auch netter aus. Mit dem Poster habe ich auch gleich noch einen „Randstimulus" als Seminardekoration.

Abb.: Spiele-Übersicht mit Pits

Basteln Sie Ihre eigenen Spiele

Die erste „Poster"-Fassung bestand aus Post-its auf einem Flipchart. Mit der Zeit wurde das Flip etwas unansehnlich, einige Post-its verknickten irgendwann. Und schließlich „verschwand" das Flip aus einem Seminar. Möglicherweise habe ich es aus Versehen an der Rückseite einer Pinwand hängen gelassen, vielleicht hat es auch ein Fan mitgenommen?

Später stellte ich eine stabilere Fassung her, wo ich nicht mehr so leicht neue Spiele ergänzen kann. Dazu klebte ich zu jedem Schwerpunkt die Klebezettel auf einen bunten DIN-A4-Karton, den ich anschließend laminierte. Sechs dieser Bögen bilden nun ein stabiles Plakat.

Wenn ich nun im Seminar den Impuls verspüre, ein Spiel einzusetzen, schaue ich nur kurz auf das Plakat. Manchmal, wenn ich mich nicht entscheiden kann, mache ich auch aus der Auswahl ein „Spiel" und bitte einen Teilnehmer, irgendwo draufzuzeigen. Da er ja nicht weiß, was sich hinter den Stichworten verbirgt, ist das die „Abenteuer-Variante". Zudem ist es ein kleiner „Trick": Die Teilnehmer haben das Spiel selbst „ausgesucht", da können sie später nicht meckern.

Die Abenteuer-Variante

Abb.: Spiele erfinden macht Spaß!

Die Bastelanleitung

Bastel-Anleitung

1. In welcher Situation wollen Sie ein Spiel einsetzen?

2. Welches Ziel verfolgen Sie an dieser Stelle mit dem Einsatz des Spiels?

3. In welcher Form soll das Spiel stattfinden?

4. Wie soll der Charakter des Spiels sein?

5. Wie soll die Gestaltung des Spiels aussehen?

- Sie trainieren Thema XY (Zeitmanagement, Führung, Motivation, Verkauf etc.),
- mit der Zielgruppe ZA (Mitarbeiter einer Kommune, Führungskräfte, Fertigungsteam eines Autohauses, offene gemischte Gruppe etc.),
- in einer bestimmten Gruppengröße (10, 12, 15, 30, 50 Personen),
- in folgender Räumlichkeit (drinnen, draußen).

Es sind natürlich Kombinationen möglich. Die meisten Spiele können ohnehin mehrere Funktionen erfüllen: Eine Konzentrationsübung, die gleichzeitig Energieaufbau und Bewegung beinhaltet, wie beispielsweise „Wischi-Waschi" (Seite 134).

Bastelanleitung Spiele-Baukasten

1. In welcher Situation oder Seminarphase?

- morgens zum Ankommen, wach machen
- zwischendurch (Teilnehmer wirken müde, nach einem längeren Input)
- nach Pausen (Kaffeepausen und Mittagspause)
- als Zäsur zwischen zwei Einheiten
- nach passiven Phasen (Teilnehmer haben zu lange gesessen, zugehört oder geredet)
- nach unruhigen Phasen
- nach AG-Arbeiten, wenn die Gruppe wieder zusammenkommt
- etc.

2. Was ist Ihr Ziel?

- Sie wollen bestimmte Erkenntnisse auf einer anderen als nur der verbalen Ebene vermitteln
  ... dann wird es ein Spiel sein, das in Zusammenhang mit dem Seminarthema steht, wenn vielleicht auch nicht auf der bewussten Ebene (Besuch im Zoo: das eigene Ziel trotz Ablenkung verfolgen; Ja-Nein-Kreis: fällt es mir schwerer „Ja" oder „Nein" zu sagen?)

- Sie möchten die Teilnehmer in einen anderen Zustand bringen
  ... aus der Kopfebene hin zur Gefühlsebene
  ... aus Müdigkeit hin zur Wachheit
  ... aus Überdrehtheit hin zur Ruhe
  ... aus der Anspannung hin zur Entspannung

- Sie möchten den armen Kinästheten wieder Möglichkeit zur Bewegung geben
- Sie möchten die Atmosphäre auflockern (beispielsweise zu Beginn eines Seminars)
- Sie möchten mal etwas ganz anderes machen und Abwechslung bieten
- Sie möchten die Teilnehmer nach intensiver Arbeit „belohnen" und einfach mal Spaß haben
- Sie wollen die Gruppendynamik fördern
- die Teilnehmer sollen Spannungen abbauen und Dampf ablassen können
- Power – die Teilnehmer sollen Energie aufbauen

- „Gehirntraining"
- die Teilnehmer sollen wieder wach werden
- Sie möchten die Konzentration der Gruppe fördern
- Sie möchten Motorik und Rhythmik der Teilnehmer trainieren
- etc.

3. In welcher Form soll das Spiel stattfinden?

- alle im Kreis
- stehend (Drei Gebärden des Zen, Kalimba)
- sitzend (Wischi-Waschi, Leipziger Messe)
- alle laufen durcheinander
- müssen bestimmte Aufgaben erfüllen (An der Nase herumführen)
- einzeln
- zu zweit
- in kleinen Gruppen
- in verschiedenen Gruppen gleichzeitig im Raum (Besuch im Zoo)
- draußen oder drinnen
- etc.

4. Wie soll der Charakter des Spiels sein?

- ruhig
- lebhaft
- albern
- kraftvoll
- verwirrend
- themenbezogen
- etc.

5. Wie soll die Gestaltung des Spiels aussehen?

- mit Musik oder ohne
- mit Sprechen oder ohne
- mit Bewegung oder ohne
- mit Gegenständen oder ohne
- etc.

Bastelanleitung Spiele-Baukasten

Ein Beispiel, wie wir aus der Kombination bestehender Versatzstücke ein neues Spiel entwickeln:

Ein Beispiel

1. Situation
Sie wollen nach einer ruhigen Input-Phase zum Seminarthema eine Aktivierung einbauen.

2. Ziel
Ihr Ziel ist es, dass die Teilnehmer wieder wach werden (bzw. noch wach bleiben), sie dürfen auch ruhig etwas Spaß dabei haben.

3. Form
Es können ruhig alle durch den Raum quirlen und vielleicht anschließend sogar neue Plätze einnehmen. In der Suggestopädie nennt man dies „fließendes Sitzen". Es bedeutet, dass die Teilnehmer jeden Tag oder sogar nach jeder Pause einen anderen Sitzplatz einnehmen. Der Sinn besteht darin, eine andere Perspektive einzunehmen, andere Nachbarn zu haben und „Veränderung" am eigenen Leib zu erleben.

4. Charakter
Das Spiel fällt eher lebhaft, vielleicht auch albern aus.

5. Gestaltung
Mit Sprechen, vielleicht auch mit Musik.

Das ist schon einmal ein Gerüst. Spinnen Sie dann einfach weiter, stellen Sie sich das Szenario vor: Alle quirlen durch den Raum, Musik läuft, die Teilnehmer sollen aber auch miteinander sprechen … Immer, wenn die Musik stoppt, gehen zwei Teilnehmer zusammen. Der Trainer gibt eine Frage oder These zum Thema vor und die beiden Teilnehmer sprechen darüber.

Halt – das ist noch kein „Spiel", sondern eine bewegte Methode zum Austausch. Wie kann man das spielerischer machen?

Sie geben ein Stichwort zum Thema, beispielsweise zum Thema „Führungstile". Dazu gibt es natürlich verschiedene Modelle, ich nehme hier einfach Beispiele aus der Literatur.

Führungsstile nach R.W. Stroebe und G.H. Strobe

- Führung durch Zielvereinbarung
- Führung durch Delegation von Verantwortung und Entscheidungskompetenzen
- Führung nach dem Prinzip der Ausnahme
- Systemorientierte Führung

Führungsstile nach N.B. Enkelmann

- Der autoritäre, hierarchische Führungsstil
- Der passive, nachgiebige Führungsstil
- Der kooperative, kollegiale Führungsstil

Grundsätze wirksamer Führung nach F. Malik

Resultatorientierung:
- Beitrag zum Ganzen
- Konzentration auf Weniges
- Stärken nutzen
- Vertrauen
- Positiv denken

So, jetzt haben wir genug „Material", um weiter an unserem Spiel zu basteln. Sie haben bereits das Thema bearbeitet, die einzelnen Stichworte aus der obigen Liste stehen für alle sichtbar an einem Flipchart oder auf Karten an der Pinwand.

Zwei Spieler kommen zusammen. Der eine Spieler sucht sich einen Begriff aus und stellt ihn pantomimisch dar. Der andere muss raten, welcher Führungsstil gemeint ist.

Anschließend könnte ein kurzer Gedankenaustausch darüber stattfinden, entlang vorgegebener Fragen:
- Woran haben Sie es erkannt?
- Kennen Sie jemanden, der so ist?

Da ein solcher Austausch das Tempo aus dem Spiel nimmt, müssen Sie vorher entscheiden, ob er notwendig ist oder ob man lieber auf ihn verzichtet. Bei einem Seminar zum Thema „Körpersprache" hingegen würde ein solches Spiel eine ganz andere Bedeutung haben – da wäre ein Austausch wichtig.

Anschließend tauschen die Partner die Rollen, der andere spielt etwas vor und der erste muss raten. Wer richtig rät, erhält als Belohnung eine Glaskugel.

Sie können die Vorgaben auch verschärfen:
▶ Darstellen nur mit Mimik
▶ Darstellen nur mit einer Handgeste

Oder lassen Sie als weitere Variante anschließend ein Wort (eine Eigenschaft) dazu nennen.

Dann setzt wieder Musik ein, die Teilnehmer gehen weiter und finden sich zu neuen Paaren. Da jeder andere Begriffe auswählt oder diese anders darstellt, ist genügend Abwechslung gegeben. Für eine kurze Aktivierung reicht es, wenn Sie dieses Spiel 3-5 Minuten durchführen, um dann weiterzuarbeiten.

Der Stabil-Baukasten

Erste Ergebnisse

Bei einer Trainer-Ausbildung stellte ich das genannte Raster in Kurzform vor. Anschließend hatten die Teilnehmer Zeit, in kleinen Gruppen Spiele zu erfinden. Da jeder Teilnehmer während der Ausbildung an einem konkreten Projekt arbeitete, sollten die Spiele an das jeweilige Projekt angepasst werden. Hierzu hatte ich einiges Material in die Mitte gelegt, dass sie kreativ nutzen konnten, unter anderem ein Riesenmikado-Spiel und große Schwimm-nudeln.

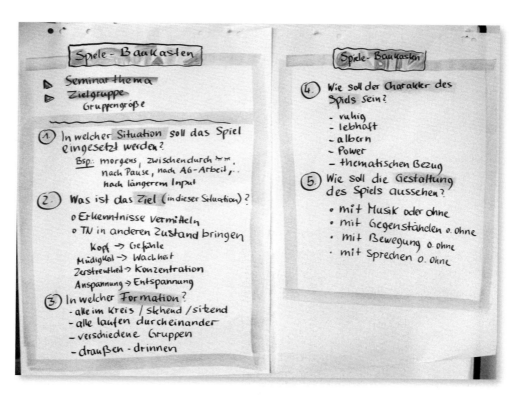

Abb.: Spiele-Raster in Kurzform

Erste Ergebnisse

1. Beispiel:

Produktschulung (Pharmazie)

Da es sich in diesem Fall um eine Mini-Gruppe handelt, fallen Kreisspiele als Möglichkeit aus.

Stichpunkte zum Raster

- **Situation:** *Produktschulung für zwei Mitarbeiter*
- **Ziel:** *auf das Thema konzentrieren*
- **Form:** *im Stehen*
- **Charakter:** *Bewegung und Entspannung*
- **Gestaltung:** *mit Sprechen und Riesen-Mikados*

Stab-Schulung

Es wird mit Riesen-Mikados nach den normalen Mikado-Regeln gespielt. Jeder Zug ist mit bestimmten Aufgaben verbunden.

Zur Methode

Die Riesenmikado-Stäbe werden geworfen. Wie bei einem normalen Mikado-Spiel versuchen nun die Teilnehmer nacheinander, möglichst viele Stäbe ohne zu wackeln abzuheben. Wer mit einem Stab wackelt, muss nicht nur aufhören, sondern außerdem zu folgenden Punkten etwas sagen:

- ein Produktmerkmal
- ein Produktvorteil
- einen Kundennutzen

Verlauf

Abb.: Stab-Schulung

© managerSeminare

361

2. Beispiel:

Kommunikation „Aktives Zuhören"

Stichpunkte zum Raster

- ▶ **Situation:** *zum Themeneinstieg*
- ▶ **Ziel:** *Wachheit und Konzentration*
- ▶ **Form:** *im Kreis, drinnen oder draußen*
- ▶ **Charakter:** *thematischer Bezug/in Maßen lebhaft*
- ▶ **Gestaltung:** *Bewegung und Sprache*

Klatsch und Tratsch

Zur Methode — Diese Methode funktioniert nach dem „Stille-Post"-Prinzip.

Verlauf — Die Teilnehmer stehen im Kreis. Teilnehmer A flüstert einem anderen Teilnehmer im Kreis einen Satz zu. Dieser führt dazu eine pantomimische Bewegung oder Geste aus, geht dann zu einem anderen Teilnehmer und verkündet: *„Ich habe gehört, dass ..."* – und flüstert ihm den Rest dann in eigenen Worten zu, in eigener Interpretation. Dabei wiederholt er die pantomimische Bewegung, die der andere ebenfalls aufgreift.

Und so geht es weiter, bis der letzte Teilnehmer einen Satz erhalten hat. Der spricht ihn dann laut aus. Auch Teilnehmer A wiederholt seinen ersten Satz. Anfangs- und Endsatz werden nun miteinander verglichen – mit häufig überraschenden Abweichungen.

Variante 1

Teilnehmer A erzählt eine kleine Geschichte, also mehrere Sätze. Dann braucht man als Trainer auch nicht die Anweisung zu geben, es in eigenen Worten zu wiederholen, das geschieht automatisch. Diese Variante ist lebensnaher.

Variante 2

Teilnehmer A sagt ein Wort, das er von hinten nach vorne buchstabiert, der Nächste muss ebenso ein eigenes (umgekehrtes) Wort ergänzen usw.

Erste Ergebnisse

3. Beispiel:
Emotionale Intelligenz – Selbstkontrolle

Stichpunkte zum Raster
- **Situation:** *zur Einführung in das Thema Selbstkontrolle für an persönlicher Weiterbildung Interessierte*
- **Ziel:** *Selbstkontrolle an sich selbst spüren*
- **Form:** *im Kreis stehend*
- **Charakter:** *ruhig*
- **Gestaltung:** *mit Bewegung*

Auf einem Bein

Auf einer körperlichen Ebene können die Teilnehmer Selbstkontrolle üben und erleben.

Zur Methode

Die Teilnehmer stehen in einem engen Kreis, legen die Arme auf die Schultern der Nachbarn. Dann heben alle das rechte Bein etwas an, nehmen den rechten Arm herunter und balancieren sich aus. Schließlich nehmen alle auch den linken Arm herunter. Wer das Gleichgewicht verliert, hält sich kontrolliert wieder fest.

Verlauf

Eine Steigerung: Die Teilnehmer führen die Bewegung bei fest geschlossenen Augen aus.

4. Beispiel:
Gruppenleitung einer Museumsführung

Stichpunkte zum Raster
- **Situation:** *Teilnehmer, die Museumsführungen durchführen*
- **Ziel:** *Teilnehmer motivieren und auf das Thema einstimmen*
- **Form:** *stehend, im Raum verteilt*
- **Charakter:** *lebendig, laut*
- **Gestaltung:** *mit Sprechen und Bewegen*

Der Zoo-Express

Zur Methode Das Thema „Wie halte ich Gruppen bei einer Museumsführung zusammen" soll mit einem spielerischen Einstieg thematisiert werden. Gleichzeitig kann dieses Spiel als Energieaufbau dienen. Eingesetzt werden Schwimmnudeln und eine Tröte.

Verlauf Es werden Tiernamen verteilt, jeder Teilnehmer bekommt einen Tiernamen. Der Zoo-Express fährt durch den Zoo und nimmt pro Station immer unterschiedliche Insassen mit, je nach Ansage des Lok-Führers. Der Lok-Führer stellt sich vorne zwischen die zwei Schwimmnudeln und ruft: „*Alle Tiere, die laut brüllen.*" Diese steigen in den Zug ein (stellen sich hinter dem Lok-Führer hintereinander zwischen die beiden Schwimmnudeln auf). Nun fährt der Zug los, bis der Lok-Führer tutet und aus dem Zug aussteigt. Der Nächste rückt nach vorne und nimmt die Rolle des Lok-Führers ein. Alle anderen steigen aus, dann gibt der neue Lok-Führer die nächsten Mitfahrer bekannt: „*Alle die fliegen können*" – „*Alle, die in der Wüste leben*" – „*Alle, die schwimmen können*" usw.

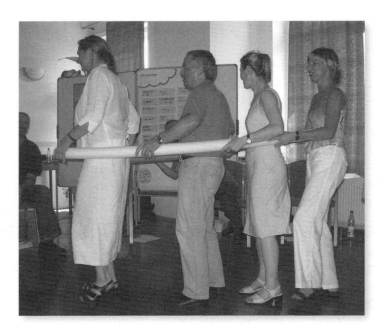

Abb.: Zoo-Express

Erste Ergebnisse

5. Beispiel:
Change-Management

Stichpunkte zum Raster
- **Situation:** *Seminar zum Thema „Change-Management"*
- **Ziel:** *auf Veränderung reagieren*
- **Form:** *Stuhlkreis*
- **Charakter:** *bewegt und lebhaft (Konzentration)*
- **Gestaltung:** *mit Bewegung und Gegenständen*

Durchdrehen

Dieses Spiel wird vor einer Partnerübung zum Thema „Ursachen von Veränderungen identifizieren" eingesetzt. Es gibt drei Rollen: Der „Treiber", der die Veränderung voranbringen will; der „Bremser", der die Veränderung verhindern will und der „Desinteressierte".   *Zur Methode*

Alle sitzen im Stuhlkreis, nur ein Teilnehmer steht außerhalb und setzt einem Spieler den Hut auf (oder auch eine Narrenkappe, wie in unserem Fall). Diese Person ist dann der Treiber. Sein nächster linker Nachbar wird dadurch zum Bremser, der folgende linke Nachbar zum Desinteressierten. Der vierte Teilnehmer von links ist wieder ein Treiber usw. Alle Teilnehmer müssen schnell prüfen, welche Rolle sie für den Augenblick haben und entsprechend agieren.   *Verlauf*

- Der **Treiber** klatscht einmal mit den Händen auf die Schenkel und dreht dann die Arme umeinander (1-2-3).
- Der **Bremser** klatscht einmal die Hände auf die Oberschenkel, klatscht dann beide Hände zusammen und „bremst" schließlich mit Handflächen nach außen.
- Der **Desinteressierte** klatscht einmal die Hände auf die Oberschenkel, klatscht dann die Hände zusammen und fährt schließlich mit der rechten Hand über die linke Hand, als ob er etwas wegwischt.

Nach einer Weile wird einem anderen Teilnehmer der Hut aufgesetzt und alle wechseln ihre Rollen. Es dauert ein wenig, bis es der Letzte kapiert hat.

Literaturverzeichnis

- Baer, Ulrich: 666 Spiele: für jede Gruppe – für alle Situationen. Kallmeyer.
- Baer, Ulrich: Spielpraxis. Kallmeyer.
- Batz, Michael/Schroth, Horst: Theater zwischen Tür und Angel. Rowohlt.
- Brandhofer-Bryan, Kathleen: Lernen mit allen Sinnen – 72 sinnvolle Lernspiele. Gabal.
- Cheung, Awai: 30 Minuten für Business-Qigong. Gabal.
- Fluegelman, Andrew/Tembeck, Shoshana: Die neuen Spiele. Verlag a.d. Ruhr.
- Funcke, Amelie: Vorstellbar. managerSeminare.
- Klein, Zamyat M.: Kreative Geister wecken. managerSeminare.
- Klein, Zamyat M.: Kreative Seminarmethoden. Gabal.
- Klein, Zamyat M.: Seminarmethoden, Übungen und Spiele zum lebendigen Lernen. hiba.
- Luther Michael/Maaß Evelyne: NLP – Spiele Spectrum. Junfermann.
- Maaß, Evelyne/Ritschl, Karsten: Teamgeist. Junfermann.
- Portmann,Rosemarie/Schneider, Elisabeth: Spiele zur Entspannung und Konzentration. Don Bosco.
- Portmann Rosemarie/Schneider, Elisabeth: Spielen mit Buchstaben, Wörtern, Texten. Don Bosco.
- Rachow, Axel: Spielbar I. managerSeminare.
- Rachow, Axel: Spielbar II. managerSeminare.
- Rachow, Axel: Ludus & Co. managerSeminare.
- Stockwell, Tony: 50 unvorbereitete Lernaktivitäten. Effect.
- Wallenwein, Gudrun F.: Spiele: Der Punkt auf dem i. Beltz.
- Weiser/Heiligenbrunner/Rabenstein: Tänze und Spiele für die Gruppe (CD und Heft). Ökotopia.
- Ziegler, Erich: Das australische Schwebholz. Gabal.

Spieleverzeichnis

20 Zwerge *(+Filmausschnitt)* 107

ABC-Hampelmann 23
Ali Baba und die 40 Räuber *(+Filmausschnitt)* . 29
Alle meine Entchen 109
An der Nase herumführen 32
An einem Regentag 193
Arche Noah 34
Auf der Couch 253
Auf einem Bein 363

Ball-ade 221
Bälle hin und her 36
Ballonreise 317
Besuch im Zoo *(+Filmausschnitt)* 196
Bewegungs-Lernen 222
Bild und Wort 255
Bingo 226
Blinzeln 38
Body Percussion I 111
Body Percussion II 112
Brettspiele 299
Brieke bum *(+Filmausschnitt)* 113
Buchstabieren 177

Chef-Vize-Stress-Spiel *(+Filmausschnitt)* 40
Chef-Vize mit Fachbegriffen 227

Das doppelte Lottchen 202
Das Klemmbrett 42
Das kotzende Känguruh *(+Filmausschnitt)* 45
Der Karawanen-Lockruf 325
Der Zoo-Express 364
Die drei Gebärden des Zen 50
Die Geschichte vom tanzenden Kamel 329
Die Kündigung 258
Domino 228
Domino-Fragen 260
Domino zur Integration des ganzen Seminars 262

Dosen schießen 265
Drache Prinz Prinzessin 203
Duck Dich 115
Durchdrehen 365
Durch die Steppe reiten *(+Filmausschnitt)* 116

Ebbe und Flut 52
Eine Reise in den Orient 323
Erbsen rollen über die Straße 205
Es macht Sinn 268

Farkel-Barkel 54
Finger-Qi-Gong 58
Finger fangen 57
Flingo 141
Fremdsprachen oder Fachbegriffe lernen 311
Früchtekorb 230
Funken 60

Gefrohrene Schuhe 208
Getreide schütteln *(+Filmausschnitt)* 61
Gib mir mal den Hammer rüber 179

Hallo, mein Name ist Jo 118
Hände klopfen 120
Handy-Spiele 232
Heißer Ball 234
Herr Wolf 144
Hey yoo! 145
Hi Ha Ho 146
Hochstapelei 209
Hop oder Top 270
Huhn und Ei 64
Hut ab 148

Ich geb' mein Tier 122
Ich sage Knie 65
Im Takt 123
Indianertanz *(+Filmausschnitt)* 124

Ja-Nein-Kreis 149
Jammerlappen 152
Jammertal 155
Japanbälle 157

Kalimba de Luna *(+Filmausschnitt)* 126
Kannst Du bis drei zählen? *(+Filmausschnitt)* ...67
Kartenspiel 240
Karten legen 236
Karten stellen 237
Katz und Maus 158
Killer-Känguru 159
Klagemauer 161
Klatschmohn 272
Klatsch und Tratsch 362
Koffer packen 275
Kopf-Zeichen 70
Kreativ-AGs 277
Kreuzbeinkampf 163
Kreuzworträtsel 280

Lauf-Scharade 72
Leipziger Messe 210
Lernstraße 241
Lob-Kette 181
Luftballon-Tanz 165
Luftboxen 166

Maschine bauen 74
Meine Biber 212
Mein Hut 129
Memory 243
Meteoritenschwarm 77
Mind Map auf dem Boden 284
Mongolischer Armtanz *(+Filmausschnitt)*..........81
Motivations-Bingo 301

Nudelsalat 183

Orientalischer Geschenk-Bazar 336

Partnersuche (Lernspiel) 245
Partnersuche (Exotischer Zauber).................. 338
Passt 287
Perlen-Kette 246
Pferderennen 167
Pinguine und Reiher 214
Praxisspiel-Erfahrungsaustausch 304
Puzzle 247

Quiz 249

Rühr-Arm *(+Filmausschnitt)* 85
Rundfunk 289

Sahara oder Köln: Sonne und Regen 340
Schlangen-Schwanz 169
Schuhsalat 216
Schultern hoch 89
Schultern hoch – in der Reihe 185
Siamesische Zwillinge 218
Sitz-Boogie 131
Songline-Lernstraße 291
Stab-Schulung 361
Stehauf-Männchen 187
Stolpersteine zu Steigbügeln umwandeln 18
Stromschlag 92
Stühle rutschen 93
Stuhlkippen 94

Tierpfleger Hugo 96
Ton-Konzert 189
Trainer-Erleuchtung 342
Türkeireise-Spiel 307

Ungeheuer-Laufen 98

Verfolgen 99
Versteigern 293
Verzögerte Antwort 100

Wach gähnen 101
Walnuss-Wandern *(+Filmausschnitt)* 103
Wäscheklammern jagen 170
Wer bin ich? 295
Wirf mal die Spaghetti rüber 296
Wischi-Waschi *(+Filmausschnitt)* 134
Wort-Geschichte 252
Wörter suchen 251
Würfelspiel auf dem Boden 298

Yaman taka ant fat 172

Ziele-Lotto 313
Zipp Zapp Plopp 137